AF360777

DE L'ITALIE

AGRICOLE, INDUSTRIELLE ET ARTISTIQUE,

A PROPOS

DE

L'EXPOSITION UNIVERSELLE DE PARIS

SUIVIE D'UN

ESSAI SUR L'EXPOSITION DU PORTUGAL,

PAR

A. ESCOURROU-MILLIAGO,

Avocat.

Italiam læto socii clamore salutant.
ÉNÉIDE, liv. III.

PARIS

IMPRIMERIE SERRIERE ET Cᵉ,

123, RUE MONTMARTRE, 123.

1856

A MONSIEUR

LE COMTE JANVIER DE LA MOTTE,

DÉPUTÉ AU CORPS LÉGISLATIF.

Monsieur le Comte,

Vous avez bien voulu encourager mes études sur l'Exposition Universelle : permettez-moi de vous faire hommage de ce livre, en témoignage de ma gratitude.

J'ai l'honneur d'être, avec la plus haute considération,

Monsieur le Comte,

Votre très humble et très obéissant serviteur,

A. ESCOURROU-MILLIAGO.

Paris, 15 juillet 1856.

TABLE GÉNÉRALE

DES MATIÈRES.

Exposition du Grand-Duché de Toscane.

Conclusion.

Exposition du royaume de Portugal.

Le présent ouvrage a été publié par extraits dans la
REVUE FRANCO-ITALIENNE.

ERRATA.

Page 29. — Au lieu de : *Les frontières orientales*, lisez : *Nos frontières orientales.*

Page 35. — Au lieu de : *Serait un moyen d'observer*, lisez : *Aurait un moyen d'observer.*

Page 68. — A propos des couleurs nationales des États sardes, lisez : *Verts, blancs et rouges*, et non : *Verts, bleus et rouges.*

Page 109. — A propos des produits présentés par M. le baron de Rothschild, au lieu de : *Médaille de cinquième classe*, lisez : *Médaille de première classe.*

Page 175. — Au lieu de *Madame Jaconnetti*, lisez : *Madame Jaccobetti, de Rome.*

Page 180. — Au lieu de : *Ouvrages d'un certain volume servant à la fabrication ou à l'ameublement des habitations*, lisez : *Ouvrages d'un certain volume servant à l'ornementation ou à l'ameublement des habitations.*

Page 216. — Au lieu de : *Lui touchant familièrement sur l'épaule*, lisez : *Lui touchant familièrement l'épaule.*

PRÉFACE.

Nous venons de traverser une de ces époques qui resteront à jamais mémorables dans les annales des peuples. L'appel de l'empereur Napoléon III a été entendu, et au moment même où nos héroïques soldats combattaient sous les murs de Sébastopol, toutes les nations de la terre se sont levées pour apporter au sein de notre capitale les chefs-d'œuvre des arts et des industries de ce siècle. Ainsi, grâce à la volonté puissante qui préside aux destinées de la France, grâce au génie que n'étonnent ni les soins du gouvernement d'un grand peuple, ni les préoccupations de la politique, ni les embarras d'une guerre lointaine, notre pays, replacé par une impulsion vigoureuse à la tête de la civilisation, a pu donner au monde l'éclatant témoignage de ses prodigieuses ressources, et prouver une fois de plus que s'il sait cueillir des lauriers sur tous les champs de bataille, il n'est pas moins souvent victorieux dans les luttes courtoises de la paix.

Mais l'Exposition, avec ses proportions colossales et son majestueux ensemble, n'aurait été qu'un splendide et vain spectacle si, à côté de la pompe de la mise en scène, l'esprit n'avait pu retirer, de cette multitude de faits et de choses, de salutaires enseignements pour l'avenir de l'humanité.

A la suite du congrès des nations, l'économiste enregistrera les conséquences de l'accroissement d'une concurrence établie dans des conditions plus égales ; le politique étudiera l'influence des concours universels sur la paix du monde ; le savant, marquant le point auquel sont parvenues les conquêtes de l'homme sur les éléments, désignera un nouvel horizon à ses nobles tentatives ; pour nous, le but que nous nous sommes proposé est plus modeste. Il nous a semblé qu'il ne serait pas inutile de rechercher quel rang définitif ont occupé, dans le congrès des peuples, certains États de l'Europe qui, pour n'être pas des puissances industrielles de premier ordre, ne sont pas moins renommés à des titres divers. C'est ce qui fait l'objet de l'étude que nous publions aujourd'hui. Comme l'indique le titre de cet ouvrage, nous avons examiné la portée des Expositions de tous les principaux royaumes d'Italie, considérées au point de vue de l'agriculture, de l'industrie et des arts de la Péninsule, n'omettant dans cette revue que le royaume des Deux-Siciles, qui s'est abstenu de paraître officiellement au concours de 1855 et dont quelques exposants figureront néanmoins sur le *Catalogue des États romains.*

Si les produits des provinces lombardo-vénitiennes sont mêlés ici à ceux des États de la Péninsule, c'est qu'à nos yeux les possessions autrichiennes du versant méridional des Alpes n'ont pas cessé d'être italiennes par le climat, les mœurs et les habitudes, quoique, de fait et sur la carte politique de l'Europe, elles ne soient plus considérées comme telles. Du reste, Milan et Venise forment la moitié de l'Italie du Nord, et sans elles la vallée du Pô n'eût pas été bien appréciée dans ce travail.

La même idée nous a conduit à réunir en un seul faisceau toutes les forces productives de ce que nous considérons comme un même pays : ce n'est pas cependant que nous ignorions les différences qui s'y rencontrent dans les faits, dans les tendances, dans les aspirations ; mais, nous plaçant complètement en dehors de ces points de vue plus ou moins politiques, notre travail ne s'est inspiré que de ce qui tient à l'Exposition.

Pourquoi ne dirions-nous pas aussi que nous avons désiré fournir plus victorieusement la preuve que l'Italie n'est pas déshéritée, comme quelques écrivains ont pu le prétendre, et que, si elle n'est pas aussi avancée peut-être que d'autres peuples sur la voie du progrès industriel, elle n'a pas moins conservé ce goût, ce culte du beau, qui ont tant illustré son passé? Nous ignorons s'il ne doit être donné qu'une seule fois à toute nation de tenir le flambeau de la civilisation ; mais s'il est vrai, conformément à notre pensée, que l'influence des principes chrétiens, dont la force expansive est indéfinie, rend impérissables les sociétés qui en sont pénétrées, il n'est pas téméraire d'affirmer que l'Italie, surmontant les obstacles qui ont pu nuire à son développement, reprendra, parmi les peuples, le rang que lui assigne son génie naturel et fera de nouveau briller ses nobles aptitudes dans les sciences comme dans les arts.

En effet, quel pays se prête mieux aux espérances? Est-il un climat plus beau que le sien, une situation géographique plus heureuse? Au midi de l'Europe, adossée au continent, les Alpes la protégent, deux mers la baignent de leurs flots; et cette terre, qui semble ouvrir à la civilisation la route de l'Occident aux Indes orientales, est d'une richesse incomparable. Le soleil qui féconde éternellement ses rivages donne à ses habitants un esprit fin, délicat, ingénieux; et si l'harmonie brille dans leur langue, si le sentiment de l'art pare toutes leurs créations, en même temps jamais peuple n'a été doué d'un caractère national plus généreux, plus intrépide et plus passionné!

Sans doute l'Italie n'a pas fourni un apport considérable au concours qui s'est ouvert; mais l'on aurait mauvaise grâce à ne la juger absolument que sur les spécimens incomplets et relativement peu nombreux d'art et d'industrie qu'elle nous a envoyés: à part les fatigues, les déplacements et les dépenses qu'avaient occasionnés depuis peu les exhibitions de Londres, de New-York et de Munich, qui se sont succédé coup sur coup et ont refroidi le zèle des exposants; à part le défaut inévitable d'unité dans la collection italienne et dans les encouragements, certains artistes ont redouté pour leurs œuvres les accidents que les voyages entraînent trop souvent à leur suite, comme les principaux sculpteurs de la Péninsule en ont fait cette année la cruelle expérience. D'autres aussi ont pu craindre d'exposer leurs ouvrages au jugement d'hommes dont ils ne savaient pas toute l'impartialité et redouter des décisions de nature à leur faire perdre le fruit d'une longue vie de labeurs, d'efforts et de succès. Quoi qu'il en soit de ces abstentions, la réunion des produits italiens en un seul groupe ne donne pas moins un chiffre de huit cents exposants : six cents pour l'industrie et deux cents pour les arts, ce qui forme un ensemble assez remarquable et auquel on ne se serait pas attendu au premier abord.

Portant notre attention sur chacun de ces produits, nous avons noté ceux qui nous paraissaient les plus importants et dignes d'une mention spéciale, sans nous préoccuper plus qu'il ne convenait de nos divergences avec les membres si compétents du jury d'examen, dont nous nous plaisons à reconnaître, du reste, la haute équité. C'est qu'une commission chargée de faire un rapport sur une Exposition, et une Exposition universelle surtout, ne peut que considérer les inventions, les perfectionnements tout à fait extraordinaires, et le nombre nécessairement restreint des récompenses à décerner lui fait négliger une infinité d'améliorations et de découvertes méritoires eu égard à la nation à laquelle elles appartiennent.

Or, il y avait là peut-être une lacune à combler, des omissions à réparer. Puis il nous a paru juste de ne pas laisser dans l'oubli quelques noms qui n'ont pas été assez heureux pour figurer sur la liste des récompenses. Quand il s'agit d'œuvres d'art, les règles de l'école ont sans doute de la valeur et de l'autorité, mais il y a à côté d'elles un guide peut-être aussi sûr, l'opinion de tous, et quand elle se traduit d'une manière favorable à une œuvre, c'est que cette œuvre est vraiment belle : voilà comment nous avons été amené, avec l'instinct de la foule, à assigner une place à des mérites incontestables.

Pour donner enfin à notre travail une portée d'utilité publique, nous avons fait suivre la plupart de nos appréciations des objets de consommation générale, des produits agricoles ou manufacturiers, des prix de vente ou de confection mentionnés sur les registres officiels ; par ce moyen, nous croirons avoir rendu quelque service aux exposants de la Péninsule, et le commerce ou la spéculation de notre pays seront informés des principales sources de production où ils peuvent s'adresser avec le plus d'avantages. Or, ce soin ne paraîtra pas inutile si l'on réfléchit qu'entre la France et l'Italie, en dehors du commerce des provinces lombardo-vénitiennes, les échanges s'élèvent par an à un chiffre de 240 millions.

Cette énumération longue, minutieuse et presque encyclopédique, nous a été pénible à poursuivre non-seulement par suite du nombre et de la variété des objets dispersés à tant de places différentes, mais encore à cause de l'insuffisance des catalogues qui aident et facilitent un travail d'examen lorsqu'ils sont complets.

Nous sommes donc heureux d'exprimer notre profonde reconnaissance à M. le chev. avocat Ferrero, commissaire-adjoint des États sardes, qu'une bien flatteuse et honorable distinction est venue surprendre à la fin de l'Exposition et récompenser du zèle infatigable qu'il a déployé dans l'accomplissement de la mission de confiance dont il avait été chargé. C'est grâce à son extrême obligeance qu'il nous a été facile d'étudier les produits de sa nation, et les précieuses notes statistiques qu'avec sa haute intelligence commerciale il a semées dans le catalogue des produits du Piémont ont enrichi ce travail; nous tenions à le dire et à lui en témoigner publiquement notre gratitude.

E. M.

Paris, 1855.

NOTA. — Nous avons suivi, dans nos études des divers produits de l'Italie, la classification adoptée par la commission impériale du jury à l'Exposition de Paris.

Les divers produits de l'industrie, de l'agriculture et des arts étaient classés sur les catalogues officiels de la manière suivante :

Partie industrielle.

1re classe, Mines et Métallurgie. — 2e, Art forestier, Chasse et Pêche. — 3e, Agriculture. — 4e, Mécanique générale. — 5e, Mécanique spéciale de transports. — 6e, Mécanique spéciale des ateliers. — 7e, Mécanique spéciale aux tissus. — 8e, Instruments de précision.— 9e, Chaleur, Lumière, Électricité. — 10e, Chimie. — 11e, Substances alimentaires. — 12e, Hygiène. — 13e, Marine et Art militaire. — 14e, Constructions civiles.— 15e, Aciers.— 16e, Ouvrages ordinaires en métaux.— 17e, Orfévrerie, Bijouterie.— 18e, Verrerie, céramique. — 19e, Cotons.— 20e, Laines.— 21e, Soies.— 22e, Lins et Chanvres.— 23e, Bonneterie, Passementerie, Broderie, Dentelles.— 24e, Ameublement, Décoration. — 25e, Vêtements, Modes, Objets de fantaisie. — 26e, Dessin plastique, Imprimerie, Photographie. — 27e, Musique.

Partie des beaux-arts.

28e classe, Peinture, Gravure, Lithographie. — 29e, Sculpture, Médailles, Architecture.

COMMISSAIRES DES DIVERS ÉTATS D'ITALIE

A L'EXPOSITION UNIVERSELLE DE PARIS.

***

ÉTATS SARDES.

Commissaire royal : M. le comte de Pollone, sénateur du royaume, conseiller d'État, président de la chambre de commerce et d'agriculture de Turin.

Commissaire-adjoint : M. l'avocat Ferrero, secrétaire de la chambre de commerce de Turin.

Délégué spécial pour les beaux-arts : M. Ferri-Gaëtan (1).

PROVINCES LOMBARDO-VÉNITIENNES.

Commissaire d'Autriche . M. le baron James de Rothschild.

TOSCANE.

Commissaire : M. Corridi, professeur à l'université de Pise, directeur de l'institut technique de Toscane.

ÉTATS PONTIFICAUX.

Commissaire : M. le baron du Havelt, membre de la commission des arts et édifices religieux au ministère de l'instruction publique et des cultes de France.

Délégué pour les beaux-arts : M. L. Calamata, directeur de l'académie des beaux-arts de Bruxelles.

(1) Le jury de l'Exposition universelle renfermait aussi plusieurs savants italiens, entre autres, et pour les États sardes, M. le commandeur Giulio, sénateur du royaume, membre de l'académie des sciences de Turin, professeur à l'université de cette ville, et M. l'ingénieur Sella, professeur de géométrie à l'institut technique de Tu.in. — Pour la Toscane, c'était M. le chevalier Parlatore.

DE L'ITALIE

AGRICOLE, INDUSTRIELLE ET ARTISTIQUE.

ÉTATS SARDES.

I

Le Piémont est digne de figurer en tête de cette série d'études sur les diverses contrées de l'Italie au congrès universel de 1855, tant par l'intérêt commercial qui s'attache à chacune des branches de sa production, que par le régime économique auquel elles sont soumises depuis 1853, et l'attrait qu'inspire, de notre côté des Alpes, tout ce qui touche à un peuple qu'une étroite sympathie a, depuis longtemps, uni à la France, dont il partage aujourd'hui, en Orient, les succès militaires et la gloire, leur récompense. Ce sont donc les produits de ces États que nous ferons passer les premiers sous les yeux de nos lecteurs.

Et d'abord, il n'est pas inutile de se demander (ne fût-ce que comme renseignement historique), en présence de ces 233 exposants qui vont nous occuper tout à l'heure, si le Piémont a paru souvent dans ces sortes de concours publics, dont l'influence sur le développement progressif des industries d'un pays est fort grande, à cause de l'émulation qu'ils provoquent de toutes parts.

En consultant le *Catalogue des États sardes,* on

voit dans la notice remarquable qui lui sert de pré-
face, que, dès 1827, le gouvernement du roi, d'après
la proposition de la chambre de commerce et d'agriculture de Turin, confia à cette même chambre la direction d'une exposition des produits de l'agriculture et de l'industrie, qui devait se répéter de trois
ans en trois ans; les deux premières expositions
eurent lieu effectivement en 1829 et 1832. Mais,
dès lors, on s'aperçut que cet intervalle de trois ans
était trop rapproché; un décret royal, du 22 avril
1834, ordonna que les expositions ne se feraient
dorénavant que de six ans en six ans, et par suite,
trois concours nationaux se succédèrent régulièrement, en 1838, 1844 et 1850. A ces expositions
générales, il faut en joindre d'autres déterminées par
des circonstances particulières et locales; ainsi, parmi
les plus célèbres d'entre ces dernières, on compte
celle qui eut lieu à Gênes en 1846, à l'occasion de la
réunion du congrès des savants italiens, et celle de
1853, qui fut provoquée par l'inauguration solennelle du chemin de fer de Gênes à Turin. Celle-ci
eut même cela de remarquable, qu'elle s'ouvrit sous
l'ère du régime de la liberté commerciale, dont le
gouvernement préparait, depuis plusieurs années
déjà, l'établissement définitif, par une réduction
graduelle des droits protecteurs dont le tarif des
douanes grevait un grand nombre de marchandises
étrangères.

Tel est l'enchaînement des circonstances au milieu
desquelles l'habitude des expositions, d'une origine
toute française, s'est naturalisée en Piémont.

Ces solennités, ces convocations réitérées, sont un
témoignage de la haute et constante sollicitude du
gouvernement sarde pour le progrès de l'agriculture
et des arts, et elles n'ont pas peu contribué à prouver
l'utilité de l'adoption de la liberté du commerce dans
une contrée essentiellement agricole, où la plupart
des industries, quand elles n'étaient pas insuffisantes

à fournir la consommation de matières premières ou d'objets fabriqués, n'avaient qu'une vie factice et menaçaient de rester éternellement en arrière; les efforts paraissant peu nécessaires à ceux qui se sentent soutenus par une protection exclusive qui leur assure, quoi qu'il advienne, des bénéfices élevés.

Le régime prohibitif, en effet, favorise toujours le producteur au préjudice du consommateur. Le système de la liberté absolue, seul, peut maintenir la balance égale entre ces deux parties qui n'obéissent, dès lors, qu'à la loi du marché, réglée sur l'offre et la demande; le régime de la liberté commerciale a encore l'avantage de faire profiter un pays de toutes les richesses des États voisins et de stimuler, par la concurrence, le zèle de ses propres industriels.

Quoi qu'il en soit de l'opinion de nos lecteurs sur le régime commercial des États sardes et de leur préférence pour tel autre système économique, il n'en est pas moins vrai que le gouvernement de ce pays, lorsque parut le décret qui conviait les industries de toutes les nations à l'Exposition des Champs-Élysées, s'empressa de prendre des mesures pour y paraître dignement.

Un décret royal, du 27 avril 1854, constitua en comités locaux les Chambres de commerce de Turin, de Gênes, de Chambéry, de Nice et de Sassari, chargées de veiller à tout ce qui se rapporterait à l'industrie et à l'agriculture, tandis que les Académies de peinture et de sculpture de Turin et de Gênes devaient s'occuper de ce qui concernerait les beaux-arts.

En outre, le même décret nomma une Commission centrale, afin de servir d'intermédiaire entre la Commission impériale de Paris et les comités locaux.

Ces diverses Chambres et Commissions firent tout ce qui dépendait d'elles pour seconder les généreuses intentions de S. M. le roi Victor Emmanuel, et, grâce à leurs efforts, à leur dévoûment éclairé, le royaume de Sardaigne a pu donner une idée suffisante de ses richesses naturelles et de ses industries nationales.

Nous ne décrirons pas à cette place tous les bâtiments consacrés par la France aux exhibitions des divers peuples ; qu'il nous suffise de dire que les productions du Piémont avaient été massées dans le palais de l'Exposition et dans l'annexe du bord de la Seine.

En général, les objets compris, dans les *Catalogues*, parmi les onze premières classes du système d'examen adopté par la Commission impériale, étaient placés dans l'annexe, tandis que les autres figuraient aux galeries du Palais principal, à côté des compartiments des États pontificaux et de l'exposition française des tissus de soie.

Pour les œuvres d'art, elles avaient naturellement leur place dans les salles du grand Palais de l'avenue Montaigne, exclusivement affecté aux ouvrages de cette nature.

En somme, l'espace destiné aux divers produits des États sardes dans toute l'Exposition était à peu près de 750 mètres carrés, qui, sous le rapport de la position comme sous celui de la lumière, étaient des mieux choisis.

Sans autre préambule, pénétrons, par la pensée, dans l'annexe du bord de l'eau, et arrêtons-nous devant le compartiment du Piémont.

La première chose qu'on est porté à rechercher, lorsqu'on étudie les diverses branches de l'industrie d'un peuple, c'est à quelles sources il puise les matières premières indispensables aux divers besoins de sa fabrication ; de là, se posent naturellement ces questions : Quelles sont ses ressources minérales, et à quel degré est portée sa production métallique?

Les États sardes sont venus au concours universel avec un ensemble de produits minéraux bien capable de donner une haute idée de leurs ressources extractives. Ainsi l'on rencontre, au début, la collection des marbres, des minerais et des combustibles fossiles du duché de Savoie, réunie par la Chambre royale d'agriculture et de commerce de Chambéry.

Cette collection fort intéressante prouve que la Savoie renferme dans ses montagnes des richesses minérales en si grand nombre, et d'une telle importance, que leur exploitation actuelle serait susceptible d'être centuplée. On y a découvert, en effet, des carrières inépuisables d'ardoise et d'anthracite, des mines de fer, de cuivre, de plomb, de zinc, d'antimoine, de manganèse, et des ocres remarquables par leurs belles couleurs rouge, jaune et orange.

Trente-quatre variétés de marbres et vingt-huit sources d'eaux thermales et minérales complètent cette exhibition, qu'un savant naturaliste, M. Mortillet, a classée avec un rare talent.

Parmi les simples particuliers du duché de Savoie qui ont exposé, on doit placer, en première ligne, MM. Frèrejean et Balmain, d'Epierre; MM. Leborgne (Prosper et fils, de la Rochette), MM. Terrisse, John et Cᵉ, à Argentine; M. Grange, de Randens. Ces maîtres de hauts-fourneaux ou de forges, dont les échantillons de fer spathique et de fontes aciéreuses ont été jugés dignes de mentions honorables, font un grand négoce avec les départements de l'Isère et de la Loire, principalement avec Saint-Étienne. Leurs aciers se rapprochent de ceux d'Allemagne et conviennent beaucoup à la coutellerie, aux outils tranchants, aux pièces de machines demandant dureté et résistance.

En ce qui le concerne, le Piémont proprement dit n'a pas une collection minéralogique moins considérable que celle du duché de Savoie. L'Institut royal technique de Turin a frappé les regards par ses 1,200 échantillons de terrains et de roches de toute espèce qui reproduisent le sol des États sardes d'une manière aussi précise qu'intéressante.

Mais au lieu de s'arrêter à l'intérêt purement scientifique qu'offrent ces belles réunions de minéraux de toute espèce, et de fossiles appartenant à chacune des grandes divisions de la nature, depuis les mammifères et les oiseaux jusqu'aux mollusques et aux végétaux, fossiles tantôt conservés en nature, tantôt remplacés par d'autres substances, il vaut mieux examiner les produits des industries sardes ayant pour objet l'élaboration ou la transformation des substances métalliques.

Le nord de l'Italie, pourvu de tant d'éléments de prospérité, et où de nombreux cours d'eau, se précipitant des Alpes ou des Apennins avec des pentes en général très rapides, se prêtent si admirablement à l'établissement d'un grand nombre de moteurs hydrauliques, est malheureusement privé de combustible pour la consommation de ses usines. Le bois, par suite d'un mauvais aménagement des forêts, y est d'une extrême cherté; et parmi les combustibles minéraux, le meilleur, la houille, y fait absolument défaut. Toutefois, la contrée qui nous occupe peut utiliser de riches dépôts d'anthracite et de lignite. Ces combustibles minéraux sont dus à des dépôts de matières végétales et quelquefois peut-être de matières animales qui, par une altération longue et profonde, se sont transformées en divers produits qu'on nomme anthracite, houille et lignite, qui appartiennent à des époques géologiques différentes.

L'anthracite est un charbon minéral, très sec, ne contenant presque pas de substances gazeuses, ne produisant pas de coke commercial et donnant lorsqu'il est brûlé en vase clos au moins 85 0/0 de résidu; en un mot, c'est de la houille privée de ses parties bitumineuses et aqueuses. Il ne se trouve pas propre à la fabrication du gaz d'éclairage, mais il a une grande puissance calorifique, et sous ce dernier rapport il est supérieur à la houille.

Depuis longues années cette substance sert dans les

Alpes au chauffage des maisons, aux clouteries...
Ce genre de combustible est destiné à rendre d'immenses services, surtout dans le nord de l'Italie, où il existe en grandes masses, et dans l'exploitation des gîtes de minerais de fer, de zinc, de cuivre, de plomb, de nickel, etc. Aussi est-il à désirer que la consommation de l'anthracite y devienne de plus en plus étendue. En Angleterre, on l'emploie déjà, avec une économie de 20 0/0 sur la houille, dans les brasseries, les tanneries, les distilleries. Les anthracites se rencontrent presque partout dans les Alpes piémontaises.

Le lignite tient davantage de la nature des tourbes; ce combustible fossile, qui se présente tantôt avec une couleur brune et une texture ligneuse évidente, tantôt sous une forme terreuse pulvérulente, fournit du charbon contenant plus ou moins de matières terreuses et se comporte comme le ferait la tourbe, avec les variations qui peuvent résulter de la présence de matières animales.

On cite parmi les grands dépôts de lignite en Piémont, celui de Cadibonne, province de Savone, où l'extraction pratiquée sur une grande échelle ne s'élève pas à moins de 14,000 quintaux métriques par an. Un bloc magnifique du poids de 280 kil., envoyé par MM. Lugné et Ce, offre un spécimen des lignites tirés de Bagnasco (province de Mondovi), et qui servent si utilement à l'importante verrerie de Noceto.

Les tourbes viennent aussi en aide à l'industrie sarde; les provinces de Suse, d'Ivrée, de Novare en ont des dépôts quelquefois d'une étendue de plus de 40 hectares sur une épaisseur de 3 à 9 mètres. La tourbière de Saint-Martin de Perosa (Ivrée) est exploitée par 150 ouvriers et produit jusqu'à 300,000 myriagrammes de tourbe destinée aux fours à chaux, aux tuileries, aux distilleries de la contrée. On vante beaucoup la tourbe d'une facile carbonisation d'Avigliano, qui se vend de 35 à 40 fr. la tonne de 1,000 il. Les détritus végétaux des tourbières servent aussi, en Piémont, à fabriquer du carton et du papier grossier avec une économie de 50 0/0.

Les États sardes, la Savoie non comprise, produisent environ 75,000 quintaux métriques de minerai de fer au rendement de 56 0/0. Ces matières premières proviennent des mines de Traversella, un des plus puissants et des plus riches filons de l'Europe, et des mines de Cogne, de Balme, dans la vallée d'Ala, qui alimentent aujourd'hui quelques-uns des hauts fourneaux d'Aoste, dont les fers sont d'une telle qualité qu'ils peuvent être classés parmi les meilleurs, sans excepter ceux de la Russie et de la Norwege ; ils ne trouvent de rivaux qu'en Suède.

La société anonyme des hauts fourneaux et usines de la Haute-Vallée d'Aoste, fondée au capital de trois millions, fournit à l'Exposition de beaux minerais et des échantillons de fer des mines de Valmeriana, Cogne, Chambave, Saint-Oyen, qui justifient bien la renommée dont ils jouissent.

La fonte pure de Cogne, ou mêlée avec celle de Saint-Oyen, est cotée à 18 fr. les 100 kil. Le fer battu de Cogne, en lingots, 45 fr., et cylindré 50 fr. les 100 kil. Ces prix, eu égard à la qualité supérieure de la matière, sont très avantageux.

MM. Scloppis frères, de Turin, pourraient revendiquer une part de ces éloges pour des minerais, des pyrites de fer qui leur servent à faire du sulfate de fer ; mais ces manufacturiers sont plus spéciaux dans la fabrication des substances chimiques, ainsi qu'il sera constaté en un autre chapitre.

Malgré ce petit nombre d'exposants, les usines qui élaborent le fer sont nombreuses en Sardaigne et augmentent chaque jour, en conséquence du développement industriel qu'on observe dans ce royaume, et aussi à cause de l'insuffisance de la production, ce qui nécessite une importation de fers étrangers de plus en plus grande, surtout depuis la construction des

nombreuses voies ferrées du Piémont. C'est dans les
efforts faits par le commerce pour obvier à ce déficit
que le poids des fers importés, qui n'était que de
7,880 tonnes en 1851, s'est élevé à 19,000 tonnes
dès 1853 ; il dépasse aujourd'hui 20,000 tonnes.
On évalue cependant à huit millions de francs la production en fers indigènes.

Les États sardes possèdent encore beaucoup de
mines de cuivre, surtout dans l'île de Sardaigne, à
Tartuccia, et dans les provinces d'Ivrée, de Novare et
de Coni. Les échantillons qui nous ont été expédiés
de ces diverses localités étaient fort beaux ; on n'a
pas oublié le cuivre rosette, en lingot ou laminé, de
la Société royale anglo-sarde, Croché et Ce. dite la
Piémontaise, non plus que celui des mines d'Ollo-
mont dans la vallée d'Aoste, dont les directeurs exposaient des lingots affinés, tels qu'ils les livrent sur
le lieu d'extraction, au prix moyen de 3 fr. 20 à
3 fr. 30 le kil.

Si le fer, a-t-on dit, est le métal le plus précieux
pour l'homme et le plus puissant auxiliaire de la civilisation, le cuivre n'est pas moins employé dans les
arts et dans les nombreux besoins de la vie.

Le cuivre, façonné seulement par les chaudronniers
des provinces citées plus haut, est évalué à 5,000
quintaux métriques. Mais on emploie encore beaucoup de ce métal en travaux de laiton et de bronze,
ou pour les cloches des églises et les fonderies de canons. Quelques industries de bronzes moulés, dont un
des représentants, M. Ch. Cavigioli, de Turin, a pris
part au concours, en consomment aussi une assez
grande quantité.

Les médailles de M. Cavigioli et ses gravures, re-
produites par simple fusion ou moulées sur original,
constituent une invention des plus heureuses qui n'a
pas dit son dernier mot et que M. Cavigioli se propose d'étendre à la stéréotypie.

La suite de la revue des produits métallurgiques

1.

nous met en présence de nombreux échantillons de galène (minerai de plomb argentifère), car l'argent à l'état natif n'existe pas dans la Péninsule italique. On extrait cependant ce métal précieux des mines de l'île de Sardaigne et du Piémont. M. Victor Crispo, de Sassari, M. A. Campus et M. le général Galetti, de Montevecchio, ont apporté de superbes échantillons de galène argentifère extraite des montagnes de l'île de Sardaigne, dont la production annuelle s'élève à 500,000 francs d'argent et de plomb.

La seule mine de Montevecchio, appartenant à M. le général Galetti, fournit près de 20,000 quintaux métriques de minerai. Mais à cela ne se borne pas toute l'exploitation du plomb et de l'argent dans les États sardes ; car les mines nouvellement ouvertes de Garessio, dont le filon a une puissance de 1 mètre 60 centimètres, et celles de la vallée d'Aoste, de Valesia, Peona, Tenda, San-Salvatore, près de Nice, qui n'ont figuré que d'une manière incomplète dans l'Exposition de cette année, méritent plus qu'un souvenir.

Le plomb est le *Saturne* des alchimistes. C'est un corps simple métallique, d'un blanc bleuâtre très malléable et peu ductile et d'une faible ténacité. On l'extrait des galènes, la plupart sulfureuses, en grillant celles-ci au contact de l'air ; il est livré au commerce sous forme de *saumons*. Lorsque les galènes renferment de l'argent, on soumet le plomb à la coupellation, qui a pour but de séparer, dans des vases poreux appelés *coupelles*, le plomb du métal précieux. Voici, du reste, en quelques mots, comment se pratique cette opération. Lorsque les saumons de plomb sont portés à une haute température et qu'ils sont fondus dans le four à réverbère, on fait oxyder le plomb par un courant d'air, puis on le laisse écouler par une ouverture latérale, et l'argent seul reste sur la coupelle. Le plomb se lamine en feuille pour couvertures ; on en fabrique des tuyaux de réservoirs, des balles, des grains de chasse ; ce métal sert encore à divers usages industriels et donne naissance à plusieurs produits chimiques, dont les plus remarquables sont l'extrait de *Saturne* et la céruse (carbonate de plomb).

L'exportation du plomb, en Piémont, s'élève à 2,000 tonnes environ, chiffre encore faible eu égard à l'abondance des gisements ; mais les mines de galène paraissent en ce moment très recherchées par de puissantes compagnies, et beaucoup seront prochainement exploitées, on n'en doute pas, avec autant d'activité que les filons aurifères de la province de Pallanza, d'où l'on tire près de 500,000 francs d'or année moyenne, et que les quinze mines aurifères de la circonscription de Novare.

Il faut espérer aussi que les jeunes Piémontais qui, dans ce moment, suivent à Paris les cours de nos écoles des mines, tels que MM. Sella, Ferreri, Perazzi, Goana, une fois leurs études terminées, rapporteront dans leur patrie le secours de leurs connaissances spéciales, et qu'ils imprimeront au traitement des minéraux une direction plus méthodique et tout à fait à la hauteur des découvertes de la science moderne.

Les métaux précieux provenant des mines dont il vient d'être fait mention ont été obtenus jusqu'ici au moyen de l'amalgamation ; il n'y a que l'usine de Cani qui en ait entrepris le traitement par la voie de fusion. Cet établissement, que dirige M. l'avocat Cadorna, a paru aux Champs-Elysées avec de magnifiques échantillons d'amalgame d'or, d'or pur et de minerai aurifère. Le rendement des mines aurifères des États sardes, car il ne faut pas compter les quelques paillettes prises aux torrents des Alpes qui les roulent dans leurs sables, est employé tout entier dans le pays en objets d'orfévrerie ou passe sous le balancier de l'Hôtel des monnaies de Turin.

Le Piémont possède encore des mines de nickel, de manganèse, qui ne sont classées que pour mémoire dans la collection de l'Institut royal de Turin. Quant aux matières comprises par les catalogues sous le nom générique de minéraux divers, comme soufre, sel gemme, chaux, gypse, schiste, etc., elles n'ont presque pas été représentées. Cependant il est de notoriété publique que MM. Seloppis, de Turin, recueillent le soufre des pyrites de fer en faisant déposer la fleur de soufre dans des chambres closes, et que la Sardaigne est, après la Sicile, la contrée d'Italie qui donne le plus de sel. Les salines domaniales de cette île ont des tables salantes d'une étendue de plus de 150 hectares, produisant nous ne savons combien de millions de kilos de cette substance si fort employée dans l'économie domestique ou rurale, et qui procure un revenu de plus de 12 millions aux États sardes. Mais on a oublié de tenir compte de ces matières diverses dans l'envoi des objets destinés à figurer au concours. Cependant la vue de magnifiques tables de marbre venues de Piémont nous a été un dédommagement pour l'absence de tant de richesses d'un autre genre, et les variétés de marbres de la Savoie dont il a été parlé, les calcaires saccharoïdes bleus des provinces d'Ossola, de Suse, d'Ivrée, de Novare, de Mondovi, de Gênes, de Busca; les brèches jaunâtres de Balestrino, près d'Albenga, et de Montalto, près de la Spezzia; les calcaires unis et rubanés, soit rouges, soit grisâtres, des divers districts de Coni, Mondovi, Chiavari, Turin, Saluces, Nice, Savone; le marbre jaune et noir, le *portoro*, ainsi nommé parce qu'il semble contenir de l'or, de Nava, de Porto-Venere, et une infinité de marbres noirs et bleus, foncés, unis, d'une extrême diversité, mais tous de prix très modérés, ont soutenu dignement la réputation de leur pays d'origine.

Telles sont, et l'on n'a pas encore compris dans cette longue quoique rapide énumération, les sardoines de Turin, les corindons d'Iseglio (Ivrée), ou jaunes ou rouges, très recherchés par la joaillerie ou ser-

vant quelquefois, réduits en poudre, sous le nom
d'émeri, à tailler et à polir des corps durs, des serpentines des Alpes piémontaises, des opales de Baldissero,
des grenats rouges et jaunes de la vallée d'Ala, moins
beaux que ceux de l'Inde, mais qui rivalisent avec
ceux de Bohême, des quartz-agate ou améthyste
de l'île de Sardaigne, et des échantillons des carrières de gypse fibreux, soyeux, en cristaux, en fer de
lance ou en lamelles et en grains, d'une foule de provinces du Piémont, ainsi que de belles ardoises de la
Ligurie où plus de mille ouvriers sont employés à
cette importante exploitation : telles sont les magnifiques matières premières que l'exhibition des États
sardes a offerte à ses visiteurs.

Certes, peu de pays en Europe pourraient se faire
gloire d'une aussi grande fortune minéralogique, et
l'industrie et la spéculation doivent être convaincues
qu'elles trouveront longtemps encore en Piémont un
vaste champ ouvert aux plus fructueuses comme aux
plus vastes opérations métallurgiques.

Passons maintenant aux produits du sol, obtenus
avec ou sans culture.

Rien n'est à dédaigner dans une Exposition générale d'une contrée, et sous des échantillons quelquefois
insuffisants à la faire apprécier d'une manière spon-
tanée, se cachent des problèmes intéressants et des
questions grosses d'avenir. Telles sont les réflexions
que fait naître, sur les deux seuls exposants qui figurent dans la deuxième classe du catalogue, M. Joseph
Zora, menuisier à Turin, dont la collection de bois,
quoique incomplète, donne une idée suffisante des
ressources forestières du Piémont.

L'observation en a été déjà faite, les États sardes
ont été peu favorisés sous le rapport des combustibles
minéraux ; il s'agit donc pour eux d'utiliser toutes
leurs ressources forestières existantes et de songer à
les agrandir. Les utiliser, c'est adopter un régime
forestier qui puisse soustraire l'aménagement de leurs

rares forêts à l'exploitation ignorante et sans mesure jusqu'ici en usage, et les agrandir, c'est procéder au reboisement des montagnes. Sans doute que de ces deux actes, le reboisement surtout est une opération longue, difficile et même fort dispendieuse ; mais on n'ignore pas aussi qu'elle est digne, par ses résultats, de tenter un peuple si ardent à saisir le côté utile de toutes choses et si apte à poursuivre une généreuse idée une fois qu'il l'a conçue. Or, quel plus grand attrait peut présenter une entreprise lorsque, à part les bénéfices positifs qu'elle doit procurer, elle intéresse vivement la fertilité, la salubrité de la contrée et la sécurité de ses habitants ?

Nous entrerons plus tard, à propos des Expositions des autres royaumes d'Italie, particulièrement de la Toscane, dans de plus longs détails sur l'avenir forestier de la Péninsule ; ici nous nous contentons d'avoir indiqué une amélioration à réaliser, certain d'avance que l'on fera tout ce qu'on pourra. Le ministère de M. de Cavour, qui porte un si fort intérêt à tout ce qui regarde l'agriculture, une des bases les plus sérieuses de l'avenir de son pays, et dont tous les soins sont consacrés en ce moment à l'exécution du plan cadastral des terres du royaume, ne peut longtemps fermer les yeux sur la nécessité d'une administration forestière dans le genre de celle qui surveille si utilement nos bois de l'État, et qui donnerait ainsi une plus grande impulsion à l'enseignement spécial établi près de l'institut technique de Turin.

Pour en revenir à la collection de bois de M. Zora, qui possède un des chantiers les plus importants du royaume, les espèces dont elle est composée n'ont rien de particulier et sont une reproduction de nos essences forestières du midi de la France. Cependant, à la suite des chênes, des ormes, des bouleaux, des frênes de nos montagnes, plusieurs espèces de noyers noirs et blancs, des chênes-liéges, trahissent leur origine étrangère : le plus curieux des échantillons des arbres du

Piémont est un gros tronc de *junisperus sabina*, appartenant à M. J.-B. Bottero, de Turin. Ce bois semble propre aux travaux d'ébénisterie et de marqueterie par sa densité, sa beauté et son parfum ; il possède aussi des propriétés thérapeutiques tout à fait extraordinaires.

L'étude successive des matières premières nous a conduit à l'agriculture sarde proprement dite, dont les produits sont fort importants. Comme tendance de cette contrée de petite culture, restée trop longtemps en retard dans la pratique des bons procédés agricoles, et dont il a fallu souvent stimuler le zèle afin de lui faire abandonner de vieilles routines, nous signalerons une exhibition assez remarquable de guano de Sardaigne, résidu des chauves-souris qui se retirent en grand nombre dans certaines cavernes de l'île. Ce guano a été présenté par M. Caccioni, de Chiaramont, M. Floris et MM. Valera, Selmi et compagnie, de Sassari (île de Sardaigne). L'apport de ces derniers exposants surtout a été multiple.

Le guano est un engrais à haute puissance, introduit depuis peu dans les cultures d'Europe, et généralement tiré d'Afrique, de quelques îles de l'Océanie ou du Pérou ; c'est une substance d'un jaune foncé et d'une odeur forte, dont les dépôts, quelquefois de l'énorme épaisseur de 15 à 20 mètres, sont produits par l'accumulation des excréments des oiseaux aquatiques qui vivent dans ces parages. Les céréales surtout éprouvent un merveilleux effet de son emploi. Dès lors on ne saurait qu'applaudir à l'idée d'utiliser les quelques dépôts de guano que la Sardaigne peut posséder. Mais, dans leur intérêt, nous engageons ces exposants à faire constater, une autre fois, la richesse en éléments azotés de leurs échantillons, car, sans cette précaution, le guano prête trop à la fraude.

La Commission d'agriculture a distingué les échantillons de la compagnie Valera Selmi.

Dans la section des machines agricoles, M. le

comte Morelli, de Turin, tient le premier rang. Ses appareils figuraient aux expériences faites à Trappes, en présence de S. A. I. le prince Napoléon Bonaparte et de la Commission du Jury, qui apprécièrent particulièrement un excellent râteau glaneur à cheval, destiné à recueillir les foins et les pailles dans les champs à sillons à fort ados ou sur les prairies irriguées à la manière allemande.

Le râteau de M. le comte Morelli est monté sur trois roues pouvant tourner chacune sur un axe, de manière à ce que l'instrument passe par les sentiers les plus étroits ; il se compose d'un véritable peigne à doubles dents très longues. Ce peigne peut basculer autour d'un axe horizontal que le conducteur tient à l'aide de mancherons. Lorsque les dents sont suffisamment chargées, le soulèvement de l'axe fait soulever le râteau, le tas est abandonné, et l'opération recommence.

Cet instrument ingénieux trouverait sa raison d'être en France, en Belgique et partout où un sous-sol imperméable aux pluies d'hiver et aux infiltrations des eaux force les cultivateurs à donner aux sillons une forme bombée. et c'est souvent le cas dans le nord de l'Italie. Cela nous fait songer aux résultats que le drainage, pratiqué sur une grande échelle, procurerait dans ce pays essentiellement de céréales, qui voit cependant ses récoltes souvent compromises par la trop grande humidité des bas-fonds, tandis que les terrains exhaussés sont exposés à une sécheresse désespérante. Mais les États sardes ne semblent pas encore en mesure de consacrer les grands capitaux exigés par le drainage à l'amélioration de leurs terres si fertiles, c'est bien assez qu'ils aient su, dans ces dernières années, creuser un vaste canal d'irrigation (1),

---

(1) A part le canal de Charles-Albert, le Piémont possède une foule d'autres canaux dans toute la région irrigable du Piémont, qui s'étend sur les territoires d'Ivrée, de Verceil, de Novare, de Mortera, de Vigevano. Le Pô fournit une grande partie de ces eaux.

le *Charles-Albert*, dérivation entretenue aux frais
de l'État, qui, pour des prix très modérés, met l'eau

Les canaux dérivés de la Doire-Baltée sont : le canal d'Ivrée, celui de Cigliano, celui del Roto, qui, sans être tous navigables, portent le nom de *naviglio* et alimentent un grand nombre de dérivations.

On compte parmi les canaux dérivés de la Sesia, sur la rive gauche, les *roggie* Mora, Busca et Rizza-Biragua ; sur la rive droite, les
deux *roggie* Gattinara.

Les navigli *Langosco* et *Sforzesca* sont alimentés par le Tessin.
En Piémont, la plupart des canaux ont été acquis par le gouvernement, qui les exploite lui-même. Une administration spéciale parfaitement dirigée, en distribuant l'eau à bas prix aux propriétaires,
parvient encore à faire rentrer des sommes considérables dans le
trésor public. Tout le contraire a lieu en France.

Au lieu de tirer parti d'une foule de rivières qui, des hauteurs
des Pyrénées, des Alpes ou des Cévennes, descendent à travers
nos vallées en entraînant la meilleure partie de leurs terres végétales, et jettent chaque jour à la mer d'énormes masses d'engrais,
nous laissons se perdre ces éléments les plus puissants de notre
fortune publique avec une incurie déplorable. Plus de 500,000 hectares, dans le midi de la France seulement, pourraient être arrosés,
et cette opération, qui triplerait la valeur du sol et doublerait immédiatement le produit de la culture, coûterait à peine quelques
centaines de millions.

On a trouvé tous les capitaux possibles pour construire des chemins de fer, qui ont absorbé plus de deux milliards de la fortune
publique ; mais pour les opérations agricoles, toutes les bourses se
trouvent fermées. L'indifférence ou le mauvais vouloir des propriétaires, l'ignorance profonde chez plusieurs, la mauvaise législation
qui multiplie les difficultés sur les pas de celui qui tente de construire un canal, et plus encore l'engoûment pour les opérations
de Bourse, auxquelles se prêtent si bien les actions de chemins de
fer, ces voies rapides dont la construction se rattache à plusieurs
considérations de politique ou de stratégie, ont laissé jusqu'ici la
France très en retard sur l'emploi agricole de ses eaux.

Il serait bien temps de revenir sur cet état de choses. Au point
de vue du profit industriel, les sommes employées sur les chemins
de fer ne donneront jamais le revenu immédiat que procureraient
nos terres arides, si une eau fécondante leur était fournie convenablement. Puis, est-ce seulement au transport des voyageurs que
peuvent et doivent être consacrés les chemins de fer ? N'est-ce pas
aussi au transport des denrées ? Or, ces denrées, ne faut-il pas auparavant les produire avant de tant s'occuper des moyens de leur
trouver des débouchés ? Un lourd impôt pèse sur notre agriculture,
et l'on ne fait rien pour elle, et l'on se plaint du manque de subsistances ! Mais nous avons tous les moyens de faire venir ces céréales
que nous achetons par millions à l'étranger, et nous négligeons
ces ressources que la Providence a mis si débonnairement à notre
portée !

Ainsi, du côté purement industriel, les canaux d'arrosage sont
très productifs. Au point de vue du bien-être public, ils sont indis-

à la disposition des propriétaires. Un temps viendra où ils pourront s'occuper plus exclusivement de grandes améliorations agricoles. M. le comte Morelli est encore l'inventeur d'une bonne herse couvreuse.

L'Exposition des produits du sol renferme de beaux épis de maïs récoltés dans la haute vallée d'Aoste, où, malgré la basse température de la contrée, un cultivateur de Turin est parvenu à introduire cette plante qui fait la fortune des populations méridionales de l'Europe, car le maïs, outre l'avantage qu'il a de contenir dans son grain beaucoup de matières grasses et d'être une nourriture complète, a la faculté de venir on ne peut mieux en récolte dérobée et avec peu d'engrais ; il s'intercale dans toutes les rotations et nettoie parfaitement le sol ; aussi fait-il partie des assolements suivis dans tout le nord de l'Italie ; sa feuille est avidement recherchée par les animaux de labour, et sa farine, sous forme de *polenta* (*gaudes* dans l'est de la France et *millias* dans le Midi), est d'une consommation si générale dans les vallées du Piémont,

pensables. Il nous serait aussi facile de démontrer que le gouvernement y trouverait un grand avantage comme impôt. A part l'intérêt de ses avances, dans lequel il rentrerait aisément, que l'on évalue le chiffre des transactions entre particuliers qui s'opèrent chaque année sur ces 500,000 hectares de terre inférieure qui, par l'irrigation, tripleraient de valeur. Ce serait un impôt trois fois plus fort que le gouvernement pourrait prélever, et cela tout en rendant un grand service aux propriétaires. L'enregistrement seul recouvrerait indirectement les intérêts des premières mises de fonds.

Enfin, si l'État ne voulait pas entreprendre à son compte les canaux, quoique, nous l'avons dit, il y ait pour lui tout avantage, pourquoi ne pas considérer le bon emploi des eaux comme d'intérêt public, et dès lors forcer tous les propriétaires d'une contrée à une contribution pour un canal d'irrigation, quand cet emploi utile des eaux d'une rivière serait demandé par un certain nombre de riverains et reconnu utile par les ingénieurs des départements ? Avec l'association et un bon amortissement, on a pu, en Provence, payer en quinze ans les frais d'un canal et distribuer gratis l'eau aux propriétaires. Du reste, cette association, cette contribution forcée, sont pratiquées pour le curage des rivières, pour la construction des digues, c'est-à-dire afin de se préserver des inondations ; pourquoi ne le seraient-elles pas aussi quand il s'agit d'une opération destinée à tripler la fortune d'un pays, et d'une opération surtout qu'on peut considérer comme le meilleur préservatif des inondations ?

(Note de l'auteur.)

que les populations la payent souvent plus cher que celle du blé, tant est forte la puissance d'une habitude. Mais ce qui forme la partie la plus considérable du compartiment agricole du Piémont, c'est une collection de céréales cultivées dans la province de Saluces, sur la colline de Turin à Sassi et sur le territoire de Chieri, par M. le comte Antoine de Pollone, sénateur et conseiller d'État.

M. le comte de Pollone a représenté les États sardes à l'Exposition universelle en qualité de commissaire général, et quel que soit le souvenir qui nous est resté de sa bienveillance, de son exquise urbanité et de ce patriotisme si haut et si éclairé dont il nous a donné des preuves, nous ne pouvons, nous ne devons voir ici en lui que l'agronome, le cultivateur. Eh bien ! nous le dirons avec notre impartialité ordinaire, rien de plus riche que sa collection de céréales qui ont excité l'admiration des connaisseurs pour leur surprenante richesse nutritive : les blés durs, les richelles de Naples, les poulards, les blés rouges et blancs, le blé trémois, les seigles, les avoines étaient superbes, et il n'est pas jusqu'à diverses variétés de haricots, qu'on sème généralement dans les champs de maïs où ils grimpent autour de la tige de cette plante, et jusqu'à de grosses fèves cultivées dans les jardins, ou de féveroles qui servent à entretenir la fertilité du sol dans lequel on les enterre, qui ne méritassent la médaille de première classe, dont l'ensemble des cultures de M. le comte de Pollone a été jugé digne.

Cette collection a fait décerner encore une grande médaille hors classe à l'agriculture sarde, double triomphe dont l'honorable commissaire général peut à bon droit s'enorgueillir.

La production de céréales des États sardes s'est ressentie beaucoup, ces dernières années, des intempéries des saisons, qui ont compromis les récoltes. Pour les années 1853, 1854 et 1855, la moyenne du produit des céréales n'arrive pas aux 6 millions d'hectolitres de blé et aux 7 millions d'hectolitres d'autres grains que la statistique accorde généralement à ce pays, et ces chiffres, encore faibles eu égard aux ressources de l'agriculture de la contrée, s'élèveront dans quelque temps à une moyenne supérieure.

Le croirait-on! dans un pays dont les exportations de riz vont jusqu'à 25 millions de kil., car les rizières y sont extrêmement nombreuses, on ne rencontre que deux exposants de cette plante qui nourrit les deux tiers des habitants du globe; ce sont MM. Pallestrini frères, propriétaires cultivateurs à Villa-Biscossi, et MM. Albertin et compagnie, possesseurs du moulin à blanchir et à glacer le riz du Parco, près Turin.

Les produits de M. Albertin sont d'une qualité supérieure comme préparation, et il est à douter qu'il s'en soit trouvé dans les Expositions des autres peuples qui l'aient emporté sur les riz décortiqués, foulonnés et glacés par les meules du Parco. Mais comme production en tant que culture, rien n'égalait le riz de M. Palestrini.

MM. Joseph et Charles Brun, suivant l'exemple déjà donné si utilement par M. de Cavour, ont introduit et entretiennent avec le plus grand soin depuis quelques années un magnifique troupeau de moutons mérinos, composé de 2,000 têtes, dont les laines, la longue, cotée, pour être peignée, 12 fr. le kil., et la courte, pour être cardée, 10 fr. le kil., ont mérité l'approbation des juges les plus compétents, car elles ont quelque chose de légèrement lustré qui rappelle la laine de Saxe. Toutefois, nous aurions désiré voir, avec ces toisons, les animaux qui les portaient. En effet, l'Italie n'a pris aucune part au concours des animaux vivants dont a été précédée l'ouverture du Palais de l'Industrie. Cependant il faut bien que les Italiens se le persuadent, les races porcines et les buffles gigantesques des Apennins, les vaches laitières croisées de la race suisse et les bœufs aux grandes cornes de la Lombardie, ainsi que les bœufs magnifiques au poil fauve et aux petites cornes du Piémont, ou bien les mérinos de M. Brun ou du grand-duché de Toscane, n'eussent pas été déplacés à côté des principales espèces de bêtes ovines et bovines sur lesquelles l'Angleterre, la France et l'Allemagne fondent leur prospérité agricole. Un temps viendra où les propriétaires éleveurs de la Péninsule ne se montreront pas si indifférents à propos de leurs plus sérieux intérêts.

Après ces lainages, les produits du *bombyx* ou *saturnia cynthia*, dont M. Vincent Griseri, membre de l'Académie royale d'agriculture de Turin, et les frères Bellino, de Rivoli, présentent des cocons avec des soies brutes et ouvrées, réclameront une mention spéciale.

Les diverses séries des transformations de cette chenille, qui se nourrit de plusieurs sortes de végétaux et donne une très bonne soie, sont fort intéressantes à examiner dans la vitrine de M. Griseri. On y voit l'insecte et ses produits sous différents états, depuis l'œuf jusqu'au cocon et au papillon; on peut y apprécier l'influence des saisons, de la nourriture ou de la race, sur la qualité de la matière textile, car les *cynthia* du savant Piémontais ont été élevés à diverses époques de l'année; ils se sont nourris de feuilles, soit de saule ou de ricin, soit d'endive ou de chicorée, et ils résultent de croisements avec des graines du Liban, de Brousse ou de Florence. Il est difficile de poursuivre avec plus d'intelligence des expériences d'acclimatation sur une nouvelle espèce de vers à soie déjà appréciés par le commerce, et qui suppléeraient utilement les mauvaises récoltes de bombyx du mûrier, si délicats et si coûteux à entretenir.

Les frères Bellino ont, les premiers, tissé la soie des cynthia; ils en ont fait faire des gants très fins et très solides.

Le compartiment agricole des États sardes compte enfin quelques bons échantillons d'huiles de noix, de lin, de ricin et d'olive, envoyés par MM. Girardi, de Turin, et le chevalier Manca, de Sassari ; mais les huiles d'olive de Nice, d'Oneglia et de Ventimaglia, avec lesquelles le Piémont fait un commerce de huit à dix millions, et qui sont si renommées pour leur limpidité et leur excellent goût, y brillent par une absence complète et incompréhensible de la part du comité de Nice.

Heureusement, de nombreux et très bons échantillons de vins garnissent ce vide. Depuis quelques années, nos lecteurs ne l'ignorent pas, la funeste influence de l'*oïdium* a bien diminué le chiffre des produits de la vigne en Europe. Le royaume de Sardaigne n'a pas été exempt du fléau, il s'en est même ressenti plus que d'autres pays ; cependant, tout annonce que les cépages de la contrée échapperont à cette terrible maladie. Déjà leur réussite a été meilleure cet automne que l'année dernière, et l'on espère davantage encore pour la prochaine récolte.

Quel que soit l'avenir réservé à cette culture, à laquelle la situation du Piémont semble on ne peut plus favorable avec ses nombreuses collines qui s'élèvent du pied des Alpes, les diverses qualités de vins exposés dans l'Annexe ont été trouvées excellentes et ont mérité des distinctions nombreuses à leurs propriétaires. M. l'avocat H. Genta, de Caluso, a remporté une médaille de première classe pour ses vins noirs et blancs de Caluso, corsés, et susceptibles d'atteindre une extrême vieillesse. On ne saurait mieux les comparer qu'à nos produits similaires du Roussillon. M. Genta vend ses vins 1 franc la bouteille. Des médailles ou des mentions honorables ont été également accordées à M. Félix Bonino, pour ses délicieux vins d'Asti, *tokai* blanc, rouge ; malvoisie blanche et *aleatico*, de 3 à 8 francs le litre, rendu *franco* à Paris ; à M. le chevalier Sparo, d'Oristano (Ile de Sardaigne), pour son vin blanc dit *Vernaccia d'Oristano*, et à M. Varvello, d'Asti, dont l'exposition formée des plus fins cépages d'Italie, tels que le *malvasia*, le *brachetto*, le *barbera*, le *pasaretta*, est cotée à des prix capables de tenter toutes les bourses, les vins étant affichés depuis 1 50 jusqu'à 4 fr. le litre.

MM. Oudart et Bruché, de Gênes, sont peut-être, parmi ces exposants, ceux qui fournissent le plus au commerce et à la consommation. Ils ne figurent pas ici comme propriétaires de vignes, mais à titre de *fabricants de vins*. Que l'on ne se méprenne pas sur le sens à donner à ces mots : fabriquer du vin ne consiste pas toujours, ainsi qu'il est d'usage dans quelques contrées, à composer avec de l'eau et des drogues une liqueur plate, nauséabonde, quand elle n'est pas dangereuse; mais savoir mélanger utilement divers crûs qui se tempèrent les uns par les autres et acquièrent de la sorte des qualités précieuses, voilà ce qui constitue la fabrication des vins de MM. Oudard et Bruché, et c'est pour des boissons obtenues de cette manière qu'ils ont paru dignes d'une médaille de deuxième classe. Néanmoins, on pourrait soutenir en bonne œnologie qu'en dehors des vins d'ordinaire, et dans les crûs de grand renom, ces mélanges ne sauraient être admis sans critique; comme l'on ne saurait approuver la tendance de quelques producteurs de France ou d'Italie, qui, négligeant les ressources des lieux sur lesquels ils exploitent, cherchent à obtenir des imitations des vins d'outre-Rhin, ou de Bordeaux, ce qui est certainement abandonner la proie pour courir après une ombre.

Dans un travail statistique publié par la *Revue franco-italienne* sur le mouvement commercial des États sardes pour les années 1851, 1852 et 1853, époques pendant lesquelles l'oïdium a sévi très rigoureusement en Piémont, nous lisons les chiffres suivants à propos du commerce des vins dans cette partie de l'Italie :

Vins sardes.

1851.	Importation. . .	7,618,697	litres.
	Exportation. . .		
1852.	Importation. . .	43,649,000	
	Exportation. . .	11,800,000	
1853.	Importation. . .	46,148,000	
	Exportation. . .	11,922,000	

D'où il résulte que, pendant ces trois années, les vins du pays n'ont pu suffire à la consommation.

Pour les eaux-de-vie, l'importation s'est élevée, en 1851, à 1,521,000 litres; en 1852, à 1,718,000 litres; et, en 1853, à 2,188,000 litres.

On évalue à 4 millions d'hectolitres le produit ordinaire de la vigne en Piémont.

La revue des produits agricoles se terminera par deux innovations que le succès a couronnées; il s'agit de l'introduction de la culture du houblon aux environs d'Alexandrie en Piémont, par M. Perla, de Turin, dont les bières sont les seules de toute l'Exposition que le Jury ait distinguées, et de la fabrication de vin et de vinaigre d'oranges de M. le docteur P. Garassino, à Gênes. Il sera aisé à quiconque sait quelle quantité de fruits produit l'oranger dans les pays chauds, de se faire une idée précise de l'utilité que peut avoir cette ingénieuse application d'un produit encombrant et d'un facile dégât. La fabrication du vin d'oranges peut doubler le revenu de certaines terres d'Italie, d'Afrique et de la Péninsule Hispanique, où les oranges sont si communes qu'elles ne se vendent pas plus de cinq centimes la douzaine. En tous les cas, la tentative de M. Garassino est le plus heureux expédient qu'on ait trouvé de nos jours pour remédier à la cherté du vin, et si elle nous remet en mémoire que le littoral de la Méditerranée, depuis Nice jusqu'à Savone, est couvert d'orangers, elle nous fait souvenir aussi que quelques corbeilles d'oranges de Nice n'auraient pas été déplacées à l'Exposition à côté des fruits d'Espagne, de Portugal, ou de nos possessions algériennes.

II.

Ce sera un des meilleurs titres du dix-neuvième siècle à la reconnaissance de la postérité, que d'être parvenu à généraliser en Europe le mouvement industriel, autrefois renfermé dans quelques centres privilégiés, et d'avoir popularisé les perfectionnements et les procédés scientifiques, au point que tous les royaumes du continent marcheront bientôt d'un pas égal sur la voie de la civilisation.

Le Piémont n'a pas manqué de se ressentir de cette pression des idées du temps ; il a suivi la tendance générale, mais non d'une manière aussi entière que d'autres nations. Comme l'on voit certaines sources sourdre à travers les couches du sol sans les imprégner, le génie industriel moderne s'est révélé à quelques Italiens d'élite, mais la masse, mais toutes les classes de la société, n'en ont pas été pénétrées ; c'est ce qui ressort clairement de l'ensemble des productions industrielles du Piémont, où l'on reconnaît des lacunes trop nombreuses pour qu'elles ne soient pas l'exacte représentation des choses ; toutefois, lorsque les places se trouvent occupées, elles le sont d'une façon brillante et distinguée qui prouve tout ce que ce pays promet pour l'avenir.

Dans les industries qui ont trait aux forces mécaniques, M. Minotto, de Turin, remplace utilement les engrenages à dents qui absorbent par le frottement une partie de la force motrice et dont l'usure est si rapide, malgré les corps gras, huiles ou graisses qu'on interpose entre les dents, par d'ingénieux engrenages à coin, qui augmentent la pression dans les presses et peuvent aussi servir de machines à écraser. Les appareils de M. Minotto, et les brochures explicatives dont ils étaient accompagnés, ont vivement intéressé la classe du Jury par laquelle ils ont été examinés.

Un essai de M. J. Deregis, de Gozzano, province de Novare, est destiné à la direction des aérostats ; quel travail intelligent et comme il prouve bien ce qu'a de vivace cette croyance à la future conquête par l'homme des plaines de l'air, que les âges passés nous ont transmise sous de fabuleuses allégories ! Ce merveilleux problème n'est-il pas peut-être à la veille d'être résolu par le secours de l'électricité, ce fluide qui est partout et qu'on ne voit pas, cette puissance née de rien et capable de si grandes choses ?

Les ailes de l'appareil Deregis prennent une légère courbure; au moyen d'un mécanisme particulier, elles varient de position et doivent par conséquent donner des impulsions différentes suivant qu'elles frapperont l'air en sens opposés.

La société Dabène, à Gênes, expose un nouveau modèle de pompe dont le caractère spécial consiste en ce que le corps de pompe et le tuyau d'aspiration ont un diamètre égal ; ce diamètre est même, nous dit-on, susceptible d'acquérir les plus grandes dimensions, le piston y jouant de telle manière qu'il est rendu insensible aux effets ordinaires des eaux troubles contre les parois des tubes. Si cette machine possède réellement cette propriété, on ne saurait trop la recommander pour les opérations de colmatage, les dessèchements des marais et autres grands travaux d'hydraulique agricole.

Mais, en mécanique générale, c'est M. Th. Piatti, de Turin, qui tient le premier rang. Sa belle machine à force centrifuge pour élever l'eau, formée de cônes emboités les uns dans les autres, nous a étonné par sa puissance d'effet. Nous l'avons vue, au milieu de l'Annexe des bords de la Seine, porter 300 mètres cubes d'eau par heure à 3 mètres de hauteur, avec une force de 5 chevaux de vapeur seulement ; et même, dans son rapide mouvement de rotation, le courant est lancé hors de la colonne aspirante avec une telle impétuosité, qu'appliqué à une turbine il pourrait être utilisé tout en profitant de l'élévation de l'eau.

Une Exposition universelle a cela d'excellent, qu'elle met de suite les découvertes véritablement utiles en relief. Auparavant, que de démarches ne devait pas faire un inventeur avant de se produire efficacement ! M. Piatti, par exemple, a eu beau recourir à des expériences publiques dans Paris, et cela durant des mois entiers, son appareil a été, sans doute, apprécié par les connaisseurs, et loué comme il le mérite ; mais il n'est pas entré dans le domaine des faits, dans la pratique. Au contraire, quelques jours ont suffi à l'Exposition pour rendre le nom de M. Piatti populaire.

Ces réflexions peuvent s'appliquer encore aux ressorts en caoutchouc pour la suspension des wagons et pour éviter les chocs sur les chemins de fer, découverte due à un simple ouvrier, M. Maneglia, et dont M. le chevalier A. Appollonio, de Turin, s'est fait le promoteur.

Les ressorts en caoutchouc seront, paraît-il, adoptés sur les voies ferrées de France ; ils offrent beaucoup de sécurité aux voyageurs, et sont d'une économie incontestable sur le prix des ressorts en fer ou en acier jusqu'ici employés. Du reste, l'innovation de M. Maneglia est la seule, parmi les diverses inventions du même genre, qui ait été reconnue mériter une distinction particulière.

Puisque nous avons touché à ces appareils destinés aux voies ferrées, voyons dans quelle situation se trouvent ces grands travaux d'utilité publique au-delà des Alpes.

L'application de la vapeur à la locomotive, qui joue en ce moment un si haut rôle dans l'existence politique des peuples d'Europe, a des avantages tels et en si grand nombre par les relations forcées qu'elle établit entre les points les plus éloignés, elle abrége si merveilleusement les distances, elle vulgarise si vite les idées, qu'elle ne peut, une fois introduite dans un pays, qu'y dominer en souveraine.

C'est ce qui est arrivé en Piémont. On admire même quels sacrifices un État, relativement de deuxième ordre, a su s'imposer pour mener au point où il en est son réseau de voies ferrées, dont le complément ne lui coûtera pas moins de 300 millions.

A part la principale ligne de Gênes à Turin et au lac Majeur, remarquable par toute sorte d'œuvres d'art que l'état accidenté du sol a forcé d'exécuter, le Piémont possède les lignes en parcours de Turin à Coni, de Turin à Novare, de Turin à Suse, de Turin à Pignerol, et les voies en exécution de Cavaller-Maggiore à Bra, de Mortara à Vigevano, de Santhia à Bielle, et achève le chemin de fer Victor-Emmanuel entre Saint-Jean-de-Maurienne et Aix. Ces divers chemins opéreront leur jonction, dans un temps peu éloigné, avec ceux de la France, de la Lombardie et de la Suisse, au grand avantage des rapports industriels et commerciaux de l'Italie septentrionale. Déjà l'exploitation par une société de la ligne de Verceil à Casale, et de là à un pont sur le Pô, a été approuvée, et une compagnie française s'occupe d'un projet de chemin de fer entre Grenoble et la capitale du Piémont, à travers les Alpes.

« Nous avons tout lieu d'espérer, a dit M. le comte de Pollone dans sa savante introduction au Catalogue des produits sardes, que des machines fixes, utilisant, d'après un principe nouveau, par la compression de l'air, les chutes d'eau qui abondent dans nos montagnes, nous permettront bientôt de franchir les cols des Alpes en jetant un chemin de fer de Suse à Saint-Jean-de-Maurienne, et en comblant ainsi la seule lacune à craindre entre Paris et Turin. »

Puisse le vœu de l'honorable commissaire se réaliser bientôt !

Du reste, si les chutes des torrents des Alpes n'é-
taient pas susceptibles d'être utilisées pour aider les
locomotives à franchir les frontières orientales, on
pourrait surmonter cette immense chaîne par des
tunnels qui passeraient sous les cols les plus élevés.
En profitant des circuits des vallées, la dépense
qu'occasionnerait le percement de ces tunnels serait
relativement modique. Ainsi, moyennant 25 millions,
un ingénieur piémontais, M. Ranco, offre de relier les
lignes sardes aux lignes françaises. Le percement du
Simplon est en ce moment à l'étude.

La première locomotive entièrement construite en
Italie est sortie de l'établissement de MM. Ansaldo
et Cie, de San-Pier d'Arena; et l'on se plaît à constater que des locomotives spéciales, dont la disposition
nouvelle est due à des ingénieurs piémontais, font
avec plein succès le service de la voie avec plans in-
clinés de 1 à 3 pour 0/0, qui relie Gênes à Turin.
Aussi est-il à regretter qu'à l'imitation des expositions industrielles et mécaniques des autres peuples,
aucun de ces véhicules de chemin de fer comme locomotives, wagons, voitures de voyageurs ou de marchandises, fabriqués dans le royaume de Sardaigne, n'ait
paru au concours. Les ouvriers des ateliers de Turin
ou de Gênes eussent eu leur part de récompenses, car
ils sont d'une habileté déjà consommée dans leurs professions.

Cela, du reste, n'a rien d'étonnant si l'on songe à
la vivacité d'intelligence des peuples méridionaux et
aux écoles de dessin pour les ouvriers que le gouvernement sarde, toujours attentif à répandre l'instruction à tous les degrés, a multipliées dans les principales villes du royaume. Naguère la plupart des contre-
maîtres ou directeurs des usines, des forges et manufactures du pays étaient Français, Anglais ou Suisses;
aujourd'hui, il n'y a que des Piémontais à la tête de
ces établissements, et les produits qui en sortent ne
redoutent guère la concurrence étrangère.

Que l'on jette les yeux, par exemple, sur la voiture de compagnie, découverte, nommée break, exposée par MM. Cantone Arizio et Ce, de Turin; où trouver une américaine plus solide et plus élégante, et cependant c'est une œuvre absolument construite avec des matériaux du pays. Il est vrai que les aciers d'Aoste donnent des ressorts de première qualité.

Un modèle de locomotive et de plan incliné à ornières de fer, que M. J. Bruschetti, capitaine du génie militaire, destine au transport des bateaux, piquait beaucoup la curiosité de la foule. Cet appareil part d'une excellente idée dont l'application serait éminemment utile.

Les historiens grecs rapportent que les bateaux qui descendaient à Babylone les productions des contrées traversées par l'Euphrate, dans son cours supérieur, étaient faits de peaux de bêtes. Arrivés à destination, on les démontait, et ils revenaient transportés à dos de chameau à l'endroit d'où ils étaient partis.

M. Bruschetti n'est pas aussi heureux avec son modèle de chemin de fer à chevaux dans l'intérieur des villes. Ce genre de voie ferrée est expérimenté depuis quelques années, entre Paris et Passy, il y fonctionne parfaitement. Au reste, par suite de l'économie de tirage qu'ils peuvent opérer dans les transports, il est probable qu'avant un temps peu éloigné des rails en fer ou en bois seront placés le long de nos grandes routes les plus fréquentées. On donnera ainsi au roulage une extension inaccoutumée et dont ne se plaindront pas les campagnes.

Dans nos départements du Nord-Ouest, il vient de se constituer une puissante compagnie appelée *Société des tanguières*, qui a pour but de transporter dans les campagnes la *tangue* ou le *merl*, sorte de sable composé de débris de coquillages et de varechs et autres plantes marines que l'Océan amoncelle sur nos rivages. La tangue, mêlée avec un sol argileux ou siliceux, produit le même effet que le chaulage ou le marnage. Mais comme la tangue est d'un lourd transport, avant l'établissement de la voie ferrée, les propriétaires immédiatement voisins de l'Océan pouvaient seuls porter la tangue sur leurs terres. Aujourd'hui, la Société des tanguières fait profiter le pays des bienfaits de cet amendement, dans un rayon de 50 à 60 kilomètres de l'Océan.

La même spéculation pourrait avoir lieu à propos des engrais qui s'amoncellent dans la plupart des grandes villes de France et d'Italie, et que leur coûteux transport empêche d'utiliser hors d'un périmètre en général très restreint.

C'est ici le lieu de s'occuper de M. le chev. Bonelli, ingénieur et directeur général des lignes télégraphiques du Piémont, dont les récentes découvertes sur l'emploi industriel de l'électricité ont excité si vivement l'attention générale. Il y a quelques jours, l'Académie des sciences de Paris écoutait un rapport fait par l'un de ses membres à propos de la manière admirable dont M. Bonelli se sert de la télégraphie électrique comme moyen de prévenir les accidents sur les chemins de fer, et les organes de la presse nous ont entretenus longuement du résultat des expériences qui ont eu lieu devant M. le ministre des travaux publics de France et M. de Cavour, lors de son dernier voyage à Paris avec S. M. le roi Victor-Emmanuel, notre auguste allié.

Pendant l'Exposition universelle, vers le dernier mois de son existence, on a vu principalement à l'œuvre le métier électrique Bonelli, destiné au tissage des étoffes, et, nous pouvons le dire en toute assurance, on l'a admiré comme une des plus belles et des plus originales découvertes de l'époque. Cet appareil a pour but de supprimer les cartonnages ou les papiers percés dont on se sert habituellement dans les métiers Jacquard, par un dessin métallique mis en communication avec des touches isolées et conductrices de l'électricité. Voici, autant qu'il est possible de décrire une machine aussi compliquée, voici à peu près comment ce résultat a été obtenu : dans le métier Jacquard ordinaire, la chaîne ou plutôt chaque fil, tendu horizontalement sur le métier, est mis en communication avec un autre fil perpendiculaire appelé lisse et portant à son extrémité une aiguille en fer; ces aiguilles sont réunies en faisceau au haut du métier et elles reposent sur le carton qui glisse au-dessous d'elles par un mouvement mécanique. Chaque fois qu'une aiguille rencontre un des orifices du carton, elle s'y enfonce, et cette chute détermine le soulèvement du fil de la chaîne, tandis que les autres aiguilles, retenues par la surface ferme du carton, restent à leur niveau. Alors, entre les fils séparés, l'ouvrier lance la *navette* sur laquelle s'enroule la *trame*. De la sorte, le tissu reproduit exactement une partie du dessin indiqué sur le carton. Puis après la *duite* ou passage de la navette, le tisseur, en mettant le pied sur une pédale, relève les lisses, le carton marche, d'autres aiguilles s'y enfoncent, et ainsi de suite.

M. Bonelli applique sur un rouleau mis en communication avec une pile un dessin formé par une substance métallique et conductrice. Ce rouleau, ainsi couvert, est placé à quelques millimètres d'un clavier composé de petites touches et formant électro-aimant, qui communiquent chacune avec un fil de la chaîne du tissu. On comprend que si le dessin est en métal et le reste du rouleau un corps isolant, chaque fois qu'une partie de ce dessin tournera en face de la touche électro-aimant, il y aura attraction, tandis qu'au contraire la touche restera immobile si elle est en face du corps non conducteur. Maintenant, que l'on conçoive un ingénieux système de petits leviers qui, réunis à chaque touche, font monter, au moindre mouvement des électro-aimants, chaque fil de la chaîne, de manière à ce que la navette puisse passer par dessus ou par dessous les fils, suivant l'indication du dessin, et l'on saisira tout ce qu'il y a d'ingénieux dans cette découverte, dont le monde des arts s'est tant ému.

De telles applications scientifiques assurent à M. le directeur des télégraphes sardes la reconnaissance de tous ceux qui ont intérêt aux grandes et utiles applications de la physique, et qui se préoccupent du bien-être des hommes ou de la sécurité des voyageurs.

Au groupe des industries spécialement fondées sur l'emploi des agents physiques et chimiques, ou se rattachant aux sciences et à l'enseignement, le royaume de Sardaigne a le droit de revendiquer d'utiles règles parallèles, de M. B. Piatti, et un bon compas à verge pour tracer des cercles sans piquer le centre, par M. Thomas Piatti, de Turin.

Mais, de tout ce qui s'offre dans ce compartiment, rien n'est plus saillant que les ouvrages de l'école royale d'horlogerie de Cluses (Savoie), fondée en 1848.

L'ensemble de la production annuelle de l'horlogerie savoisienne peut s'évaluer, d'après des documents certains, à la somme de 1,500,000 fr. Cette somme est le fruit, à peu près, de la main-d'œuvre seule; car la matière première employée n'a qu'une valeur tout à fait insignifiante.

La pensée du gouvernement, en établissant l'école de Cluses, habituellement fréquentée par quarante ou cinquante élèves, a été de tirer une belle industrie de l'état précaire où elle se trouvait placée depuis longues années, soit en lui fournissant, comme dit son programme, tous les moyens de progrès conformes à l'état actuel de l'art, soit en lui donnant une forte impulsion par des exemples incessants et une salutaire émulation. Ce but a été atteint : l'horlogerie du pays a acquis une grande réputation, les ouvriers y sont devenus très habiles, et les villes voisines de Cluses ont déjà créé, à leurs frais, des ateliers communaux qui ressemblent à des succursales de l'école principale; mais il faut ajouter, pour être tout à fait exact, que cet établissement doit la prospérité et la popularité dont il jouit à son directeur, homme de haute intelligence, M. le chevalier Achille Benoît, qui s'est fait représenter, au Palais de l'Industrie, par des pièces d'horlogerie d'un travail magnifique. Nous citerons entre autres une belle montre à répétition, à secondes indépendantes, à *thermomètre*, échappement à ancre, mouvement en platine et or, montée sur 12 rubis, et du prix de 3,000 fr. Comme observation générale, il n'est pas indifférent d'établir que le calibre des montres le plus généralement adopté dans la fabrique suisse ou française, et qu'on nomme calibre parisien, a été trouvé par M. Benoît : on doit encore à cet habile horloger plusieurs inventions dont profitent tous les manufacturiers de l'Europe.

Le lot de l'horlogerie sarde compte ensuite trois chronomètres : l'un de M. Lambert Dancet, et les deux autres de M. Vercellin, de Turin, et de M. Gindraux, de Cluses, qui sont dignes des plus grands éloges pour leur simplicité et leur précision, car tels d'entre eux permettent d'apprécier exactement un dixième de seconde. Les chronomètres, ou montres marines, sont des horloges destinées à mesurer les plus petites fractions de temps. On les emploie dans des recherches de physique, et, sur mer, ils servent à trouver la longitude.

Ce ne serait pas attribuer aux États sardes un mérite supposé que de constater à cette place tout le succès obtenu, dans ces derniers jours, par un Piémontais renommé chez les savants, M. I. Porro, major du génie militaire piémontais, dont la plupart des instruments d'astronomie et de géodésie occupaient un pavillon spécial à l'Exposition et ont été portés au Catalogue des industries de la France. M. Porro avait installé un instrument équatorial, un instrument de méridien, des lunettes et plusieurs autres appareils de son invention que nous ne pouvons examiner en détail. Cependant, nous signalerons une heureuse combinaison de prismes, au moyen de laquelle un très petit appareil devient immédiatement entre les mains d'un naturaliste un excellent microscope ou une très bonne longue-vue.

Quoique habitant notre capitale, M. Porro n'avait pas déserté son Exposition nationale, et son système de cadastre, et ses instruments pour la guerre, la marine, ou la levée des plans, ne se montrent pas inférieurs aux meilleurs appareils dont il a enrichi les principaux cabinets de physique, le Conservatoire des Arts et Métiers, et l'Observatoire de Paris.

M. le docteur Borelli, à Turin, se souvenant sans doute des nombreuses catastrophes dont les annales maritimes sont remplies, a eu l'idée d'appliquer la lumière électrique à l'éclairage des navires. Il présente un dessin de son projet qui aura, nous nous plaisons à le croire, l'assentiment des hommes de mer. Un bâtiment de guerre, dont l'avant serait inondé des rayons lumineux que projette, sous l'influence du courant électrique, le charbon brûlant dans le vide, non-seulement éviterait ces funestes rencontres qui, par des nuits obscures, ont trop souvent compromis l'existence de tant de vaisseaux, mais encore serait un moyen précieux d'observer à temps les écueils semés sur sa route, car l'intensité de la lumière électrique est si forte que, dans une expérience faite à Rome, on pouvait lire un journal à 720 mètres de distance.

Le propre d'un travail du genre de celui-ci est de faire passer, d'une manière brusque, saccadée, sans transition, l'attention du lecteur des hautes régions de la science ou de la mécanique aux opérations les plus vulgaires de l'industrie, pour le reporter bientôt sur un objet de spéculation mercantile. C'est qu'une exposition générale des forces productives d'un peuple civilisé comporte nécessairement cette diversité d'éléments; et faut-il nous en plaindre? n'est-ce pas dans cette multiplicité de produits que l'homme peut trouver seulement une convenable satisfaction de ses nombreux besoins et l'occasion de faire usage de toutes ses facultés intellectuelles? .

Loin de nous préoccuper donc de la disparate bizarre que les objets qui passeront sous notre plume sembleront présenter, continuons cette revue en songeant que toute chose a sa raison d'être, et que de l'allumette soufrée, si utile à l'humble ménagère, aux substances les plus précieuses que la médecine et la pharmacopée, réunies, ont pu inventer pour conserver notre existence, il n'y a peut-être qu'une goutte d'eau de plus ou de moins.

Le lustre, pour illumination à gaz, en bronze doré, à cinq bras style rocaille, avec fleurs, de M. J. Gay, de Turin, est un ouvrage d'une forme très gracieuse.

Quant au modèle de pompe calorifère de M. César Ponzio, pour le chauffage général d'une ville, il semble qu'il serait d'une bien difficile application.

En effet, comment comprendre, quelle que soit la haute température d'un foyer, que M. Ponzio pourra transmettre un courant d'air qui se conservera toujours chaud en parcourant les tuyaux qui lui serviront de conducteurs? Ces tuyaux ne seront-ils pas nécessairement soumis à la température de l'air ou de la terre ambiants?

Ce sont MM. Albani et MM. Lanza frères, de Turin, qui méritent la plus sérieuse attention dans cette classe des industries concernant l'emploi économique de la chaleur et de la lumière. Ces derniers fabriquent des bougies, des chandelles et des cierges stéariques si parfaits, que peu de nos produits similaires français leur seraient comparables. Quant à MM. Albani frères, ils présentent divers acides, des savons, et surtout du phosphore avec des allumettes phosphoriques. L'exposition de ces habiles fabricants, pour être appréciée convenablement, demanderait de grandes explications sur les procédés de chimie industrielle, qui servent à préparer ces nombreux produits; nous nous contenterons de dire quelques mots de leur phosphore et de leurs allumettes chimiques. Le phosphore est, comme on sait, un corps très inflammable que l'on extrait de l'urine ou des os des animaux; il est solide à la température ordinaire, quoiqu'il brûle lentement dans l'air; le moindre frottement suffit pour l'enflammer. D'après les échantillons, le phosphore préparé par MM. Albani a été trouvé excellent et surtout à très bas prix.

Ces petits bâtons combustibles, qui ont partout détrôné l'amadou et les pierres à silex, autrefois si généralement employés pour produire du feu, deviennent d'un usage très commun au-delà des Alpes. En Piémont, par exemple, et dans Turin seulement, on compte trois fabriques importantes d'allumettes : celle de M. Cabasso, dont le chiffre d'affaires ne s'élève pas à moins de 80 à 100,000 francs; les ateliers de M. Antonietti, qui prépare des allumettes à l'aide d'une machine avec laquelle on plonge les bâtons dans le soufre fondu et la pâte phosphorique, et enfin l'établissement de MM. Albani, où travaillent constamment plus de cinq cents ouvriers. La maison Albani a des instruments spéciaux pour couper les brochettes en bois.

Les allumettes phosphoriques se divisent en quatre catégories. On appelle allumettes ordinaires, des petits bâtons de tremble, de bouleau ou de sapin coupés dans le sens des fibres, trempés d'abord par le bout dans du soufre, et puis baignés d'une pâte de 50 parties de gomme, de 20 de phosphore, de 30 de chlorate de potasse, et colorée de diverses couleurs. Cette pâte, séchée au bout des allumettes, s'enflamme à volonté, par le frottement, sur une surface rugueuse. Mais l'inconvénient qu'elle a de produire des déflagrations bruyantes a donné l'idée de produire des allumettes inflammables par frottement,

mais *sans bruit;* or l'on obtient ce résultat en ajou-
tant du sable fin dans la composition de la pâte précédente, d'où l'on supprime le chlorate de potasse.
Les allumettes sans soufre ont leurs bâtons baignés par le bout dans l'acide stéarique, qui a été absorbé dans le tissu ligneux avant qu'on leur appliquât
la pâte phosphorique faite comme dans les précédentes. Ces allumettes sans soufre donnent plus vite
de la flamme; car dans les allumettes soufrées, il faut
attendre que la couche du soufre soit brûlée autour
du bois. On fabrique enfin d'autres allumettes, en faisant traverser de la cire stéarique fondue par un fil
en coton. La cire adhère au fil, on coupe les allumettes d'une égale longueur, et puis on les trempe
dans la pâte phosphorique. MM. Albani ont exposé
des échantillons de ces différentes allumettes exécutées avec beaucoup de soin.

Longtemps la fabrication des produits chimiques
est restée en arrière dans la Péninsule; mais en ce
moment elle a pris une importance qui démontre
combien l'industrie indigène peut se passer aisément
du secours de l'étranger. Ainsi les États sardes, où
l'importation s'élevait, vers 1854, à quatre millions
de kil. de produits chimiques, ont vu descendre ce
chiffre à 2,800,000 kil. Cette différence doit être attribuée aux efforts de MM. Albani frères et Sclopis
frères, de Turin, et de MM. Puccio et Castagneto, de
Gênes, etc.

Les principaux acides fabriqués en Piémont sont les
acides sulfurique et nitrique. MM. Sclopis, dont l'apport est fort beau, livrent de 150,000 à 300,000 kil.
d'acide sulfurique au commerce; leur fabrique est la
plus ancienne de toutes celles de la contrée.

L'acide sulfurique, dont la découverte est attribuée
à un chimiste du quinzième siècle, doit être placé au
rang des produits les plus précieux de l'industrie;
c'est, comme acide, un des plus puissants qui existent. Son bas prix en favorise l'emploi; il sert à se

procurer tous les autres acides; il est indispensable pour faire de la soude artificielle : le blanchiment et la teinture en exigent de grandes quantités.

Le carbonate de soude ou natron est extrait des cendres des végétaux phanérogames qui croissent au bord de la mer et qu'on nomme *salsolas* : la Sardaigne en exporte en moyenne 100,000 kil.

La céruse ou carbonate de plomb a ici deux représentants : M. Joseph Profumo et M. Venzano, de Gênes. C'est une fabrication déjà vieille dans la Péninsule. Elle est née à Venise, où la céruse est encore fabriquée en grande quantité. Cependant Gênes lui dispute ce monopole. 15 fabriques, 140 ouvriers, 1,400,000 kil. de carbonate de plomb, telle est la statistique de cette industrie dans la capitale de la Ligurie. La maison Profumo seule entre dans cette production pour un chiffre de 62,000 kil. de céruse qu'elle expédie en Lombardie ou dans le Levant

Le sulfate de quinine de M. Antoine Puccio, de Gênes, jouit d'une grande faveur auprès des pharmaciens. Un autre produit chimique, le tartrate de potasse ou crème de tartre, préparé en Piémont avec du tartre du pays ou venu d'Espagne, a obtenu une mention honorable : ce sont MM. Castagnetto, de Gênes, ou M. Astengo, de Savone, qui préparent cette substance employée à la fabrication de l'acide tartrique ou dans diverses industries.

Avant de passer à l'examen des produits de la mégisserie, de la tannerie, de la corroierie, qui sont si importants dans les États sardes, gardons-nous d'omettre les magnifiques échantillons de savon et d'huile de palme de la maison Braghi et compagnie, à Gênes, dont la renommée commence à s'étendre et qui fait un commerce assez considérable avec le Levant. La fabrication du savon est d'une origine italienne. La ville de Savone a vu naître cette industrie où Marseille règne en souveraine. MM. Braghi et compagnie fabriquent du savon dit de Marseille, d'une qualité supérieure, et d'autant plus apprécié en Italie qu'il y est assez rare et qu'il a la vertu de contenir moins d'eau que les autres espèces de savon.

M. Fœlix Bœlla, doreur et vernisseur à Turin, est l'inventeur de plusieurs vernis et d'une huile qui a la propriété de ne pas geler. Cette huile, très employée en Italie, adoucit le frottement des pivots et des engrenages d'horlogerie ; il y en a de deux espèces : l'huile pour montres, la plus fine, et l'huile pour pendules ; on dit que cette substance a réellement les propriétés que lui attribue son fabricant, ce qui en rendra l'usage général partout où l'hiver est rigoureux, car rien n'est incommode comme des appareils d'horlogerie à tout instant arrêtés par le froid.

Les vernis de M. Bœlla ont été vus très favorablement, surtout ceux à l'esprit et au caoutchouc, soit pour la toile et le papier, soit pour le bois et les métaux ; car ils ont des nuances fort belles et qu'on aurait bien voulu pouvoir comparer avec le vernis lacté imitant l'émail de la porcelaine de M. Luca, de Gênes, et le vernis noir pour métal et cuivre de MM. Amyot et Montfort, de Turin, employé dans le service du corps de l'artillerie royale.

L'art du corroyeur et du tanneur est porté de nos jours à une très grande perfection, quoique la chimie, malgré ses découvertes incessantes, n'ait encore trouvé aucun moyen de simplifier la préparation des cuirs, qui exigent des années entières de manipulation avant d'entrer dans la consommation. En effet, au sortir de l'équarrissage ou de l'abattoir, les peaux sont passées en rivière, ensuite il faut les plonger longtemps dans des bains de chaux morte et vive, puis on doit les *ébourrer*, les *décharner*, enfin les *passementer*, c'est-à-dire les mettre en cuve entre deux lits de *tan* (écorce de chêne réduite en poudre), dont le jus transforme l'albumine, la fibrine et la gélatine contenues dans le cuir en une matière insoluble et imputrescible. Toutes ces diverses opérations exigent un temps fort long et des avances de capitaux considérables.

On a bien essayé de remplacer le tan par des acides, la noix de galle, l'alun, la fougère mâle, le vinaigre ; mais ceux-ci enlèvent de leur qualité aux cuirs qui, avec cette préparation, deviennent secs sans être nerveux, durs sans résistance, se cassent facilement, n'ont aucune durée et prennent l'eau. Dès lors on s'est vu forcé d'en revenir au tan.

C'est à peu près par le même procédé qu'ont été préparés presque tous les cuirs des pays d'Europe figurant à l'Exposition. Les seules différences essentielles qu'on put constater entre eux tiennent moins à la manipulation qu'à une application du mordant, différente suivant les qualités diverses que l'on veut donner aux peaux corroyées ; au reste, ces qualités sont indiquées par chaque industrie. Il y a de curieuses observations à recueillir, non à propos des gros cuirs pour la carrosserie et la sellerie communes, mais avec ceux qui sont destinés à la cordonnerie et qui entrent dans la chaussure. Ainsi, les Allemands cherchent à donner à leurs cuirs de cordonnier de la souplesse et de l'élasticité. Peu leur importe que leurs chaussures s'élargissent, le consommateur d'outre-Rhin ne demandant qu'à ne pas avoir le pied étriqué, et à marcher sans gêne ; le Français, au contraire, verrait avec déplaisir une chaussure trop large et qui lui ferait un gros pied : pour lui, le cuir ne doit pas se déformer, et l'élégance de la chaussure est indispensable malgré les petits supplices dont cette mode rend victime.

Les fabricants de cuirs du Piémont ont voulu prendre le terme moyen de ces deux extrêmes, et réunir à la souplesse du produit une résistance et un nerf convenables ; ils y ont à peu près réussi. L'augmentation dans l'introduction en Sardaigne des peaux fraîches, et le chiffre de plus en plus élevé de l'exportation des cuirs sardes, prouvent que le consommateur a su apprécier ces efforts. Nous avons manié des peaux de veau préparées par MM. Calcagno frères et Martinolo, de Turin, des cuirs naturels à l'huile pour la sellerie, d'une bonne souplesse et d'un grain très fin, et des cuirs de bœuf lissés ou battus. La tannerie Calcagno jouit d'une grande réputation, et ses produits se distinguent par une confection très soignée. Autant en dirons-nous des pièces exposées par MM. Lanza et P. Martin et compagnie, de Turin, dont les cuirs vernis ne sont égalés que par ceux de quelques exposants de la Savoie, entre autres MM. Grimaud et fils, d'Annecy. M. Megroz-Blache, à Thonon, concurrents redoutables qui préparent le veau avec une telle habileté et un apprêt si fin, qu'il est impossible, en le pliant ou le contournant de toutes façons, d'érailler ou de ternir la glace du vernis.

Le vernissage d'un cuir exige qu'on apprête la peau et qu'on la vernisse. Pour l'apprêter, on la tanne avec soin et on lui fait subir plusieurs ponçages, puis on dépose à divers intervalles, sur la surface du cuir, des couches d'un mélange de minium ou de litharge et d'huile de lin, auquel on ajoute des ocres ou de la cire, suivant la finesse de la peau à garnir. On commence à établir ainsi le fond du vernis. Sur ce premier apprêt, on en dépose un second dans lequel entrent encore l'huile de lin et la litharge; mais les matières terreuses y sont remplacées par du noir d'ivoire ou du bleu de Prusse ; le fond étant bien noir, on le couvre d'un vernis composé d'huile d'apprêt, de bitume de Judée, de bleu de Prusse et de vernis au copal. Les peaux sont ensuite tenues jusqu'à ce qu'elles soient sèches dans une étuve chauffée à 60 degrés.

A côté de ces articles spéciaux, il est juste de faire mention des belles fourrures de MM. Marcellino et Guglielmotti, de Turin. Leurs tapis en fourrures sont magnifiques, mais généralement trop chers.

Dans la sixième section de la dixième classe, les teintures diverses comprennent peu de produits.

Tout au plus aurait-on à citer l'assortiment de soies teintes, à nuances ombrées, allant du jaune et du blanc mat au rouge foncé, de MM. Bellosta et fils, à Turin, et du coton teint en noir ou en rouge, par M. Costa, de Nice (maritime), et MM Parodi frères, de Gênes ; mais nous entretiendrons plus tard nos lecteurs de la belle manufacture de MM. Parodi. Quant aux écheveaux de M. Costa, ils se recommandent en ce que le noir est capable de résister à tous les caustiques, ce qui, en teinture, est la qualité la plus précieuse.

Il se fait en Piémont des encres de plusieurs sortes : outre celles de MM. Bo, Bichetta et de Mme Bonsignori, de Turin, l'encre de M. Gambaro, à Gênes, absolument indélébile, est renommée pour sa bonté.

M. Rimbaud, ébéniste d'Albertville (Savoie), a aussi essayé avec succès de faire des encres ; il en a envoyé de deux nuances, noire et violette ; mais ce sont plutôt les bois indigènes, colorés artificiellement par cet exposant, qui méritent l'attention.

Depuis les belles découvertes de M. le docteur Boucherie, sur la coloration et la conservation des bois, une foule d'industriels ont essayé de ces imitations d'essences exotiques que l'ébénisterie n'emploie pas toujours de préférence aux bois naturels. On est allé même jusqu'à proposer d'exploiter le procédé Boucherie pour l'extraction de la matière colorante de l'ébène et autres arbres d'Amérique. Mais jusqu'ici ces tentatives n'ont pas réussi. Toutefois, il ne faut pas désespérer des essais qui se font dans cette voie ; les échantillons injectés et préparés par M. Rimbaud sont une preuve qu'on peut obtenir des bois aux couleurs artificielles, et surtout mélangées, très satisfaisants.

Les seules couleurs pour peinture qui s'apercevaient dans le compartiment des États sardes appartenaient à M. Félix Genin, de Chambéry. Elles étaient superbes et de tant de nuances qu'il serait trop long de les énumérer ; contentons-nous de faire nos sincères compliments à M. Genin sur la beauté spéciale de ses produits, et surtout de ses ocres si justement recherchées en France et en Angleterre.

Malgré l'absence de tout exposant d'articles de papeterie, la fabrication du papier a une telle importance dans les États sardes, qu'on ne peut, en un travail de ce genre, passer sous silence cette source de revenus, une des plus productives de la contrée. L'intéressante industrie qui nous occupe fleurit dans plusieurs divisions du royaume : à Gênes, à Turin, à Novare et en Savoie.

La Ligurie produit, dit M. le docteur Maëstri, à qui nous empruntons ces détails de statistique, pour 4 millions de francs de papiers de toutes qualités.

La division de Turin renferme 19 papeteries, 13 tines, 8 machines, et la fabrication s'y élève à 2 millions de francs. La circonscription de Novare a jusqu'à 16 grandes manufactures de papier, et la production en serait encore plus grande dans les États sardes si la cherté des chiffons n'y arrêtait l'extension de cette fabrication.

Le cercle de nos études nous a conduit à la dernière classe de ce groupe, devant tout ce qui regarde la préparation ou la conservation des substances alimentaires, et ici l'on s'attend sans doute à rencontrer un grand concours de fabricants de ces pâtes si renommées, de ces vermicelles dont l'exportation, dans le monde entier, s'élève à près de 2,500,000 kil. Mais M. Valdettaro, de Gênes, est le seul qui en ait envoyé quelques échantillons. Heureusement, et pour l'honneur de son pays, ils sont dignes d'éloges.

La fabrication des liqueurs est mieux représentée, surtout celle du vermouth de Turin, sans rival au monde. Le vermouth est, comme on sait, du vin blanc dans lequel on a fait infuser de l'absinthe et que l'on boit à jeun pour exciter ou pour éveiller l'appétit.

Celui qui sort des magasins des frères Cora et des frères Deltoni est parfait. Nous ferons la même observation à propos des huiles et des crèmes offertes par ces deux liquoristes à des prix très raisonnables. Les vermouth de MM. de Congiavi et Murgia, de Sassari, ont été aussi très appréciés.

De toutes les bières d'Europe, celles de M. Perla ont eu seules des récompenses, et nous sommes beaucoup de l'avis du Jury, qui a pensé qu'on ne saurait trop encourager la culture du houblon et la fabrication de la bière en Piémont ; non pas que cette boisson, légèrement alcoolique, à l'odeur aromatique, mais d'une amertume prononcée et que l'acide carbonique rend piquante, doive être jamais préférée au vin, dont elle ne peut avoir le parfum doux et varié ; mais c'est que l'orge étant un des premiers éléments de la fabrication des bières, on ouvre ainsi à l'agriculture sarde un utile débouché pour la vente de cette utile céréale, que toutes les exploitations rurales sont forcées d'introduire plus ou moins dans leurs assolements à cause de sa préférence pour certaines terres et de sa facilité à être semée en hiver ou au printemps. Puis, l'usage populaire de la bière crée une masse notable de produits alimentaires ; la *drèche*, qui en est le résidu, rend immédiatement à la terre, sous forme d'engrais, tout ce que l'orge lui enlève : la fabrication de la bière ménage aux populations, pour les années de disette, une réserve considérable de grains.

Citons encore avec éloges les alcools obtenus de la fermentation des tubercules de l'asphodèle rameux qui existe à l'état sauvage sur toutes les montagnes de la Sardaigne. Cet alcool se produit comme celui de la betterave. L'alcool de MM. Lucet et compagnie, de Sassari, est très pur et n'a pas cet arôme spécial qui paraît dépendre des huiles essentielles sécrétées par les tubercules de l'asphodèle et des autres plantes soumises à la même distillation.

Les échantillons des chocolats de différentes qualités, fabriqués avec des machines hydrauliques, et préparés par M. Rubino, à Nice (maritime), avec du cacao sucré en forme de sirop, ont été honorés d'une mention particulière.

On sait que le chocolat est éminemment nutritif et qu'il constitue un aliment capable de soutenir les forces durant les voyages. L'arôme naturel que possède ce mélange du sucre et du cacao, et parfois celui qu'on y ajoute (vanille, cannelle, etc.), excitent l'appétit et favorisent l'action digestive. La consommation du chocolat ne saurait être trop encouragée.

Telles sont les observations que nous avions à faire sur les produits des deuxième et treizième groupes placés dans les Annexes. Quelques mots encore à propos des industries se rattachant aux professions savantes, et nous arriverons au compartiment du Palais principal, où l'Exposition sarde, au-dessus de laquelle flottaient les couleurs de la maison de Savoie, avait pris un caractère grandiose et tout à fait national.

III.

On peut arriver aujourd'hui à constater avec une telle précision les différents éléments qui entrent dans la composition d'une source, les eaux minérales sont un moyen si général d'hygiène, de bien-être et de santé, la médecine les emploie avec succès pour combattre tant de maladies, qu'il n'est pas étonnant de voir la science se préoccuper beaucoup de ce mode de guérison.

La Société médicale de Chambéry a bien mérité à la fois de son pays et de l'humanité souffrante, en présentant la collection des principales eaux thermales et minérales de la Savoie. Au nombre de ces échantillons sont plusieurs eaux froides, ferrugineuses, sulfureuses, alcalines, iodurées et salines, principalement celles de Challes près Chambéry, de Chamonix, de Saint-Simon et d'Évian, etc. ; on remarquait aussi parmi ces eaux quelques sources qui sourdent à une température élevée, les eaux salines minéralisées de Salins, les eaux de Saint-Gervais, si utiles dans les maladies dartreuses, les eaux sulfureuses d'Aix, prises aux sources du soufre et de l'alun, et qui s'emploient autant en boissons qu'en bains et en douches, etc.

L'attrait naturel qu'offrent les Alpes avec leurs grands sommets, leurs sites pittoresques, ne pourra qu'être doublé aux yeux des voyageurs dès que l'on connaîtra quelles richesses en eaux minérales renferme la Savoie, et ces établissements thermaux, joints aux facilités de transport qu'offriront bientôt les chemins de fer internationaux, ne contribueront pas peu à développer les richesses de la contrée.

On annonce que les bains d'Aix viennent d'être achetés par la compagnie du chemin de fer sarde Victor-Emmanuel.

Les eaux de Vaudier, province de Côni, rivales des sources d'Aix, sont sulfureuses, vitrioliques ou magnésiaques ; M. le docteur Jean Garelli en a publié une monographie physico-chimique intéressante ; elles jouissent d'une grande réputation, et c'est avec plaisir qu'on les a vues figurer parmi les produits du Piémont, d'où cependant la vallée d'Aoste, si riche en eaux chaudes et dont les boues d'Acqui sont célèbres dans le traitement des affections rhumatismales, a été exclue à tort, selon nous.

Un peu plus loin et dans le même compartiment paraissent des capsules gélatineuses pour remèdes d'un goût rebutant, préparées par M. B. Scola, à Turin. Ces capsules se distinguent par leur excessif bon marché, puisque cinquante d'entre elles, remplies d'huile de foie de morue, ne coûtent que 40 centimes. Il semble inutile de faire ressortir les avantages de ces sortes d'enveloppes qui aident tant les malades à prendre les remèdes d'un goût rebutant, et qui ont rendu le nom de Mothes célèbre.

Mais à propos de substances destinées à la thérapeutique, les principaux exposants piémontais sont plutôt M. le pharmacien Bonjean, de Chambéry, et M. le docteur Parola, de Coni, qui se font représenter chacun par des échantillons d'ergotine extraits de l'ergot du seigle. Cette graine, dont la consommation à l'état ordinaire est fort dangereuse pour les populations des campagnes, cause de graves maladies ; les médecins lui attribuent la gangrène sèche ; elle n'est qu'un cryptogame, sous forme d'une excroissance cornée, qu'on a comparé à l'ergot d'un coq et qui prend la place du grain dans l'épi du seigle.

Il paraît que ces extraits sont bien précieux, si l'ergotine, d'après l'affirmation du savant Berzelius, est le meilleur remède que possède la médecine contre l'hémorrhagie des vaisseaux tant artériels que veineux.

La seule différence existante entre les produits des deux exposants, c'est que M. Bonjean conserve à l'ergotine toutes ses qualités, tandis que M. Parola ne prend que l'extrait résineux du parasite du seigle. L'expérience des docteurs praticiens décidera quelle est celle de ces deux substances qui est vraiment la meilleure ; mais à cette époque de guerre, il semble qu'on ne saurait trop recommander l'essai de l'ergotine aux chirurgiens de l'armée et aux médecins en chef des hôpitaux.

L'exposition sarde contient encore une collection intéressante d'appareils orthopédiques et de bandages, confectionnés par M. Paul Biondetti, de Turin, entre autres une jambe artificielle d'un très beau travail, et un pantholithotribe, instrument de chirurgie destiné à briser les calculs de la vessie.

Parmi les tristes infirmités auxquelles est sujette la nature humaine, nous n'en connaissons pas de plus terrible que la maladie de la pierre. Les calculs qui

se forment dans la vessie font souffrir des douleurs in-
tolérables, et comme ils grossissent indéfiniment par
la superposition de couches concentriques, ils arrivent
à causer infailliblement la mort. Pour combattre cette
affection, les remèdes internes sont insuffisants, et l'on
a inventé de nombreux instruments, les uns assez fins
pour passer par le canal de l'urètre et les autres qui
servent dans l'incision latérale pratiquée lors de l'o-
pération de la taille. Les premiers doivent réunir, sous
un faible volume, une grande force; ce qui est un problème bien difficile à résoudre.

On a reproché au pantholithotribe de M. Ch. Bonino, conservateur assistant au théâtre d'anatomie
de l'Université de Turin, d'être trop massif. Il nous
semble que ce n'est pas là un reproche sérieux dans
les conditions où M. Bonino place l'usage de son instrument. S'il le destinait aux opérations de la taille
et à broyer les calculs dont le lithotriteur ordinaire
n'a pu avoir raison, il était naturel de lui donner une
force suffisante pour arriver au résultat qu'il voulait
atteindre et qu'il a réellement atteint.

Mais au lieu d'insister plus longtemps au sujet de
tous ces engins de la chirurgie, arrêtons plutôt nos
regards sur les belles préparations taxidermiques de
M. Comba, de Turin, qui ont été si admirées.
La plupart des taxidermistes s'étaient conten-
tés jusqu'ici de bourrer les peaux des animaux de
paille ou de crin, cherchant à imiter autant que possible le port de ces bêtes à leur état normal. M. Comba
tente aujourd'hui une nouvelle voie ; il reproduit la
nature et la fait vivre même après la mort. Son *nilgau*, bœuf bleu mâle, son *coguar* respirent. L'anatomie du *nilgau* surtout est admirablement étudiée ;
la tête de ce quadrupède a une légèreté et une intelligence étranges ; les jambes sont flexibles, en mouvement, et la charpente osseuse s'accuse sous la peau
avec une habileté toute scientifique.

Il est fâcheux que l'on soit obligé de passer rapide

·ment sur des objets si intéressants; mais notre tâche nous réclame, sans nous donner presque le loisir d'une réflexion.

La marine et l'art militaire sardes ne demanderont de nous qu'un seul moment d'attention consacré à M. Ambroise Mathis, de Mondovi, officier d'artillerie en retraite et inventeur d'*un grain* pour la lumière des pièces d'artillerie. Ce grain, déjà adopté dans l'armée nationale, est destiné à réparer la lumière du canon quand elle s'est trop agrandie ou qu'elle s'est détériorée. Avec des instruments spéciaux, M. Mathis perce d'abord la culasse en pratiquant une ouverture sous forme de cône dont la base se trouve dans l'intérieur du canon, puis, avec un repoussoir, il ferme hermétiquement cette ouverture par un morceau de bronze qui, fortement frappé, arrive à faire corps avec la pièce. Comme le mouvement d'explosion s'exerce de dedans en dehors, chaque coup tiré tend à maintenir davantage cette pièce rapportée dont la dureté est extrêmement grande par suite de la compression des molécules sous l'action du marteau. En cas de guerre, et, en admettant que le canon serait prêt à tomber entre les mains des ennemis, deux coups de marteau suffisent pour détacher le cône de bronze et pour mettre la pièce tout à fait hors d'usage. Le grain de M. Mathis peut parfaitement s'appliquer aux canons encloués, et un travail de deux heures suffit pour les rendre propres au service. Avec l'esprit de haute justice qui le caractérisait, S. A. R. le duc de Gênes, de regrettable mémoire, avait décidé que la découverte de M. Mathis porterait le nom de son inventeur, quoique celui-ci ne fût alors qu'un simple ouvrier d'arsenal, et le désir de S. A. R. a été respecté.

Les objets qui ressortent de la classe des constructions civiles comprennent des modèles de comble de toiture, présentés par M. J. Guala, de Turin. On y remarque surtout un arceau de charpente fait sur une petite échelle, mais composé de morceaux de bois parfaitement assemblés et d'une jetée très hardie. Ce genre de construction serait utilement applicable aux granges à serrer le fourrage; les éléments qui forment l'arceau sont des pièces assez courtes et faciles à se procurer dans les campagnes. Qu'il nous soit permis d'ajouter que ce modèle, très recherché pendant le cours de l'Exposition, a été acheté par un ingénieur de Nantes.

MM. Corbella, Deluca et compagnie, de Turin, ont fait voir des dalles de marbre artificiel pour plancher, où des morceaux de pierres de différentes couleurs dessinent une mosaïque; ce dallage est d'un bon effet.

Les divers parquets en marqueterie de M. Zora sont dignes des plus grands éloges; le parquet riche de ce menuisier, en bois nationaux, a un aspect du meilleur style, quoiqu'on lui préfère, à cause du dessin, un autre modèle d'une plus petite dimension, mais peut-être plus gracieux. L'assemblage de ces bois, difficiles à juxtaposer, puisque les pièces ont été coupées en rond et non à angles droits, est admirable, et si l'on se rappelle que ces échantillons ont été exposés pendant longtemps au soleil de l'été et n'ont pas même bougé d'un millième de ligne, on ne saura ce qu'il faut le plus admirer ou de l'habileté de l'ouvrier ou de la bonté des bois dont il se sert et qu'il prépare dans ses magasins, où il a des planches sciées depuis un siècle.

Que de regrets n'avons-nous pas éprouvés en contemplant les débris des magnifiques dalles de marbre indigène qu'avaient envoyées M. Gussoni et M. Isella, marbriers à Turin! Quelles nuances et quels reflets magnifiques prennent l'albâtre de Busca, le marbre de Portovenere et les brèches d'Oneglia, quand ils sont bien travaillés! Vraiment ces marbres sont dignes de faire l'ornement d'un palais.

La fabrication des ouvrages en métaux d'un travail ordinaire paraît assez bornée, à en juger par les échantillons qui ont été placés sous nos yeux ; cependant, il faut faire une exception en faveur des bas-reliefs en fonte sortis de la fonderie de MM. Biolley frères, à Turin, et représentant l'abdication du roi Charles-Albert ou le serment de S. M. Victor-Emmanuel, sujets populaires traités avec une grande perfection.

Le contingent de la serrurerie sarde a été fourni par M. Acquadro, serrurier à Turin, qui a présenté une serrure à secrets, travaillée comme un objet d'art ; par M. Lombardi, dont l'ingénieux modèle d'escalier à spirale avec porte-voix dans la colonne principale a excité la curiosité du public, et par M. Fontana, fabricant de coffres-forts d'un mètre cube, à plusieurs secrets, qu'il livre cependant pour une somme presque minime, 130 francs.

Un grand nombre d'ustensiles d'une composition métallique, le pack-fond, alliage de nikel et de cuivre, se rappellent à notre souvenir. Ce sont des services de table, des cafetières, des flambeaux, tous articles d'une fabrication courante, mais qui valent bien les prix auxquels ils ont été affichés. Pour nous montrer difficile avec M. Chiotti, de Turin, propriétaire de ces ouvrages, nous reprocherons à son exposition quelques négligences de confection et particulièrement certaines soudures peu soignées

Le zinc a une densité un peu inférieure à celle du fer ; il est très malléable à la température de cent degrés ; il se dilate beaucoup, et c'est à cause de cette dernière propriété qu'on l'exploite d'une façon particulière. Comme presque tous les autres métaux, le zinc s'obtient au moyen d'un grillage. Le zinc s'emploie en feuilles laminées, en fils, clous et surtout en fonte. Mais comme, lorsque l'on coule le zinc, on ne refait pas à chaque fois les moules, ainsi que cela a lieu pour le fer, les objets de zinc moulés sont à très bas prix. Le zinc embouti sert beaucoup à l'ornementation, et ces ornements s'obtiennent facilement par l'estampage. L'estampe se compose d'un

moule en fonte présentant en creux la forme que doit
avoir la pièce finie et d'un mouton portant à la partie inférieure la forme de la pièce en relief. On soumet le zinc à des chocs répétés ; on le chauffe pour le
rendre plus malléable, et il prend la forme de l'estampe.

Les ornements en zinc estampé de M. Ottino, fer-
blantier et fondeur de métaux, à Turin, nous semblent
très bien réussis et rivaliser avec tout ce que la société
française de la Vieille-Montagne, dont les produits
sont renommés, fait de mieux en ce genre. Ils rempla-
cent économiquement les ornements de cuivre et de
fer, car ils sont moins chers que les ornements faits
avec le premier de ces métaux, et le zinc a de plus, sur
le second, l'avantage de ne pas s'oxyder.

L'habitude presque générale des femmes du peuple,
et de la classe agricole surtout, de porter des bijoux
d'or et spécialement de grands colliers de plusieurs
rangs de *dorini* (grosses perles d'or battu, très minces
et très légères), ouvre à l'orfévrerie commune un débouché assuré, et les beaux ouvrages de filigrane
d'or et d'argent qui se fabriquent à Gênes jouissent
d'une réputation universelle ; mais aucun de ces articles, non plus que les bijoux de corail dont la capitale de la Ligurie fait une exportation si importante,
n'ont pris part à l'Exposition, et cependant, dans
Gênes, 36 ateliers d'orfévres et d'argentiers, 7 cise-
leurs, 2 batteurs d'or, alimentent la fabrication en objets de métal précieux qui consomme dans tout le Piémont, d'après le docteur Maëstri, 709,081 kil. d'or,
4,332,905 kil. d'argent et 85,263 kil. d'argent doré,
présentés au contrôle.

Tout au plus, avons-nous aperçu dans les articles
d'orfévrerie un lustre de cristal de roche de M. Pansa
frères, de Turin, d'un assez bon montage ; les boules
de cristal dont il était orné avaient de la valeur par
leur grosseur peu ordinaire, leur belle eau et leur
coupe élégante.

Les produits de la verrerie et de la céramique sont plus nombreux. Presque toutes les provinces des États sardes contiennent des dépôts de terres plastiques ; on y moule au moins 100 millions de briques ayant une valeur de plus de 3 millions de francs ; 14 manufactures principales de terre de pipe, et 3 à 4 mille ouvriers sont employés à cet art du potier, dont les produits s'élèvent à plusieurs millions de pièces.

Les faïences les plus renommées sortent des fabriques de Savone, d'Albissola, de Turin et surtout de Biella, dont les poteries communes vont très bien au feu.

M. Millioz, de Saint-Christophe, près les Échelles (Savoie), a envoyé dix échantillons de briques réfractaires, sèches et cuites, qu'il cote à 140 francs le mille. Un corps est dit réfractaire, en chimie, quand il est infusible à une grande chaleur, tels sont certains grès et les argiles qui ne renferment pas de calcaire. Ces briques, si utiles pour la construction des creusets et des fourneaux, ont été appréciées par les connaisseurs.

Les nombreux produits de M. Joseph Devers, de Turin, pourraient nous servir de transition pour passer des plus simples travaux de la céramique aux véritables œuvres artistiques des manufactures de porcelaine ; car l'industrie particulière de M. Devers embrasse les terres cuites ou moulées, et arrive jusqu'à la reproduction des anciennes poteries italiennes sorties des ateliers de Lucas della Robbia ou d'Urbino. Nous avons admiré un vase en terre, de forme antique, orné de pampres en relief, ainsi que deux petites coupes de porcelaine historiée et une corbeille à fruits où est peinte, sur émail, une Vénus d'un dessin magistral.

Quant aux ouvrages de verrerie, malgré les nombreuses verrières du Piémont, appartenant à de puissantes compagnies parmi lesquelles celle de Savone est célèbre, il n'a paru à Paris que des bouteilles communes de la verrerie Brémond, Lugné, Moglia et Gastaldi, de Noceto, province de Mondovi. Leurs verres sont généralement très purs, sans défaut, et les formes des bouteilles irréprochables. On peut citer, parmi ces dernières, les bordelaises à 0,22 centimes et les champenoises verre clair et mi-clair à 0,30 centimes, ainsi que plusieurs bouteilles de diverses formes qui ne coûtent que 0,16 centimes chacune.

D'après l'ordre de classification adopté dans le Palais de l'Industrie, nous voici devant les matières textiles de différentes espèces, telles que cotons, laines, soies, chanvres, etc. Si l'on a estimé à vue d'œil que les industries textiles ont compté pour un quart dans la vaste exhibition des Champs-Élysées, en envisageant l'ensemble des établissements producteurs du même genre qui figurent dans le compartiment des États sardes, on ne peut que trouver beaucoup d'exactitude à cette appréciation, non pas que chacune des branches de l'industrie textile y soit également développée, mais c'est que la production de la soie a pris en Piémont une extension extraordinaire qui compense à elle seule ce qui peut manquer aux autres.

Dans l'industrie des cotons, quatre fabricants sont en présence : l'un offre la matière première ébauchée, c'est à dire filée et teinte ; l'autre, le coton tissé ; le troisième, les articles de bonneterie, et le quatrième, le coton employé en tulles. C'est tout ce qu'il faut pour apprécier exactement l'ensemble de cette fabrication, qui depuis quelque temps a pris ici une marche sensiblement ascendante.

En effet, l'Angleterre, à elle seule, est arrivée à mettre en œuvre 300 millions de kilogr. de coton filés par 18,500,000 broches. Si la population de la France, quoique plus nombreuse que celle de l'Angleterre, ne dépasse pas une consommation de plus de 72,000,000 de kil. de fil pur travaillé par 4,500,000 broches, l'importation du coton dans les États sardes, qui arrivait à peine à quelques millions de kil. il y a peu d'années, s'élève aujourd'hui à 11,000,000 de kil., et bientôt elle atteindra un niveau proportionnel au travail des manufactures françaises.

Les échantillons de coton filé, teinte rouge d'Andrinople, des frères Parodi, de Gênes, forment, à part leur superbe nuance, un des plus beaux travaux de filature qu'on puisse voir par leur égalité de fil et un nous ne savons quoi de lustré qui leur donne un reflet de soie. A côté de ceux-ci s'étalent les produits de la société anonyme de la manufacture d'Annecy et de Pont-à-Annecy (Savoie), dont les deux usines occupent de 1,500 à 2,000 ouvriers en moyenne. Ces tissus ont autant d'éclat que de solidité, et ils se composent pour la plupart de bons calicots, de madapolam à fils ronds et sans apprêt, et surtout d'indiennes de diverses couleurs. Les mouchoirs-foulards, dont font usage les femmes de la campagne, en Italie, pour mettre sur la tête ou autour du cou, y abondent. Ils ont pour la plupart des nuances très vives où le rouge domine, et ne se vendent que 50 à 60 centimes.

MM. Charles et Louis Crocco, de Gênes, occupent le premier rang en Italie dans les articles de bonneterie. Leur exposition, très complète et qui a figuré avec toute sorte d'avantages dans la *galerie économique*, se distingue par une irréprochable confection. Cependant, au premier abord, les gilets, les bas, les caleçons fabriqués par ces exposants, paraissent plus chers que les produits similaires des autres peuples, ce qui serait un défaut capital dans cette partie, où il ne suffit pas de faire bien, mais surtout de pouvoir vendre à bon marché. Les tissus de MM. Crocco ne sont pas chers toutefois, ils sont seulement plus soignés, à preuve, c'est qu'en les comparant sérieusement à des tissus de même espèce, on s'explique vite, par l'inégalité des poids, les différences dans les prix de vente. C'est, du reste, ce qu'a parfaitement compris le public par la faveur

dont il a entouré tout ce qui est sorti de la manufacture de MM. Crocco pour paraître dans la galerie économique de l'Exposition.

Un grand nombre d'échantillons de tulles, de différentes largeurs, complètent le compartiment de l'industrie cotonnière sarde. Ces tulles, de la fabrique
des frères Curtet, de Saint-Pierre d'Albigny, sont
d'une belle régularité de maille; il y en a de plusieurs
qualités : les bandes de trente mailles vont de 2 à 5
centimes le mètre; le commerce apprécie trop les
tulles de Savoie pour qu'il soit nécessaire d'en faire
ressortir la bonté et la beauté.

Dans l'industrie des laines filées on ne rencontre
qu'une exposition de draps de MM. Arduin et Brun
frères, à Turin et à Pignerol. Les draps de ces fabricants, a dit le journal *le Pays*, sont bien lainés, lissés, soyeux, parfaitement apprêtés, et peuvent entrer
en comparaison, pour la finesse et l'ampleur, avec les
premières qualités, malgré leur bas prix, qui ne dépasse pas 16 à 17 francs le mètre. Ce résultat est
d'autant plus remarquable que la draperie était fort
arriérée dans les États sardes sous le règne des droits
protecteurs qui repoussaient la fabrication étrangère.
Les progrès rapides obtenus dès aujourd'hui permettront à cette industrie d'entrer avantageusement
en ligne avec les meilleures fabrications. Ces progrès
ne datent que du jour où le gouvernement, mieux
avisé, a trouvé dans le principe de la liberté du commerce le meilleur stimulant pour la production nationale. Afin d'en revenir à la vitrine de MM. Arduin et Brun, ajoutons que l'attention des connaisseurs s'est portée plus spécialement sur un drap satin
superfin à 17 fr. le mètre, sur un drap noir à 11 fr.
et une pièce noisette à 10 fr.

Le Piémont possède plusieurs filatures de laine,
parmi lesquelles celle des frères Sella, de Croce-
Mosso, est célèbre par ses nombreuses machines
perfectionnées. Quant aux tissus de laine confection-

3.

nés dans ce pays, ils atteignent une valeur de 12 à
15 millions en draps fins ou gros cachemires, flanelles,
molletons, etc. Gênes fait un grand commerce de bonnets rouges avec l'Orient.

Nous voici en présence d'une des branches-mères
de la richesse agricole du Piémont. Il s'agit des soies
et des soieries de cette contrée. Ne pouvant considérer en détail les produits de chacun des exposants,
car ils sont trop nombreux, nous nous verrons forcé
de les étudier par groupes, après les avoir classés d'a-
près l'importance des établissements et la perfection
de la matière ouvrée.

Auparavant, un mot sur l'introduction du mûrier
en Europe et sur l'élève du ver à soie :

On le sait, le mûrier est originaire de la Chine, où
l'éducation du ver à soie était répandue très longtemps
avant notre ère. La soie formait dans l'antiquité l'objet d'un grand commerce; car les anciens historiens
et les livres saints s'accordent à dire qu'elle était d'un
usage commun dans tout l'Orient. Le mûrier péné-
tra en Europe vers l'an 527, selon M. Guérin-Men-
neville; deux religieux, revenant des Indes, en rap-
portèrent des plants de mûrier et de la graine de ver à
soie. Roger, roi de Sicile, implanta cette industrie à
Palerme, d'où sa culture la généralisa dans l'Italie :
les premiers mûriers qui parurent en Provence y
vinrent sous le règne de Charles VII; mais c'est
Henri IV qui a eu la gloire de propager en France
cet arbre si précieux, qu'en Chine on l'appelle l'arbre
d'or. On voit encore dans le Midi des mûriers plantés
sous l'administration de Sully.

Aujourd'hui, par suite de la consommation générale
des tissus de soie, la culture du mûrier en Europe et
l'élève du ver à soie prennent chaque jour une extension de plus en plus grande. L'Italie, à elle seule,
produit déjà annuellement pour 250 millions de soie ;
40,000,000 environ appartiennent au Piémont, où
cette industrie s'est développée grâce aux encourage-

ments qu'elle reçut dès sa naissance du duc Victor-Amédée de Savoie.

De toutes les matières tissées, la soie a l'origine la plus extraordinaire, car elle est produite par la chenille du mûrier qui, parvenue au terme de sa croissance et avant de se transformer en chrysalide, file son *cocon*, c'est-à-dire s'entoure d'une sorte de réseau formé d'une matière gluante et mucilagineuse qu'elle jette dehors par deux filières qui forment deux brins couverts de matière gommeuse; ces brins se soudent et se durcissent au contact de l'air.

Les naturalistes ont constaté que le cocon n'est pas fait d'une manière continue; la chenille s'arrête trois ou quatre fois pendant son travail; le fil, par suite, n'est pas uniforme, mais d'une finesse variant du tiers au quart d'une extrémité à l'autre. La longueur du fil est moyennement de 600 à 1,000 mètres. Généralement, en Europe, on ne fait qu'une éducation du ver à soie, au printemps, lorsque la feuille du mûrier acquiert toute son amplitude. Néanmoins, certains éleveurs du Piémont réussissent jusqu'à deux récoltes de cocons, tandis qu'en Chine les éducations s'élèvent à sept ou huit par an.

Pour détacher le fil de soie qui est agglutiné en peloton, on le plonge dans l'eau bouillante ou dans la vapeur, et comme la *bave* (fil élémentaire) serait trop fine par elle-même, on réunit celles de trois ou quatre cocons, suivant la force qu'on veut donner au fil demandé par l'industrie. Ainsi qu'il a été établi plus haut, la matière mucilagineuse fournie par la filière de l'animal n'ayant pas dans toute sa longueur la même force, l'art du dévidage consiste à rendre le fil composé d'une grosseur toujours identique, en le renforçant, s'il le faut, par des baves successivement ajoutées, et en évitant, dans le rattachage ou plutôt le collage, soit les boucles et bouchons qui diminueraient la netteté du fil, soit les vrillements ou les ondulations qui enlèveraient de son brillant à la matière. Le résultat de l'opération du tirage ou le dévidage donne la *soie grége*. Cette soie est dite décreusée ou soie cuite, lorsque, par des dissolutions alcalines, on lui enlève les couches de gomme végétale dont elle est naturellement recouverte.

La soie moulinée ou tordue s'appelle organsin et trame.

« La production, le tirage, le moulinage de la soie, a dit le savant commissaire général des États sardes, forment, depuis plusieurs siècles, la plus belle partie de notre héritage industriel. Ces belles et riches branches d'industrie, et le moulinage surtout, qui paraissaient sommeiller à l'ombre de la protection sur l'oreiller des vieilles routines, viennent de prendre, depuis une dizaine d'années, un nouvel essor. La culture du mûrier s'étend et s'améliore partout, et paraît près d'atteindre, dans plusieurs provinces, ses dernières limites. Les anciens appareils de tirage cèdent la place à des appareils nouveaux, où le chauffage, la vapeur et l'emploi des moteurs inanimés rendent en même temps le travail plus rapide, plus économique et meilleur. Les anciens moulins à soie, dont nos pères se montraient jaloux à bon droit, avaient trop longtemps résisté à une révolution que les progrès de tous les arts mécaniques devaient rendre inévitable. Ils sont tombés enfin, ou, pour mieux dire, ils se sont transformés ou se transforment de jour en jour. Le courage, l'intelligence, le dévoûment de nos principaux mouliniers, ont été amplement récompensés par un succès bien mérité. Loin de perdre par la libre exportation des soies gréges la matière première que le pays leur fournissait presque exclusivement, ils trouvent maintenant dans l'importation également libre des soies étrangères un nouveau champ à exploiter et de nouveaux bénéfices à réaliser. »

On évalue en général à 13,000,000 de kil. la production des cocons dans les États sardes. Cette matière première a une valeur de 54 millions; elle donne du travail à 50,000 individus, et la filature seule emploie 25,000 bassines. Le produit net de la filature s'élève à 4 millions. Quant au moulinage, il donne à peu près une somme égale. On compte en Piémont 185 moulins, dont 133 pour soie organsin et 52 pour soie trame.

Sur les trente-quatre exposants compris dans cette section, on doit citer, parmi ceux qui se sont fait le plus remarquer, MM. Andreis et Barberis, pour leurs magnifiques soies gréges de la province de Saluces; MM. Bravo et fils, pour leur organsin *strafilato*, destiné à la fabrication du velours et des peluches. Les soies gréges des vallées vaudoises sont en général très estimées à cause d'une ténacité et d'une élasticité qu'on ne rencontre que dans les produits similaires des Cévennes. MM. Bravo et fils, comprenant noblement la mission de l'industrie et mus par les sentiments les plus élevés d'une philanthropie éclairée, s'occupent du bien-être matériel et moral de leurs ouvriers; ils ont fondé près de leur établissement des caisses d'épargne, une société de bienfaisance et une salle d'asile pour les enfants. De pareils actes doivent assurer à ces fabricants l'estime des gens de bien de tous les pays.

Parmi les meilleurs filateurs du Piémont, on distingue encore M. Keller, de Turin, dont les soies jaunes et blanches de Novi, les organsins si parfaits ne redoutent aucune supériorité. Puis, MM. Rignon et Ce, dont les soies jouissent en Angleterre et à Lyon de l'appréciation accordée exclusivement aux plus habiles filateurs, et qui font travailler près de 500 ouvriers en moyenne dans leur manufacture, et produisent par semaine 550 kil. de trame et organsin premier choix, d'une valeur de 35 à 40,000 fr.; les frères Sinigaglia, de Busca, province de Coni, qui ont un procédé de tirage particulier présentant de grands avantages pour le rendement de la soie, la régularité du tirage, le produit journalier du travail et l'épargne du combustible; ce procédé consiste à réunir en un seul groupe cinq bassines échauffées par un fourneau.

Citons aussi avec éloges M. le marquis Balbi-Piovera, de Piovera, propriétaire-agriculteur, qui entretient sur son domaine une belle magnanerie, car les plus grands noms du Piémont ne dédaignent pas cette industrie; M. Borelli Humbert, moulinier à Savillan, dont l'échantillon d'organsin ouvré *à filato* renforcé et les cocons étaient magnifiques; M. Cassissa, qui s'occupe du tirage de la soie à Novi et dont la filature à vapeur travailla l'année dernière 65,000 kil. de cocons; M. Denegri, de Novi, qui manipule régulièrement 3,000 kil. de soie; M. Formento, banquier et commissionnaire en soie, et M. Denina, MM. Mancardi frères, L. Pelisseri, marchands de soie, tous de Turin, et dont les gréges et les organsins sont irréprochables.

M. Alexandre Musy expose à son tour des soies du tirage de Samone, province d'Ivrée et de Moncalieri, distinguées par leur souplesse et très recherchées à Lyon, où elles sont regardées comme une spécialité, et portent le nom de ce fabricant. MM. Sicardi, mouliniers à Ceva, province de Mondovi, parviennent à obtenir deux récoltes de beaux cocons par an.

Comprenons, dans cette rapide énumération, MM. Avigdor et fils, très riches banquiers et filateurs de soie à Nice (maritime); les frères Bellino et les frères Bolmida, de Turin, grands filateurs ayant chacun des établissements chauffés à la vapeur et qui élaborent annuellement jusqu'à 10,000 kilogr. d'organsin; et, enfin, les frères Imperatori, de Saint-Bernardin, MM. Noé frères, de Cerano, province de Novare, M. Charles Ragni, de Sale, province de Tortone, les frères Rey, de de la Rochette (Savoie), MM. Vagnone, de Pignerol, Zanetti, de Novare, et tant d'autres dont on lira les noms sur la liste des récompenses, car les soies gréges et les organsins du Piémont, en dehors d'une filature d'une générale perfection, ont étonné le jury d'examen par leur ténacité et leur extraordinaire élasticité.

Il faut vraiment que ces matières aient une haute

valeur pour avoir remporté un triomphe aussi complet sur toute la ligne. Car, parmi les trente-cinq exposants sardes de cette catégorie, vingt ont obtenu des médailles de première classe, six des médailles de deuxième classe, et six des mentions. Honneur insigne et victoire qui restera célèbre dans les annales des expositions du royaume de Sardaigne.

Certes, si ce pays, ce qui n'est pas, avait été arrêté de se présenter à Paris par la crainte de quelques milliers de francs à dépenser pour frais d'installation et de transport, il n'eût pas obtenu un succès qui, à lui seul, vaut plus que des millions, et il eût eu à se reprocher d'avoir tenu dans l'ombre la plus belle et la plus prospère de ses industries, qui, malgré la concurrence qu'elle rencontre partout, force ses rivaux eux-mêmes à reconnaître et à constater sa supériorité.

Il est certain, en effet, qu'avec une telle exhibition, le Piémont, déjà si renommé par la production de la soie, verra son commerce prendre une extension plus grande, et les distinctions flatteuses qu'ont obtenues ses éleveurs ou ses filateurs ne pourront que les encourager à perfectionner encore leurs produits en les portant à revenir plus nombreux dans ces concours publics où ils figurent avec toute sorte d'avantages.

Le gouvernement des États sardes, arborant à son drapeau la liberté de commerce, a cherché par tous les moyens à garantir la bonne foi des contrats de vente passés sur les marchés du royaume, et principalement son attention s'est arrêtée sur la soie, qui prête beaucoup aux fraudes. Voici à quel propos ont été prises les mesures auxquelles nous faisons allusion. La soie est un corps excessivement hygrométrique, qui peut absorber une grande quantité d'eau. Or, c'est chose grave dans une substance vendue de 60 à 70 fr. le kilogr. en moyenne. Pour remédier à cet inconvénient, on a institué sur les principaux marchés de France et de Piémont des règlements commerciaux qui obligent tous les marchands vendeurs de soie grége ou d'organsin à faire passer leur marchandise par l'épreuve d'une chaleur suffisante à évaporer toute l'eau que les échantillons contiennent en excédant de celle qui est reconnue nécessaire à la bonne qualité du produit : c'est ce que l'on appelle *conditionner* la soie.

Une autre opération généralement pratiquée, et que le gouvernement sarde patronne sans la rendre obligatoire, c'est *l'essai de la soie*. Moyennant une rétribution tout à fait modique, un bureau d'essai, établi et entretenu par la Chambre de commerce de Turin, est chargé de juger avec toutes les garanties d'impartialité, et par le moyen de poids et mesures précis, le degré de finesse du fil et de fournir ainsi au commerce une déclaration légale, officielle, du titre (1) des échantillons des soies tant brutes qu'ouvrées, soumises aux épreuves prescrites dans l'établissement. En même temps, le bureau d'essai vérifie et déclare les degrés de force et d'élasticité ainsi que le filé de chaque *matteau*, ou écheveau de soie, et il en délivre un bulletin marquant en décigrammes le poids de chaque épreuve et le titre moyen des épreuves.

Ainsi, par le moyen du *bulletin* d'essai et de l'*estampille*, qui garantit la condition, tout étranger peut acheter en sûreté sur le marché de Turin, certain

---

(1) Le titre de la soie est déterminé par le poids d'une longueur donnée de fil. Anciennement, on exprimait le poids en grains, le 1/24 du denier. Un organsin au titre de 22 deniers devait peser 22 deniers par 9,600 aunes de longueur, ou 0. d. 00,191 par mètre. Après l'adoption du système décimal, la Chambre de commerce de Turin voulut que l'essai des soies pût se faire sans l'usage d'autres poids ni d'autres mesures que ceux de ce système. Mais de crainte de troubler d'anciennes habitudes, d'exciter de nombreuses réclamations et de compromettre ainsi le succès de la réforme qu'elle voulait introduire en modifiant l'échelle des titres, elle prit le parti d'augmenter la longueur du fil à peser dans le même rapport que l'unité de poids à employer, de telle manière qu'il n'en résultât qu'un changement insensible dans le titre de la soie essayée suivant le nouveau système. C'est M. le commandeur Giulio qui fournit à la Chambre de commerce le poids proportionnel, entre le denier, le poids décimal et la longueur du fil. Une soie au titre de 22 doit peser 11 décigrammes par 450 mètres.

qu'après prix débattu, la fraude ne peut exister sur les soies qu'on lui vend et dont il connaît la valeur exacte.

Si nous avons insisté sur ces précautions commerciales, c'est que l'on ne saurait trop recommander l'usage de la condition et l'essai des soies sur les principaux marchés d'Italie, et ceci dans l'intérêt même de ces marchés.

Au reste, Turin n'est pas la seule ville où le conditionnement soit en usage, puisque la même opération se pratique à Milan et à Bergame.

D'après un rapport tout récent de M. le comte de Pollone, vice-président de la Chambre de commerce de Turin, on peut juger combien le conditionnement est de plus en plus apprécié par le commerce. Ainsi, le nombre et le poids des colis apportés à la condition à Turin a été, en 1855, de 8,015, représentant un poids de 570,573 kilogr. En 1854, on n'avait conditionné que 465,558 kilogr. Il y a donc eu pour l'année dernière une augmentation de 105,015 kilogr. La perte moyenne à la condition a été de 2,11 0/0 pour les organsins, les trames et les soies grèges.

Après les matières premières viennent les tissus de soie, dont la fabrication s'élève à une quinzaine de millions. Quelques négociants, en nombre trop faible, car il y a plus de quarante fabriques en Piémont, ont paru avec de beaux échantillons, entre autres MM. Blanc et Cᵉ, à Faverges (Savoie), dont les taffetas et les satins sont superbes, et luttent avec succès contre nos étoffes similaires; MM. Martin Franklin et Cᵉ, de Chambéry, et MM. Chichizola, à Turin, ont soutenu dignement aussi leur réputation commerciale. Les gazes de Chambéry jouissent dans le commerce d'une telle faveur, pour leur prix et leurs qualités supérieures, qu'il est inutile d'en faire l'éloge.

Nous appellerons exclusivement l'attention sur les velours de Turin, d'une telle magnificence que peu s'en est fallu qu'ils n'aient remporté la médaille d'honneur et n'aient été classés par le Jury au-dessus de tous les velours du monde.

On appelle velours une étoffe ordinairement de soie dont l'endroit est plus ou moins velu, quand l'envers est un tissu ferme et serré. Le velours peut être de soie, de coton ou de laine. Ce dernier prend plutôt le nom de panne. Le velours dit d'Utrecht a la chaîne en lin, la trame en laine et le velouté en poil de chèvre, ordinairement teint de jaune. On distingue plusieurs velours de soie, qui sont pleins ou à poils ras, unis ou ciselés, c'est-à-dire chargés d'ornements. Le velours *épinglé* est un velours à raies très fines et très serrées; il y a aussi le velours *cannelé*. En Italie, Gênes, Milan, Naples, Rome, Venise, fabriquent des velours, mais aucune pièce de ce genre n'est comparable aux velours de Turin exposés à Paris.

C'est à la maison Chichizola qu'il appartenait de maintenir ainsi à toute sa hauteur la renommée séculaire des velours de Gênes, premier berceau de cette belle industrie. Quelles délicieuses nuances dans la vitrine de M. Chichizola! Comme ses velours, serrés, moelleux, ont des couleurs intenses et jouissent de propriétés extraordinaires! On les chiffonne, on les froisse dans ses mains sans pouvoir y laisser le moindre faux pli; jamais il ne s'était vu dans un tissu de soie une pareille élasticité: on dirait que la chaîne de cette étoffe est en caoutchouc.

Tous ceux qui ont visité l'exposition sarde se souviennent avec admiration de cette pièce de velours ponceau, surfin, de 1 mètre 80 centimètres de largeur, pour manteau de cour, que Sa Majesté l'Impératrice Eugénie a achetée à la maison Chichizola. Où trouver un produit d'une beauté égale à celle de deux coupons de velours marron, doré et pensée, qu'a fait acheter la reine d'Angleterre? Des pièces couleurs bleue et violette n'étaient pas moins remarquables; cette exhibition particulière a été une des choses que

ıl le Piémont ait montrées avec le plus d'orgueil dans le
concours universel, et nous en faisons nos sincères
compliments à M. Chichizola et Cᵉ.

Nous terminerons ces détails sur les soies du Piémont, en constatant que ce pays envoie en France
pour 26,851,000 francs de soies gréges, et
1,800,000 de tissus de soie; en retour, il tire de nos
contrées 5,063,000 francs de soie, et 4 millions de
tissus.

La section de l'industrie des lins et des chanvres
ne contenait pour la Sardaigne que deux exposants :
M. Borzone, de Chiavari, qui fait d'assez bonnes
toiles de lin, et MM. Perelli-Ercolini, de Turin, inventeurs d'un procédé destiné à dégager les fibres vas-
culaires de l'agave et autres plantes filamenteuses
des parties gommeuses qui y adhèrent et à les réduire
en fils très fins, propres au tissage. Comme l'abondance de ce produit nouveau égale celle du coton,
et que le prix en serait infiniment bas, on sent quelle
portée l'introduction de cette matière aurait dans l'é-
conomie industrielle des tissus.

Nous avons touché ces fils et ces soies appelées
pérelliennes du nom de leurs inventeurs, et nous
avons été frappé de la finesse et du lustre d'un produit
qui pèche peut-être par trop peu de résistance une
fois tordu en fil. Espérons que MM. Perelli trouveront
le moyen d'utiliser leur découverte en donnant une
plus grande ténacité à leurs soies végétales.

IV.

Nous sommes passé et repassé tant de fois devant
les vitrines des Etats sardes, nous les avons étudiées
avec tant d'attention, qu'aujourd'hui, où tout ce magnifique étalage a disparu, les divers produits qui le
composaient sont encore présents à nos yeux.

Dans la passementerie, M. Porcile, de Rivarolo,

près de Gênes, présente un riche et élégant effilé, à tête en chenille, à gros glands verts, bleus et rouges, couleurs nationales des États sardes. Le travail de M. Porcile aurait besoin d'être plus connu.

La passementerie pour meubles de M. Jules Laignier, à Turin, provient d'une industrie française transportée en Piémont ; de cet exposant on a admiré le grand effet de sa frange à feston pour lambrequins de fenêtre à jasmins. riche, et deux gros glands avec câble et rosace en soie bleue de France et blanche ; surtout un large modèle à guirlande avec plaque, écusson coulant et câble en soie vert et or. A la manière dont M. Jules Laignier manie la gamme chromatique des soies teintes, il fait preuve qu'il y a en lui plus qu'un fabricant, car un artiste seul peut avoir un sentiment aussi délicat de la couleur.

L'assortiment des échantillons de galons de livrées avec armoiries de M. Bayno, autre passementier de Turin, contient des blasons, des champs héraldiques d'une fraîcheur et d'une exécution irréprochables ; tandis que le coussin brodé en or et soie de M. Patris, de Gênes, semble un peu trop surchargé d'ornements.

M. Tessada, de Gênes, se produit avec deux pièces de dentelle, blanche et noire, des demi-schalls brodés et des mouchoirs de dentelle d'un grand prix. Mais tous ces articles ne sont pas marqués au coin d'un goût très pur, quoique les broderies soient par elles-mêmes parfaitement exécutées.

Que dire en effet de ces mouchoirs brodés, représentant des villes, des monuments, des églises ? N'est-ce pas que c'est un peu suranné ? la coquetterie parisienne n'y trouverait-elle pas à redire, et s'expliquerait-elle comment, dans un pays où la science du dessin est si généralement entendue, on en est réduit à figurer des maisons si lourdes sur des mouchoirs en dentelle ? Si M. Tessada a pu jeter un coup d'œil sur les merveilleuses broderies de France, de Belgique ou d'Angleterre, qui éblouissaient les nombreux visiteurs du

Palais du carré Marigny, il aura dû être bien surpris de se trouver si en retard dans son industrie, faute d'un bon dessinateur dont le crayon, aux élégantes fioritures, lui tracerait de ces arabesques ravissantes qui distinguent nos produits français et leur donnent tant de légèreté et de prix.

Les mouchoirs en dentelles, brodés au plumetis et au crochet, de MM. Costa, Marcel et Cᵉ, de Turin, sont infiniment plus jolis et de meilleur goût que les précédents; rappellons aussi à cette place un beau portrait en soie du révérend père Azuni, sénateur du royaume de Sardaigne, brodé par Mme Victoria Boeris Thealdi, de Sassari (île de Sardaigne); des dentelles et guipures de lin et de soie qui sortent des ateliers de la maison Rainusso, de Gênes, très estimée pour ses produits. Ces objets de toilette, affichés de 1 fr. 20 c. à 22 fr. le mètre, ont fixé l'attention des fabricants français; il y avait dans le nombre certaines guipures-nouveauté d'une exécution remarquable.

Les industries d'ameublement et de décoration rentrent dans le sixième groupe, qui renferme tout ce qui, sans être de l'art, s'en rapproche beaucoup et vit en grande partie de ses inspirations. La première catégorie de ce groupe réclame M. Rossi, de Gênes, pour d'excellents lits auxquels on est parvenu à donner une forme artistique, et M. Canepa, de Chiavari (Ligurie), fabricant de ces chaises blanches ou noires, d'une légèreté excessive, très fortes cependant et garnies en palmier qu'on nomme *chiavarines*, meubles confortables, d'une réputation européenne et que l'aristocratie anglaise prise surtout singulièrement. On évalue à plus d'un million le commerce des chaises de Chiavari.

Le bureau en acajou moucheté, de M. Cena, fabricant de meubles à Turin, est un peu massif de formes, quel que soit le curieux mécanisme qui, dans un demi-tour de clef, fait ouvrir à moitié sa table à écrire et tous ses tiroirs.

On s'est plu à trouver d'une simplicité charmante une petite table à ouvrage en bois blanc de M. Zora, de Turin, qui avait aussi exposé un fauteuil et des chaises sculptées du meilleur travail.

Dans l'Annexe, le billard en palissandre de M. Jean Daud, de Compiglione, surprenait les connaisseurs par ses nouvelles bandes élastiques formées de fils de métal tordus en spirale et qui rejettent la bille avec une très grande force. Il semble que l'industrie de M. Daud soit destinée à un grand succès, car elle laisse loin derrière elle les bandes en crin ou en caoutchouc jusqu'ici employées.

Tout à côté se trouvaient de belles queues de billard composées de 1,500 pièces de bois différents, exécutées par M. Ferazin, de Gênes, et l'on serait tenté de penser que c'est là beaucoup d'ouvrage pour un si petit résultat, si, après tout, ces sortes de travaux n'avaient leurs amateurs et ne faisaient vivre des ouvriers.

Les vrais chefs-d'œuvre de l'exposition sarde, en ce qui concerne l'ameublement, consistaient dans deux tables en marqueterie mosaïque d'un ouvrier de Savone, M. Joseph Bertolotto, et dans une grande bibliothèque de noyer sculptée et marquetée avec tableaux, fleurs et guirlandes, divisée en deux corps et ornée d'une série de mosaïques formées de bois de différentes couleurs. Ce somptueux meuble est sorti des ateliers de M. Joseph Ciaudo, de Nice maritime.

La bibliothèque contient en abrégé presque toute l'histoire politique, religieuse, artistique ou littéraire de l'Italie. Sur le premier plan, quatre colonnes, ornées chacune de plusieurs sujets historiques, parmi lesquels les mieux réussis sont Bérenger Ier, roi de Sicile, et la rencontre de Frédéric Barberousse et du pape Adrien, précèdent le corps principal, et dessinent comme une sorte de portique. Les portes de la bibliothèque, en haut et en bas, ont été également historiées. Les principaux épisodes de la

vie des Médicis y figurent à côté de certaines scènes de
la vie de Benvenuto Cellini et de Léon X ; un Charles-
Quint visitant l'atelier du Titien est admirablement
exécuté. Le corps de ce meuble, vraiment royal, est
surmonté d'une corniche dans laquelle s'aperçoit
sculpté en relief le buste du Dante ceint d'une couronne de lauriers.

Quelles que soient la beauté et la richesse des mosaïques de cette bibliothèque, les connaisseurs leur
préféraient cependant la table de la Clémence d'A-
lexandre, de M. Joseph Bertolotto, sujet magnifique
et traité avec une habileté et une verve bien rares à
rencontrer dans ces sortes d'ouvrages. Dans cette
scène, la mère de Darius, accompagnée des épouses du
roi des Perses, vient embrasser les genoux d'Alexandre, tandis que Héphestion, favori du Macédonien,
s'efforce de rassurer les captives éplorées ; les groupes,
le mouvement, l'expression des personnages, les effets de la lumière sur les draperies, tout est rendu
avec un grand sentiment de l'art.

Nous admirons aussi du même ouvrier la table des
quatre éléments, où figurent les principales divinités
de la mythologie païenne ; au milieu de ces allégories, une petite mosaïque d'une merveilleuse exécution reproduit le festin des dieux d'après le poète
grec.

M. Clément Boeri, de Gênes, fournit aussi deux
tableaux en marqueterie représentant la résurrection
de Lazare et la femme adultère, d'après les évangé-
listes. Cette dernière œuvre, la plus finie, est d'une
grande beauté de lignes.

Parmi les ouvrages sculptés compris dans la classe
des objets d'ameublement, il ne faut pas omettre un
fauteuil à la Voltaire en acajou (style baroque) de
M. Genzana, de Turin ; les deux enfants qui forment
le dossier ont une maestrise charmante. Le cadre renaissance, en bois de tilleul, du même sculpteur, est
aussi délicieusement découpé, et les feuilles d'acan-

the qui s'inclinent en berceau sur le groupe de la partie supérieure sont du meilleur style.

MM. Maneglia et Baudo, de Turin, ne restent pas au-dessous de ces derniers, avec leurs deux cadres de bois sculpté. Le premier cadre, d'une grande dimension, prouve avec quelle aisance les Italiens travaillent le bois, cette matière qui se prête peut-être plus difficilement encore à la sculpture que le marbre ou la pierre; cependant il y a plus de délicatesse de formes dans le second cadre, soutenant un petit bénitier enlacé de feuilles légères et d'arabesques.

Si l'on voulait voir un travail supérieur, il fallait jeter les yeux sur le cadre non en bois, mais en papier mâché, de M. le chevalier Capello, dit Montcalvo, de Turin. Ce n'est pas exagérer de dire que pas une autre œuvre du même genre ne lui était préférable dans l'exposition de tous les peuples; nous ne parlons pas au point de vue de l'exécution, elle était irréprochable, mais c'est le dessin particulièrement qui saisissait par sa grandeur de lignes, sa beauté d'ensemble. Un simple ouvrier n'a pas de telles conceptions; c'est là une œuvre d'artiste, et d'artiste dans la plus haute acception du mot. Nous ignorons les motifs qui ont porté le Jury des récompenses à refuser même une mention à M. Capello; cependant les trois enfants qui ornent son cadre, si sobre de détails, ont une grâce de modelé, une désinvolture singulière, et leurs mouvements sont si doux, les fleurs qu'ils cueillent si vivantes, que la nature n'a pas de plus suave harmonie dans ses créations. Pour nous, la défaite de M. Capello ressemble à un triomphe.

La table sculptée par M. Gamba, de Turin, sur le style de Michel-Ange, et dorée à l'italienne, est belle; généralement on a apprécié beaucoup les sculptures de cet artiste.

Nous ne quitterons pas cette section sans accorder un souvenir à la boîte en ébène incrustée de palissandre et d'ivoire, faite par M. Mazzola, ébéniste à Tu-

rin, et destinée à garder l'épée que Napoléon Ier portait à Marengo. Cette épée a été donnée au cabinet
de S. M. le roi de Sardaigne par M. le chevalier An-
nibal de Saluces, ancien aide de camp de l'empereur.

La vingt-cinquième classe, se composant des articles de vêtement et de tout ce qui tient de la mode
ou de la fantaisie, avait plusieurs divisions.

Dans les travaux d'aiguille, elle nous présentait, de
Mme Marguerite Lenormand, à Turin, corsetière de
S. A. R. la duchesse de Gênes, des corsets d'une
coupe distinguée. Le corset en satin à gorge piquée à
la main est surtout très élégant, et l'on reste confondu
en voyant ce qu'il faut d'attention et d'habileté à une
ouvrière pour arriver à une couture d'une telle finesse
et d'une telle régularité.

Les ouvrages de Mme Avet, de Turin, avaient aussi
un grand mérite, et son corset en soie blanche moirée
avec garniture attirait l'attention des dames du plus
haut parage.

Ici, les échantillons d'étoffes raccommodées par une
nouvelle méthode, les reprises imperceptibles qui peuvent être faites sur toutes espèces de tissus sans couture et sans qu'il y reste trace de déchirure, nous reviennent en mémoire. Mme Élise Fantapié, de Pignerol, a des doigts de fée pour accomplir ces tours de
force. On regarde ses rapiéçages, et l'on se demande
s'il est bien vrai qu'une étoffe percée puisse être ainsi
raccommodée ; rien n'est plus dérangé dans la chaîne
et la trame de ces tissus, les fils s'entrecroisent sans
solution de continuité, toutes les couleurs et les qua-
drillages les plus compliqués reviennent à leur point
fixe. En un mot, le tissage semble recommencé.

Signalons encore les habits confectionnés par un
maître tailleur de Turin, M. Barbano Evase, dont la
bonté des draps, jointe à la modicité des prix et à la
perfection de la coupe, excitait la surprise. M. Gullia,
cordonnier à Turin, a aussi produit de belles bottes
vernies, qui sont tout ce qui peut se faire de mieux en

ce genre. Et comme complément des articles de vêtement pour homme fabriqués en Piémont, nous citerons les chapeaux imperméables à la sueur, à 12 fr., de
M. Joseph Coppo, de Turin; de pareils articles coû-
teraient 20 fr. à Paris.

A part un grand nombre de chapeaux de feutre en
poil de lièvre, de lapin ou de castor, qui ont la plupart
une forme pointue, comme c'est la mode en Italie, le
Piémont fabrique encore de 30 à 40,000 chapeaux
de soie.

L'art de la plastique revendique une mention avec
M. Garnier Valletti, d'Avigliano, province de Suse,
dont les fruits artificiels en cire et autres matières rivalisent avec les plus gracieux chefs-d'œuvre de la nature. Nous n'avons pas vu d'imitation de fruits plus
parfaite comme fraîcheur, velouté. Ces poires, ces
pommes sont de véritables trompe-l'œil, et les variétés
en paraissent si bien étudiées qu'on pourrait y faire
une collection de tous les fruits de table les plus renommés. Dans un autre genre qui touche davantage à
l'art, il nous a été donné d'admirer deux grands tableaux représentant le *lever* et le *coucher du soleil*,
d'après un peintre flamand. Ces tableaux appartiennent à M. G. Stefani, de Turin; ils sont fort beaux et
témoignent de la perfection à laquelle l'art de la broderie en soie peut atteindre.

Les hommes spéciaux s'arrêtaient avec une certaine
assiduité devant une grande collection de brosses de
toutes formes sorties des ateliers de M. Fino, de Turin. Ces articles paraissaient traités avec un soin et
une solidité qui parfois n'excluait pas le luxe de la décoration. Quant aux prix, on les trouvait très avantageux. Le nom de M. Fino est bien posé dans le commerce, et il mérite l'estime générale sous tous les rapports. On nous raconte, à propos du chef de cette maison, une particularité que nous ne devons pas passer
sous silence, car elle tourne entièrement à l'honneur
de M. Fino.

Il y a dix ans à peine, ce fabricant n'était qu'un simple ouvrier travaillant en chambre. L'Exposition de Turin, en 1844, lui donna l'idée d'exposer quelques échantillons de son savoir-faire, et ses brosses, distinguées par le Jury, lui acquirent bientôt une réputation qui n'a pas cessé de s'étendre. Voilà l'origine de cette maison, et voilà aussi les fruits des Expositions.

M. Duployez de Sonnet est un grand fabricant de pipes de Turin. Il avait placé dans le compartiment des États sardes une grande pipe couverte de sculptures (1), dont le goût ne semble pas inattaquable, quelle que soit leur beauté d'exécution. C'est une étrange idée aussi de représenter sur un objet de ce genre des portiques, des ornements gothiques, etc. Quel rapport a donc la plante de M. Nicot avec de pareils ornements?

Nous le dirons avec notre franchise habituelle, on a préféré les articles de fabrication courante de M. Duployez de Sonnet, à cette grande pipe dont on avait voulu faire un chef-d'œuvre, et qui n'est, à notre avis, qu'une dépense inutile de patience et d'efforts. Ce fabricant a trop d'intelligence dans la plupart de ses produits ordinaires, qui lui ont valu de la part du Jury une distinction méritée, pour ne pas apprécier la justesse de nos observations et ne pas nous excuser de les lui avoir adressées.

Comme il est facile de le prévoir, le Piémont, ayant déjà fait preuve d'une haute aptitude pour certaines industries, ne restera pas en arrière alors qu'il s'agira de dessin, d'imprimerie, de photographie, toutes choses qui se réfèrent aux arts et ressortissent si naturellement au génie italien.

Pour les articles de bureau, l'exposition sarde possédait un grand nombre de registres et de livres de compte sortis des ateliers de MM. Gilardi Damien et

(1) Cette pipe était en *magnésite*, espèce de talc improprement appelé *écume de mer*, que l'on trouve sur les côtes de l'Anatolie, en Espagne et en France.

fils, régleurs de papier à Turin. Ce sont pour la plupart des travaux d'une perfection fort grande. La manière particulière dont ces exposants règlent leurs registres a surpris beaucoup de monde, et leur papier de musique a été admiré pour sa beauté et son bon marché

La lithographie, dirigée par MM. Doyen frères, de Turin, a publié plusieurs beaux ouvrages, entre autres quelques portraits dont les plus soignés, ceux de LL. MM. Marie-Thérèse et Marie-Adélaïde, reines de Sardaigne, sont dignes d'une mention spéciale. Parmi les autres produits de cette maison, se trouvent aussi d'excellentes aquarelles, des lithographies, et même une belle épreuve du portrait du fameux Adam de Crapone, l'écuyer de Salon, cet ingénieur habile qui a doté la Provence du canal d'irrigation qui porte son nom.

Les frères Doyen ont d'autant plus de mérite, que ces ouvrages si supérieurs ne sont pas chez eux le résultat d'une spécialité, et qu'il se fait dans leur atelier tout ce qui tient à l'art du lithographe, depuis la carte de visite et la carte géographique, jusqu'à la gravure noire ou coloriée.

MM. Geordana et Grandidier, de Turin, travaillant depuis peu, ne pouvaient par conséquent avoir qu'une vitrine assez faiblement garnie ; nous leur tiendrons compte, toutefois, d'un beau portrait de vieillard et de dessins de coquillages fossiles bien réussis.

Rien de plus charmant que les sculptures sur bois ou en plâtre, de M. Michel Dagand, de la Motte en Bauges (Savoie). Le groupe de la *Sœur de Charité et des Petits Enfants*, était délicieux d'expression et de sentiment.

Un joli *trompe-l'œil* ou dessin de fantaisie, par le père François Xavier, capucin à Gênes, nous rappelle un pêle-mêle, un fouillis de cartes, de lettres, de papiers de musique et de fleurs, tout à fait pittoresque et très habilement imité.

Les travaux photographiques étaient peu nombreux : cependant, M. Boglioni, de Turin, compte parmi ses épreuves un beau portrait de dame, qui témoigne que cet artiste a tout à attendre de l'avenir. Il est bon de ne pas omettre aussi un intéressant tableau synoptique et statistique des États sardes, composé par un ouvrier typographe de Turin, M. Iseglio.

C'est avec intention que nous avons destiné les pages imprimées par MM. Chirio et Mina, à Turin, à fermer le cercle de cette revue des produits de la vingt-sixième classe ; car rien de plus somptueux que l'exemplaire de la *Storia è descrizione della reale Badia d'Altacomba*, grand volume in-folio, papier superfin, dont les pages encadrées de vignettes, tirées d'un manuscrit du moyen-âge par le procédé galvanoplastique, ont été imprimées en même temps que le caractère.

Cette production de luxe ne laissera pas déchoir la réputation de l'imprimerie italienne, qui compte dans son histoire le fameux Bodoni, dont le nom a été gravé en lettres d'or sur les murs du Palais de l'Exposition universelle, à côté de ceux des artistes, des manufacturiers et des savants les plus illustres de chaque nation et de tous les âges.

Pour en finir avec les produits de l'industrie, jetons un coup d'œil sur la fabrication des instruments de musique.

L'art du luthier compte en M. Rocca, de Gênes, un digne représentant, et nous nous reprocherions de ne pas avoir appelé l'attention sur ses violons, auxquels un vernis particulier donne un ton exquis et une valeur considérable ; ils ont été, du reste, distingués par le Jury des récompenses.

Quelles que soient les excellentes qualités du piano si doux et si expressif de M. Verani, facteur piémontais, qui a transporté ses ateliers en France, dans Clermont-Ferrand, cet instrument ayant été

porté sur le Catalogue des produits français, nous
n'avons pas à nous en occuper ici.

Quittons le Palais de l'Industrie par un dernier
coup d'œil jeté sur les bons instruments de musique
militaire de la fabrique de M. Gilardini, de Turin : :
caisses montées à vis et où un petit trou, que l'on
ferme à volonté, règle la clarté de la voix; la place
d'honneur, dans cette partie, est due à M. Mathieu
Salomon, de Fossano (province de Coni), pour ses
deux cymbales à l'usage des musiques militaires.
Ces plats sont curieux, en ce qu'au lieu d'être en
cuivre, comme c'est l'ordinaire, ils ont été faits au
marteau avec de l'acier fondu; mais leur timbre ne
le cède pas à celui du cuivre le plus pur, et c'est ce
qu'a reconnu, dans un rapport plein d'éloges pour
M. Salomon, le Conservatoire de Musique de Paris.

<h2 style="text-align:center">V.</h2>

De toutes les contrées d'Italie, nulle, par ses
mœurs, ses tendances, sa manière d'être, ne témoigne
autant que le nord-ouest de la Péninsule de l'influence des idées de notre pays sur les peuples qui
nous environnent. Cette observation ressortait déjà
de l'ensemble des produits industriels, objet premier
de nos études; cela va devenir encore plus frappant
dans l'Exposition des Beaux-Arts du royaume de
Sardaigne, où il nous reste à conduire nos lecteurs

En effet, si l'on eût effacé de la plupart de ces compositions, venues du revers méridional des Alpes, les
noms des peintres qui les avaient créées, aurait-on pu
dire que ces tableaux n'étaient pas l'œuvre de nos
écoles françaises? Quel est celui d'entre eux qui portait le moindre cachet d'origine étrangère? N'étaient-
ce pas nos procédés artistiques, nos empâtements,
nos glacis, notre manière de disposer des personnages, notre sentiment de la couleur, notre entente
du paysage, et, à part les dons sacrés du génie qui

ne s'empruntent guères, et que possèdent seuls quelques-uns de nos grands maîtres dont la chaude et
impétueuse imagination, l'ardente palette ou le calme
majestueux du pinceau, la pureté des lignes, excitent
l'admiration, n'était-ce pas aussi, la plupart du
temps, un talent à peu près égal!

Dans le Palais de l'avenue Montaigne, à gauche en
entrant, près des compartiments des États pontificaux et de la Belgique, on avait réuni tous les tableaux du Piémont, et nous devons avouer qu'ils
n'étaient pas les plus mal partagés sous le rapport de
la distribution de la lumière.

La première toile qui ouvrait cette galerie appartenait à M. Gaëtan Ferri, de Turin; elle figurait sur le
Catalogue avec ce titre : *Lutto del Piemonte;* pour être
plus explicite : la nouvelle de la mort du roi Charles-
Albert, décédé à Oporto (Portugal), le 28 juillet 1849.

C'est un jeune soldat encore souffrant d'une blessure
reçue à la jambe dans les dernières guerres d'Italie, qui
apprend, par le curé de son village, la mort de son
chevaleresque et trop malheureux général. Il y a,
dans ce drame muet, dans cet intérieur que remplit
le souvenir du roi Charles, quelque chose de triste
et d'éloquent à la fois dont est saisi le spectateur.
L'artiste, qui s'est peint lui-même dans la tête du
soldat, si belle d'expression, a traduit le sentiment
de regret populaire qui accueillit, en Piémont, cette
affligeante nouvelle, et il l'a peint d'inspiration.
Quoique dans cette toile certains détails laissent à
désirer, malgré aussi la place un peu trop large faite
au personnage du curé, l'ensemble est beau, la couleur harmonieuse, le dessin correct, toutes qualités
qui rappellent notre illustre Paul Delaroche, dont
M. Ferri a fréquenté les ateliers. La toile *Lutto del
Piemonte* a obtenu une médaille de deuxième classe.

A côté de la seule œuvre de M. Ferri, figuraient
plusieurs tableaux de M. Vincent Giacomelli, de
Venise, mais maintenant domicilié à Turin, entre au-

tres : sa *Bataille de Pastrengo*, grande toile venue les derniers jours de l'Exposition seulement, et remarquable par sa composition, mais un peu dure de touche ; puis un *Bombardement de Venise en août* 1849, scène de désolation qui se passe sur une petite barque où se sont entassés une demi-douzaine de fugitifs, pendant que les bombes éclatent dans les airs et que l'artillerie ennemie foudroie la reine de l'Adriatique. Les divers incidents de cette fuite, la honte, la frayeur, sont bien exprimés ; cependant, on a trouvé que les eaux du canal semblaient lourdes et sans profondeur.

L'œuvre capitale de M. Giacomelli était, sans contredit, un groupe à cheval de S. M. le roi Victor-Emmanuel de Sardaigne, LL. AA. les ducs de Gênes, le prince de Carignan, le général comte de Sonnaz, le ministre de la guerre La Marmora, pris au moment d'une revue.

Dans une réunion de portraits de ce genre, l'écueil presque inévitable, c'est une certaine froideur, quelque chose de disparate qui semble résulter du manque d'unité dans le sujet et de l'impossibilité où se trouve l'artiste de ne pas se préoccuper plus de la ressemblance de ses personnages que de leur groupe sur le tableau. Cependant ici, non-seulement les ressemblances sont bien saisies, la dégradation des plans, la perspective sagement observées, mais il y a du mouvement et de la vie dans ces figures animées et ces chevaux lancés à fond de train ; celui du duc de Gênes, surtout, a des raccourcis superbes, et qui rappellent Alfred de Dreux ou Horace Vernet.

Après ces toiles, la foule se portait de préférence vers deux œuvres signées A. Gastaldi, de Turin, et représentant le *Rêve de Parisina* et les *Prisonniers de Chillon*, sujets tirés des poèmes de lord Byron.

On connaît la triste fin de Parisina Malatesta et de son amant. Le peintre a choisi le moment où le marquis de Ferrare, penché sur le lit de sa jeune femme

endormie, cherche à surprendre, dans les paroles incohérentes échappées aux lèvres de Parisina, le secret
de son parjure. « Une agitation fébrile trouble son
sommeil, dit le poète anglais ; sa joue enflammée trahit les rêves qui l'occupent ; dans son insomnie, elle
murmure un nom qu'elle n'oserait prononcer à la
clarté du jour. »

Le même sujet a été traité par un artiste lombard,
M. Joseph Bertini, de Milan, et même avec plus de
bonheur peut-être que par M. Gastaldi. Cependant,
chez ce dernier, à côté d'une composition qui pourrait
être plus sévère de style, car nous n'aimons pas trop
pour notre part, ce marquis de Ferrare en chemise,
nous signalerons un brillant coloris, une science parfaite des draperies.

Les *Prisonniers de Chillon*, du même peintre,
sont bien préférables à tous égards : enfermé dans le
même cachot avec son jeune frère, Bonivard, ce héros
de Genève, le voit mourir lentement sous ses yeux,
sans pouvoir l'atteindre ni le secourir. Telle est la
donnée du poème dont M. E. Delacroix s'est emparé
avant M. Gastaldi ; cependant, la comparaison du
chef-d'œuvre de l'éminent artiste français avec la toile
italienne n'est pas très défavorable à cette dernière.
C'est que les *Prisonniers de Chillon*, de M. Gastaldi,
sont réellement un des bons tableaux du Salon, et l'enfant mourant si admirablement affaissé sur lui-même,
la nudité du cachot, l'humidité qui suinte sur ses murs
sombres, l'anxiété terrible peinte dans les regards du
prisonnier, lorsque, le corps tendu sur cette chaîne aux
anneaux inflexibles, il cherche à toucher le front de
son jeune frère, tout en fait une scène émouvante,
bien sentie et supérieurement exprimée.

Le *Bonheur d'une mère*, de M. Léon Eydoux, de
Turin, est gracieux et a des parties d'une parfaite
exécution à côté de certaines lignes un peu raides ; les
raccourcis surtout laissent à désirer.

Le *Renaud rompant les enchantements d'Armide*,

4.

du chevalier F. Peschiera, de Gênes, n'est pas assez sévère de style ; le modelé des enchanteresses est trop léché, les figures tournent au carton-pâte. Cet artiste semble suivre une voie qui effémine son pinceau.

La *Fête du village en Piémont*, de M. le comte H. de Pierlas, est jolie et intéressante ; il y a aussi une certaine fougue dans le *Général Napier* à la bataille de Meanée ; mais le personnage principal est mis en scène d'une manière trop théâtrale, ce qui nuit à l'ensemble du tableau.

Donnons encore des éloges à un *Samaritain* de M. Raymondi, de Turin, et de M. Scalliero, de Gênes, et n'oublions pas surtout une charmante petite toile que Mme la comtesse Emma de Vigone a exposée sous ce titre : *Jeune fille et jeune mère.*

Après la peinture de genre, le paysage occupait un rang des plus distingués dans cette exposition, et certaines toiles avaient même le privilége de passionner les amateurs.

C'étaient d'abord les œuvres de M. Camino, professeur de l'Académie albertine de Turin : un *Ciel d'Italie* aux tons chauds et nacrés, dont nos campagnes brumeuses ne sauraient nous donner une juste idée ; une *Vue du Piémont*, riche paysage plein de poésie et d'un profond sentiment de la nature. Que nous avons longtemps contemplé cette vaste plaine du Piémont, avec son horizon bordé par les Alpes couronnées de neiges ou les Apennins arides, avec ses eaux abondantes, sa riche végétation et cette lumière étincelante qui la baigne de toutes parts !

La *Forét vierge* du même artiste se distingue par une palette onctueuse, brillante, une belle connaissance de la perspective, une vigueur de pinceau peu commune. L'imagination ne saurait se représenter autrement ces forêts antiques dont le sol n'a peut-être pas été foulé par le pied de l'homme, où jamais bûcheron n'a porté sa cognée. Ces arbres contemporains des âges reculés, et qui se sont affaissés sur eux-mêmes ou que la foudre a brisés; ces vieillards des forêts disparaissent devant d'autres rejetons plus forts, plus vigoureux et destinés, à leur tour, au même sort, car dans l'ordre naturel des choses créées, c'est ainsi que les générations se succèdent et que la mort enfante la vie. Oui, c'est bien là une forêt vierge avec ses profondeurs étranges, ses feuillages pleins de mystère où les rayons du soleil viennent, après l'orage, se jouer dans les éclaircies; ce sont ces mousses qui tapissent les rochers; ces immenses lianes courant de branche en branche ou retombant en festons; ces flaques d'eaux verdâtres d'où coulent des filets limpides; cette spontanéité de végétation, cette profusion de plantes, cette luxuriance de sève, et ce silence divin qu'on ne trouve pas ailleurs.

Mais le cadre que nous nous sommes tracé nous force à abréger autant que possible nos descriptions; citons donc en terminant, et parmi les œuvres les plus remarquables du pinceau, un paysage de M. le comte Hyacinthe Corsi, de Turin, qui promet beaucoup pour l'avenir de cet artiste; une *Vue de Capri*, golfe de Naples, où un certain réalisme nuit peut-être à l'effet de ce site magnifique. Puis de charmantes fleurs au pastel et à l'aquarelle, de M. Félix Basset, de Chambéry; une autre bonne aquarelle de M. Henri Tiron, de Turin, représentant un paysage des Alpes; et enfin deux marines de M. le baron Fr. Gamba, de Turin; dans l'une, *la Marée montante en Hollande*, on voit une barque louvoyant près du ressac formé par les vagues battant contre la chaussée qui protége le pays. Cette toile fort remarquable a paru généralement supérieure à celle que le livret appelle *Une tempête sur la côte de Portovenere*, golfe de la Spezia.

L'apport des États sardes en œuvres sculptées ne présentait qu'un buste de bronze, d'un bon travail du reste, de M. le comte H. de Pierlas, de Nice, et reproduisant les traits de Catherine Ségurana, cette héroïne niçoise qui, nouvelle Jeanne Hachette, combattit au haut des remparts de sa ville natale et parvint, en renversant le drapeau que les assiégeants plantaient sur les murs, à relever le courage des siens et à faire abandonner aux Turcs le siége de Nice, en 1543.

Tel est l'ensemble des produits agricoles ou manufacturiers et des ouvrages artistiques par lesquels les États sardes ont été représentés au concours universel. Certes, ce ne sont pas là les seules richesses dont ce pays eût pu se faire gloire à la face de tous les peuples, si les préoccupations d'une guerre lointaine et soutenue héroïquement, si les disettes successives de ses principales récoltes en céréales et en vins, si les fatigues occasionnées par des expositions multipliées, et les ravages du terrible fléau qui a plongé dans le deuil l'Italie entière n'avaient ou refroidi le zèle des exposants ou frappé les esprits d'inaction et d'indifférence. Non-seulement, en dehors de ces circonstances fâcheuses, le nombre des participants au concours eût facilement dépassé le chiffre de 230 inscrit sur le Catalogue, mais même il eût doublé, car ni les huiles estimées que produisent les provinces du Piémont, ni l'orfévrerie de Gênes si renommée par ses bijoux en filigrane et en corail, ni l'industrie du papier, ni les armes, ni les chanvres, ni les ouvrages des grands établissements de mécanique et de chemins de fer, n'ont paru à Paris.

Cependant, malgré ces absences et ces vides regrettables, les prix remportés par le royaume de Sardaigne ont été nombreux et importants. Ces récompenses fournissent victorieusement la preuve de tout ce qu'il y a d'avenir dans cette nation qu'anime le désir du progrès en toute chose, et elles auront été pour son sage et généreux monarque une douce récompense des efforts qu'il n'a cessé de faire afin d'amener son peuple à ce degré de développement industriel auquel il est parvenu et qui le rend aujourd'hui indépendant de toutes les nations dont naguère il était le tributaire.

DES PROVINCES

LOMBARDO-VÉNITIENNES.

Quand un peuple, moins grand par l'étendue de ses revers et par un passé illustre à tous les titres que par un génie naturel des plus remarquables, se présente à un concours universel avec des œuvres hors ligne et des produits du sol et de l'industrie d'une beauté qu'atteignent à peine les productions similaires des premières nations civilisées, il semble que les échos de l'opinion publique, que la presse, devraient se complaire à rendre hommage à tant de mérites.

Cependant, loin qu'il en ait été ainsi pour les provinces lombardo-vénitiennes, nous serons presque seul en France à parler de l'exposition générale de cette contrée.

Puisse au moins notre voix acquitter dignement cette dette d'hospitalité nationale, et mettre en relief une foule d'inventions, de découvertes qui ne demandent, pour être hautement appréciées, qu'à être connues de tous.

Mais, d'abord, qu'il nous soit permis, en commençant cette revue, de nous écarter du programme officiel et de faire passer dans cet examen les produits du sol de la Vénétie et du Milanais avant les industries des mêmes pays.

De tout temps, l'agriculture joua un très grand rôle dans l'économie des États. Outre qu'elle est la base de la nourriture des peuples, c'est elle qui fournit les matières premières destinées à satisfaire une foule d'autres besoins presque aussi impérieux que la faim ; elle alimente la production industrielle et imprime au commerce un mouvement continu. Les capitaux qu'elle exige pour arriver à un certain développement, les épargnes qu'elle force à créer, son influence salutaire sur les mœurs et le caractère des populations qu'elle occupe, tout en fait la première des institutions sociales et la source la plus certaine des richesses d'une nation.

Assurément, dans un livre consacré à célébrer l'importance de l'emploi des forces mécaniques et les services rendus par les manufactures, les avantages de l'industrie ne seront point méconnus ; mais l'art agricole passe avant tout ; car ce que l'on entend par fabrication en général est loin d'exiger l'intelligence que le cultivateur est forcé de déployer dans ses occupations rurales si compliquées.

Les travaux des champs ne se présentent jamais, en effet, dans des conditions identiques ; les climats, les saisons, la pluie, le vent, la neige, la sécheresse, le froid, les besoins spéciaux des nombreuses plantes cultivées, la proximité ou l'éloignement des marchés, la facilité plus ou moins grande des moyens de transport, un fleuve, une route nouvelle, tout concourt à compliquer le problème agricole. Dès lors, l'ouvrier des champs doit être doué d'un courage, d'une patience et d'une perspicacité particulières.

Au surplus, la manière dont le territoire est cultivé peut être considérée comme un de ces signes révélateurs qui donnent la juste mesure des forces vitales d'un pays, car un État en décadence ne connaît pas de bonne agriculture, tandis que des cultures généralement bien conduites impliquent des populations en voie d'accroissement, de la richesse dans la contrée, et sinon beaucoup d'industrie, du moins la possibilité d'une fabrication rapidement étendue.

A ce haut point de vue, l'art agricole, si intéressant par lui-même, mérite surtout de fixer l'attention dans les provinces lombardes qui ne vivent et ne sont riches que de ses produits.

Du nord au sud de la Péninsule, on compte quatre zones différentes, et par conséquent quatre climats. Nous n'avons à nous occuper ici que de la première région, qui règne depuis les Alpes jusqu'aux Apennins, et ne renferme, à part quelques plantations dans des lieux abrités, ni oliviers ni citronniers. L'été y est chaud; le froid y descend cependant en hiver jusqu'à 10 degrés au-dessous de zéro du thermomètre centigrade. Sur ce climat se règle un genre de culture tout spécial. Les prairies artificielles et naturelles, les prés *marcites* ou prés d'hiver (1), l'élève en grand des bêtes à cornes, telle est l'agriculture générale de la contrée. Dans ces derniers temps, elle a cherché à

(1) Les prés *marcites*, ou prés d'hiver, sont d'un très grand rapport en Lombardie, où ils se rencontrent spécialement sur une étendue d'environ 5,000 hectares. Ils ont été créés, dans le voisinage des villes, pour la nourriture des vaches qui fournissent le lait, et dans celui des fromageries où l'on fabrique ce fromage parmesan dont la consommation est si répandue. Quoiqu'il neige ou gèle quelquefois dans ce pays, la végétation des prés d'hiver n'y est pas interrompue; l'eau des sources consacrée à cette irrigation, pourvue d'une douce température, passe sous la glace quand la pente du sol est suffisante; mais la glace qui se forme sur les places où l'eau reste stagnante est funeste au gazon qu'elle recouvre; il est loin d'en être de même dans le sol pentueux où l'eau ne séjourne pas; la glace défend au contraire, par sa couche peu perméable au froid, le sol, les plantes qui le recouvrent et les eaux qui l'arrosent. Le produit des marcites paraît dépendre de la température des eaux plus encore que de la qualité du sol; il est surtout en rapport avec la quantité de fumier qu'on leur applique. Le fourrage de ces prés se consomme spécialement en vert, à l'étable. On le coupe ordinairement cinq fois, en janvier, mars, mai, juillet, septembre, et, selon MM. de Gasparin et Berra, l'on obtient tous les ans, par hectare, avec 28,000 kil. de fumier, 68,618 kil. de foin vert et 19,202 kil. de foin sec, d'où il résulte que 100 kil. de fumier feraient produire 50 kil. de fourrage. Aux environs de Milan, trois vaches peuvent vivre très largement avec le produit d'un hectare qui se vend de 10 à 12,000 francs.

s'inspirer des errements des grands propriétaires anglais.

On voit, en réfléchissant à cet ensemble de pratiques, que la plupart de ces procédés, s'ils sont communs dans le nord de l'Europe, ne se rencontrent qu'exceptionnellement dans le sud de notre continent.

C'est que la Lombardie jouit, par sa position même, de certains avantages que difficilement on trouverait réunis ailleurs.

D'abord, la vallée du Pô forme une des plus vastes et des plus fertiles plaines de l'Europe. Ce beau fleuve, qui la traverse dans presque toute sa longueur, est navigable dans la majeure partie de son cours; il reçoit de nombreux affluents des versants des Alpes et des Apennins, qui font que, sous cette brûlante zone, en été, l'eau se rencontre avec une abondance extraordinaire, car la fonte des neiges des cimes voisines alimente toutes les sources et tous les cours d'eau de la contrée; dès lors, l'irrigation y est pratiquée sur une grande échelle. En effet, on évalue à 320,000 le nombre des hectares arrosés dans le Milanais (1); et la plupart de ces terres, comme celles de l'Égypte, ont été conquises sur les eaux qui couvraient autrefois le pays. Que l'on ajoute à ces avantages des courants jouissant d'une pente très forte et se prêtant à toutes les dérivations, de vastes lacs espacés sur les flancs méridionaux des Alpes, et recevant, en l'épurant, le trop plein des torrents, enfin le Pô servant de grand colateur à toutes les saignées pratiquées sur son cours supérieur, et l'on aura une idée de cette admirable situation, unique peut-être au monde.

(1) Outre la dérivation des eaux de la Vettarabia aux environs de Milan et le canal d'irrigation et de navigation alimenté par le Tessin, et nommé Naviglio grande, car il a une largeur de 30 mètres en moyenne et sa longueur atteint 50 kilomètres, la Lombardie po-sède le canal de Pavie, celui de la Muzza parcourant les provinces de Milan et de Lodi, le canal de la Martesana dérivé de l'Adda, etc., etc.

A vrai dire, nulle part la main de l'homme n'a se-
condé aussi habilement la nature. Mais cela nous re-
porte à la haute position que les villes du nord de la
Péninsule ont occupée pendant une partie du moyen-
âge et de la renaissance, et aux capitaux énormes
pour l'époque qu'elles ont consacrés à des travaux
purement agricoles.

Ce ne sera pas un hors-d'œuvre d'insister ici sur le
fait de la tendance de l'agriculture à suivre invaria-
blement, à toute époque et dans chaque pays, le
mouvement progressif ou les pas rétrogrades des sociétés.

Ce qui avait eu lieu en Perse, en Égypte, en Judée, sur les côtes de l'Asie-Mineure, au nord de
l'Afrique, en Sicile, dans la campagne de Rome, avec
les Maures en Espagne et les Visigoths dans le midi
de la France ; ce qui a eu lieu en Flandre, dans les
Pays-Bas, en Angleterre et dans quelques-uns de nos
départements du Nord, ne pouvait manquer de se produire en Italie, lorsque, à l'aide de bénéfices réalisés
par le commerce maritime et l'industrie manufacturière, vingt capitales, Milan, Venise, Crémone,
Mantoue, Pavie, Padoue, Vicence, Bergame, ne ces-
sèrent de s'occuper d'augmenter la fertilité de leurs
territoires.

Or, les premiers travaux à exécuter sur une terre
brûlée par un soleil ardent devaient être des canaux
d'irrigation, surtout lorsqu'on pouvait disposer des
eaux de tant de rivières.

M. A. de Gasparin, appréciant quels sont les
bienfaits de l'arrosage des terres pour les pays
chauds, a dit : « Deux d'humidité, multipliés par
deux de chaleur, donnent quatre ; mais quatre d'humidité, multipliés par quatre de chaleur, donnent
seize. » Progression frappante, démonstration vraie
de tout ce que l'on peut obtenir avec ces deux éléments de la vie végétale : soleil et eau.

Depuis le treizième siècle, d'ailleurs, de grandes

dérivations avaient été pratiquées, dans le Milanais, sur le Tessin et l'Adda ; on avait ainsi transformé en des champs d'une fertilité proverbiale 100,000 hectares jusqu'alors stériles. Puis, des questions d'intérêt public venaient se mêler à la spéculation agricole : les débordements du Pô et de ses affluents couvraient les parties basses de la plaine de marais immenses dont les *exhalations* pestilentielles dépeuplaient la contrée ; il fallait donc, et à toute force, contenir le fleuve. Or, le meilleur moyen, le plus sage, et le seul qu'on eût dû adopter, était d'utiliser les eaux au passage.

On le voit, tout faisait une loi aux Lombards de l'irrigation en grand, et c'est ainsi que prit naissance cette vaste ramification de canaux qui procure en ce moment au nord de l'Italie plus de 40 millions de revenu net ; modèle d'hydraulique agricole, où ont travaillé les plus grands hommes de l'Italie, car les Bramante , les Raphaël ne s'occupèrent pas seulement d'architecture ou de peinture, mais beaucoup d'hydraulique ; et, au temps des Médicis ou des Visconti, Léonard de Vinci résolvait la jonction de la Martesana au Tessin, difficulté regardée jusqu'alors comme insurmontable, tandis que Jules Romain assainissait et fortifiait Mantoue.

Mais n'insistons pas plus longtemps sur ces considérations générales et historiques. Constatons seulement que, quoique pays de grande propriété, la Lombardie connaît peu la grande culture ; la division du territoire en petites métairies et le métayage y sont généralement usités, comme en Piémont.

Vue d'ensemble, l'agriculture lombarde est magnifique, et l'on ne se lasse pas d'admirer, disent les voyageurs, les soins avec lesquels les terres sont traitées et les splendides récoltes qu'elles donnent. Mais cependant cette prospérité n'est que relative, et trop souvent encore la misère, l'ignorance, la routine, prévalent dans les campagnes, où, par suite d'une nourriture dans laquelle la viande n'entre pas pour une assez grande part, les paysans, quand ils ne sont pas affaiblis par les fièvres, se trouvent sujets à des maladies terribles, et notamment à cette hideuse *pellagra*, sorte de lèpre qui cause tant de ravages dans le Padouan et le Vicentin.

Rien de ce qui a trait à l'élève des animaux dans la Lombardie n'a paru à Paris. Cependant les races ovines de la Vénétie et du Modénais sont les plus justement estimées de toute l'Italie pour l'excellente qualité de leurs laines.

En retour, de nombreux échantillons de riz brut ou travaillé, de belles céréales, quelques vins, des fromages, beaucoup de soies, etc., formaient un compartiment agricole qui n'eût pas manqué d'un grand intérêt si ces diverses matières n'avaient été éparpillées parmi les produits de l'Autriche.

A propos du riz, cette plante originaire des plaines marécageuses de l'Asie dont les grains nous ont déjà arrêté dans l'examen des productions agricoles des États sardes, on n'a qu'à donner des éloges aux échantillons appartenant à MM. J.-E. Marozzi, de Pavie, F. Poggio, de Vérone, et surtout à M. J. Rochetti, de Legnagno. Ces spécimens étaient fort beaux, et nous avouons que nous les avons admirés. Mais, quelle que soit l'impression qu'ils aient faite sur nous, nous n'avons jamais pu nous empêcher de nous demander comment ils avaient été obtenus, et à quel prix surtout.

Nous ne le cacherons pas, nous sommes très peu partisan de la culture du riz ; il nous semble même qu'un temps viendra où elle sera bannie de l'Europe. C'est que le riz ne croît et ne fructifie que le pied constamment plongé dans l'eau, où l'on est obligé d'aller le travailler pour le préserver des herbes adventices qui le dévoreraient si on ne les écartait pas. C'est que les débris des premières feuilles de la plante croupissent dans cette eau saumâtre qu'échauffe le soleil, et d'où s'exhalent, comme d'un centre d'infection, des vapeurs malfaisantes. Or, non-seulement la population décroît rapidement dans les pays de rizières, mais encore les troupeaux eux-mêmes sont attaqués du typhus, les arbres périssent au loin, et la création d'une rizière, par l'infiltration des eaux qui s'établissent dans le sol, nuit à toutes les autres cultures souvent jusqu'à un myriamètre de distance, au point que les voisins sont obligés de convertir leurs champs en rizières, qui, à leur tour, auront les mêmes inconvénients pour les champs des environs ; ainsi le mal se propage et finit par envahir le sol de toute une contrée. Les gouvernements sont même impuissants à arrêter l'extension des semailles du riz, ainsi que cela a été constaté en Lombardie et dans le Piémont. Tout au plus peut-on prohiber les rizières à un certain périmètre des grandes villes.

La Lombardie, à elle seule, renferme aujourd'hui près de 50,000 hectares en rizières ; on ne doit donc pas s'étonner de la mortalité qui décime ses populatoins. Certains de ses arrondissements, sur une population de 80,000 âmes, ont habituellement 8,000 fiévreux.

La voix de l'intérêt public devrait prévaloir ici sur toute autre considération, et si l'on mettait à la charge des propriétaires les frais de maladie qu'occasionnent les rizières, on verrait bientôt disparaître cette culture du nord de l'Italie.

Au reste, les bénéfices que donne la culture du riz sont-ils donc si grands que rien ne puisse les égaler et qu'ils doivent contre-balancer les maux qui accompagnent inévitablement une rizière? Voilà comment doit être posée la question. En fin de compte, le rendement net de tous frais procure à peine un faible excédant de la rente qu'on pourrait tirer du terrain dans un autre état, et son principal avantage consiste dans la suppression de la jachère. Or, il serait facile de prouver, dit M. le comte de Gasparin, qu'avec le secours de l'irrigation, le climat propre aux rizières et une agriculture intelligente, on pourrait obtenir des revenus bien supérieurs à ceux qu'offre la terre semée en riz.

Parmi les produits agricoles des provinces lombardo-vénitiennes, on a remarqué la belle collection de céréales rassemblée par les chambres de commerce de Lodi ou de Venise, et renfermant quelques variétés de froment, l'épeautre, le seigle, l'orge, l'avoine, le sorgho, plusieurs espèces de maïs, des semences de mûrier blanc, de luzerne, de rave, de ricin, etc. On commence à exploiter dans le centre de la Péninsule le maïs du Brésil, espèce nouvelle qui s'élève presque à la hauteur d'un arbre, et donne d'énormes récoltes. On sait combien est grande, en Lombardie, la consommation du maïs sous forme de polenta. Nous l'avons déjà dit et nous n'insisterons pas davantage à ce sujet.

Pour le mûrier, c'est avec plaisir que nous en avons vu des graines présentées par M. A. Riva, à Pavie, car tout ce qui regarde cet arbre si précieux mérite de fixer l'attention. On distingue de nombreuses variétés de mûriers hybrides ou non, parmi lesquelles on cite comme donnant le plus de feuilles le mûrier d'Espagne, le multicaule, le blanc, le rose, le moretti, etc. Toutes ces variétés sont susceptibles de fournir des boutures, mais le multicaule seul et ses variétés les produisent avec facilité et sûreté. Pour les autres variétés, on emploie la méthode des semis. Dans le Gard, on fait macérer les mûres dans l'eau pour débarrasser les graines de leur parenchyme; puis on sème sur planches ces graines ainsi obtenues. En Italie, on frotte les mûres à de la filasse ou à de vieilles cordes que l'on enterre ensuite. Une fois parvenus à un certain développement, les plants ou pourrettes qui résultent du semis sont greffés. Contentons-nous ici de dire quelques mots du mûrier considéré au point de vue de l'économie rurale, sauf à en reparler dans l'examen des échantillons de soie et à propos de l'élève des vers à soie.

Cet arbre est un de ceux qui offrent le plus d'avantages au cultivateur ; il a une durée assez longue, la vie d'un homme à peu près il paie utilement la rente du sol qui le nourrit, il supprime la jachère, est rapidement productif, n'occupe les bras qui utilisent sa feuille que pendant deux mois de l'année, au printemps, alors que les travaux des champs ne sont pas très pressants ; il n'en faut pas davantage pour s'expliquer l'accroissement continu des plantations de mûrier partout où le climat les permet, et en Lombardie il les favorise spécialement. Ainsi, par le mûrier, une industrie nouvelle vient s'adjoindre à l'exploitation agricole, sans la contrarier et en la faisant profiter de bénéfices parfois très considérables ; évidemment, le mûrier est digne de toutes les sympathies de l'agriculteur.

M. Polloni, de Pavie, a envoyé de beaux échantillons de cette *irraie* (lojetto) qu'on sème dans les *marcites*, ou prés d'hiver. Il nous semble qu'on pourrait tenter ce genre de prairies dans le midi de la France, où la température moyenne en hiver et certaines situations spéciales leur seraient propices.

Dans ce même compartiment des produits agricoles de l'empire d'Autriche se trouvaient de belles formes de ces fromages dits du Parmesan, dont il se fait une si prodigieuse consommation en Italie. Ils sont ainsi appelés en France, non parce qu'ils se fabriquent plutôt dans le duché de Parme que dans toute l'Italie, mais parce qu'ils furent mis en vogue chez nous par une duchesse de Parme dont nous avons oublié le nom. Ces formes sont fort grandes ; elles sont faites de lait écrémé et coloré au safran. En général, les fromageries du nord de la Péninsule exigent une cinquantaine de vaches pour suffire à une fabrication régulière et continue. Mais comme tous les propriétaires n'ont pas des domaines assez considérables pour entretenir un si grand nombre de bêtes à cornes, il se forme des associations ; les laitages de plusieurs fermes se travaillent en commun, et chaque six mois on solde le compte de chaque propriétaire avec des fromages, en proportion de son apport de lait dans l'association.

MM. Franzini frères, à Villalonga, et MM. Lamberti, oncle et neveu, de Cadogne, fabriquent le parmesan avec tant de supériorité que leurs échantillons ont obtenu des médailles de 1re et de 2e classe

N'oublions point parmi les produits du sol des provinces lombardes, l'excellent vin de Valpolicella, présenté par M. Scaglia, de San-Pietro, près de Vérone. Ce vin a été très apprécié des amateurs. En général, la belle plaine arrosée qui s'étend depuis Milan jusqu'au Pô n'est pas plantée de vignes. Celle qui sépare Milan des Alpes, étant plus élevée, produit aussi du meilleur vin que le reste de la Lombardie. Les vignes de Reggio et de Modène sont renommées pour leurs vins généreux.

Les inventions de plusieurs agronomes lombards ont figuré aussi dans la galerie des machines agricoles, et les appareils de MM. Beneck et Rochetti, de Padoue, le puissant scarificateur de M. de Marchi, de Stigliano, et la machine à couper le blé, de M. Bonini, de Fiumicello (Brescia), témoignent d'une haute connaissance de la mécanique agricole. Quant à la machine à battre à double rouleau du comte Bolognini, de Milan, elle peut être d'un secours d'autant plus utile, qu'à part la méthode bolonaise, qui est du reste assez ingénieuse, avec son traîneau chargé de pierres glissant sur les épis et séparant par la pression le grain de son enveloppe, on ne connaît en Lombardie que le fléau pour le battage des céréales, ce qui est un travail très long et très pénible pour les hommes chargés de cette opération.

Toutefois, l'intérêt bien entendu des grands propriétaires de la haute Italie leur conseillerait peut-être d'adopter quelqu'une des batteuses mécaniques, à vapeur ou non, que l'Exposition a vues paraître en foule. Par exemple, les machines françaises de Lotz, qui offrent beaucoup d'avantages tant sous le rapport du bon marché qu'à cause de leur construction simple et so-- lide.

Après les produits naturels du sol venaient, dans le compartiment de l'Autriche, les matières premières extraites du sein de la terre ou que la main de l'homme a élaborées. Les divers échantillons de l'industrie des mines ou de la métallurgie lombardes n'étaient pas sans doute en aussi grand nombre qu'on eût pu les désirer chez un peuple qui s'occupe beaucoup d'industrie; mais, du moins, les principaux métaux travaillés dans le pays, les minéraux qu'on y exploite sur une vaste échelle étaient représentés d'une manière satisfaisante.

Dans la première classe, au milieu de l'Annexe, on a pu voir la belle collection des minéraux de la province de Brescia, réunis par les soins intelligents de M. Ragazzone et de M. le docteur Gerardi, de Brescia, ainsi que les minéraux de la province de Bergame, rassemblés par la Société industrielle de cette ville. Fer, cuivre, plomb, mercure, combustibles, marbres, etc., se trouvaient dans ces savants résumés minéralogiques, dont nous négligerons la belle classification pour nous occuper de chaque produit extractif en particulier.

Et, d'abord, une mention aux lignites de Leffe, exploités si utilement par des sociétés de Bergame et de Milan, dont elles alimentent en partie les usines. Un souvenir aussi à ceux du Vicentin, de première qualité. Avec la disette du bois qui règne en Italie, on ne saurait trop engager les Lombards à prendre l'habitude d'utiliser les minéraux que la nature, à défaut de houille, leur présente en grandes masses ; et quoique les districts de Crémone, Augera, Isée aient des tourbières d'une étendue considérable, où plus de 1,000 ouvriers travaillent en été; quoique la tourbe carbonisée leur tienne lieu de coke en beaucoup de cas, les provinces lombardo-vénitiennes dépensent encore beaucoup trop de millions pour acheter de la houille à l'étranger.

Comment suffire, au reste, à la consommation de ces nombreuses forges qui préparent le minerai de fer dans les provinces de Côme, de Bergame, de Brescia, où l'on extrait près de 230,000 quintaux métriques de matière première ?

M. le docteur Maestri, faisant l'évaluation de la production du fer en Lombardie, se sert des chiffres suivants :

Fonte moulée, 102,077 q. m., valant 1,736,000 fr.; fers et aciers marchands, fonte brute, 110,420 q. m.; la valeur totale de la matière s'élève, selon cet auteur, à 3,362,700 francs.

Tout ce métal est réduit en barres ou en acier, et employé à la fabrication d'instruments ruraux, de clous, de lits de fer, de machines, etc., et la valeur de la main d'œuvre que ces industries procurent n'est pas moins de 5,200,000 francs.

Les cylindres de fer présentés par M. J. Badoni, directeur de l'usine de Jecco, à Milan, et l'acier de la maison Alma Sacchi, de Gromo (Lombardie), ont remporté des médailles de première classe au concours. Cela ne veut pas dire cependant que les fers des frères Silvestri, de Rovere, n'aient pas de bonnes qualités; mais ils ont été primés par les précédents.

Les échantillons de minerais de cuivre et de cuivre raffiné d'Agardo, près de Belluno, ont aussi valu à l'administration qui dirige ces usines, les honneurs de l'Exposition, et ces succès répétés ne peuvent que confirmer ce que nous avons déjà dit sur la perfection des procédés métalliques du pays qui nous occupe.

Quoique les provinces vénitiennes produisent 2,000 q. m. de cuivre raffiné, et malgré des mines de plomb argentifère qui s'exploitent à Mardello, près du lac de Côme, et dans le district de Brescia, sur le mont Verbano, c'est le mercure qui, après le fer, est le métal le plus abondant de la Lombardie. Le gouvernement et de simples particuliers s'occupent de son extraction. La Société Montanistique de Venise en a présenté de beaux échantillons.

Le mercure est un corps simple, liquide et d'un blanc d'argent; c'est le seul métal qui soit liquide à la température ordinaire. Le mercure existe dans la nature, soit à l'état natif, soit plutôt en combinaison avec l'argent ou le soufre; mais on l'extrait du minerai par le grillage, en condensant les vapeurs mercurielles qu'une température peu élevée dégage promptement. On sait le rôle que joue le mercure pour la construction des appareils de chimie et de physique, tels que thermomètres, baromètres, etc. Ce métal forme aussi plusieurs combinaisons chimiques très importantes dans leurs applications aux arts, et que nous rencontrerons un peu plus loin dans la classe des produits chimiques.

L'exhibition lombarde contenait aussi un grand nombre d'échantillons de marbres dont quelques-uns, à cause de leur rare beauté, mériteraient d'être plus employés par l'industrie. Ce sont les saccharoïdes blancs de Nambro, de Cornalba, les arénaires grises de Sarnico, les rouges de Vulcano, les brèches semblables aux plus renommées de Vérone, le marbre roux d'Arlese, le jaune de Gavarno, le gris de Brescia ; la province de Vérone en fournit à elle seule une quantité étonnante par sa diversité; ainsi, des jaunes, des rouges, des bleus, des œils de perdrix et tant d'autres que l'intéressante collection de M. Ch. Sandri nous a fait admirer.

Il reste encore à rappeler, dans cette classe, l'exploitation des carrières de Carrare, d'où l'on tire le plus beau marbre statuaire de l'Italie, et qui donne un revenu de 2 millions au duché de Modène, et fournit du travail à plus de 3,000 ouvriers et à 200 sculpteurs, statuaires ou ornemanistes. Rappelons aussi les beaux marbres de Massa. Il est fâcheux seulement que les difficultés d'exploitation et de transport res-

treignent autant l'extraction des marbres dans cette
localité, car Massa, avec ses 60 carrières en exploitation, pourrait suffire à toutes les commandes artistiques de l'Europe, non-seulement pour de magnifiques
blocs propres à la sculpture, mais encore pour des
marbres veinés de toutes les nuances, employés dans
les constructions civiles.

Un des travaux de sculpture ornemaniste qui
ont paru avec le plus de succès dans la grande
salle du Palais de l'Industrie, la toilette si admirée
du professeur Isola, a été faite avec du marbre blanc
de Massa.

Terminons cette revue rapide des produits lombards de la première classe, en donnant un souvenir
aux pierres à aiguiser les faux, de M. Donadoni, de
Bergame, pierres excellentes à cause de l'onctueux et
de la finesse de leur grain ; et aux belles plaques de
pierre lithographique de M. Prosperini, de Padoue,
d'une pâte très fine et très uniforme.

II.

Il ne faut pas s'attendre à trouver, avec l'exhibition
lombarde, un empressement, un ensemble qu'on a pu
remarquer avec les États sardes, et qui se manifeste-
ront beaucoup mieux encore quand nous ferons la
revue de l'exposition du grand-duché de Toscane.
La situation politique des provinces du nord-est de
l'Italie explique cette abstention et peut justifier en
quelque sorte le découragement ou l'indifférence des
producteurs.

Il manquait ici, pour soutenir l'élan public, ce sentiment d'amour-propre national qui joue un si grand
rôle dans la manière dont un pays prend part à une
solennité du genre de celle qui nous occupe ; tout
y étant laissé à la spontanéité des particuliers, il a dû
nécessairement se produire bien des incertitudes et

surtout bien des empêchements; cependant, malgré ces diverses circonstances, pas une des classes du catalogue officiel n'a manqué de représentants dans les industries qui lui étaient spéciales; quelques groupes même les ont offerts en nombre considérable, comme cela va ressortir de la suite de ce travail.

C'est que la Lombardie et la Vénétie, si elles ne renferment qu'un cinquième de la population de l'Italie, constituent néanmoins, comparativement, une des parties les plus riches et les plus industrielles de la Péninsule.

Entre autres choses remarquables, les sciences mécaniques pouvaient revendiquer ici un dessin de machines à vapeur de M. Z. Crippa, de Monza, qui a eu l'approbation des ingénieurs les plus distingués ; mais en ce qui regarde l'industrie des divers modes de transport, ce sont les ouvrages de MM. Capella, de Pavie, et C. Sala, de Milan, qui ont paru avec le plus d'avantages : les voitures de ces deux carrossiers, construites sur les dessins les plus nouveaux, ont attiré beaucoup l'attention; et si l'une, celle de M. Capella, est simple, commode, légère, l'autre, la calèche de M. Sala, plus riche de formes, plus élégante, ne lui cède rien en solidité et en confortable.

L'Annexe du bord de l'eau renfermait d'excellentes selles, sorties de l'institution toute philanthropique de Sainte-Marie *Alla Pace*, de Milan; ce sont des détenus, jeunes gens, enfants quelquefois, qui occupent les heures de leur prison à ces travaux où ils apportent un goût et une habileté rares. M. Tamborini, de Milan, avait aussi exposé des harnais d'attelage extrêmement soignés.

Dans la mécanique spéciale, un appareil de M. Vittorelli, de Borgo-Valsugana (Tyrol), présentait le plus grand intérêt d'actualité. Cet exposant a entretenu en effet en travail une machine à débiter et raboter la pierre dont le fonctionnement ne laisse rien à désirer. Une scie à plusieurs lames verticales débite

le bloc en tranches, pendant que des burins écroûtent
la surface horizontale qui leur fait obstacle dans un
sens, et qu'ils retournent inactifs dans l'autre par suite
de l'articulation ménagée dans l'assemblage de chacun
d'eux sur leur support commun.

Le matériel des manufactures de tissus offrait, par
une suite d'appareils tous plus ingénieux les uns que
les autres, le témoignage des efforts incessants que
les Lombards tentent chaque jour afin d'arriver à
donner au moulinage de leurs soies cette perfection
qui doit seule leur assurer sans conteste la supériorité sur le marché européen : parmi les machines exposées, on remarquait une mécanique Jacquart pour
le tissage des soieries, de M. Bossi, de Milan ; une
machine à triple effet pour filer la soie, de M. J. de
Morali, à Presezzo ; des appareils pour dévider, bo-
biner, doubler et retordre la soie, de MM. Padernello, de Sacile, et Plazzoli, de Bergame.

La plus curieuse de ces machines, ou celle du moins
qui est appelée à plus d'avenir, appartient à M. Padernello ; elle a obtenu une médaille de deuxième
classe. Les machines de M. Morali, destinées à filer
la soie, réalisent aussi une économie notable de main
d'œuvre, en réunissant en une seule opération le dévidage, le filage et la torsion de la soie, s'il est vrai
surtout, comme l'affirme l'inventeur, qu'on peut en
faire contenir des centaines dans quelques mètres
carrés et qu'une seule ouvrière en surveille jusqu'à
250 en mouvement.

La VIIIe classe de l'exposition d'Autriche renfermait, quant à ce qui regarde l'Italie, une belle machine électrique, système Baumgartner, de M. Ch.
Dell'Acqua, de Milan, qui avait présenté encore un
remarquable télégraphe électro-magnétique d'après
le procédé de Morse. Le télégraphe à dépêches écrites
est généralement adopté aujourd'hui sur toutes les
lignes d'Europe à cause de son exactitude de trans-
mission des signes dans la correspondance. M. Dell'

Acqua a perfectionné cet appareil ; le mécanisme par lequel cet habile constructeur arrive à faire écrire la dépêche est très ingénieux.

Signalons encore, pour leur beauté d'exécution et les services qu'ils sont appelés à rendre, les appareils d'arpentage, ainsi qu'un télégraphe électrique de M. Rochetti, de Padoue, et le curieux compas ellipsographe de M. Seguso, de Venise, devant lequel les personnes compétentes pour l'apprécier s'arrêtaient avec prédilection. Une carte industrielle du district de la Chambre de commerce de Milan semblait avoir été mise dans le compartiment de l'Autriche pour prouver que, si le nombre des Lombards qui ont pris part à l'Exposition est faible, le développement auquel est parvenu leur industrie n'est pas moins très considérable. En effet, les usines où se travaillent les métaux, les manufactures de tissus, les fabriques de produits chimiques, etc., sont figurées sur cette carte instructive par des points de différentes couleurs qui facilitent beaucoup les recherches statistiques.

Cet essai de carte commerciale est heureux, et on ne saurait trop l'encourager ; il eût été même désirable, à la suite de l'Exposition, de voir paraître un atlas des principaux centres manufacturiers du continent ; les éléments qu'avait en main la Commission impériale eussent singulièrement aidé à l'accomplissement de ce travail utile. L'empire d'Autriche est de ce côté plus avancé que la France, il a des cartes commerciales de presque tout son territoire.

En ce qui a trait à la production économique et à l'emploi de la chaleur et de la lumière, les poêles en lames de fer, pour chauffer les appartements, de M. A. Gasparoni, de Vicence, ne doivent pas être oubliés ; ils se distinguent par leur bon marché et l'économie de combustible qu'ils procurent. Rappelons aussi les bougies stéariques de la fabrique de Mira (Venise). L'importance de ces bougies est aujourd'hui considérable, et leur bon marché fait presque négliger l'usage de la cire. Celles qui sortent de la fabrique de Mira sont remarquables par leur blancheur et leur dureté. A propos de cire, il ne faut pas passer sous silence les excellents échantillons présentés par M. Reali, de Venise. Cette substance se produit en assez grande abondance dans le nord de la Péninsule, mais les bougies qu'on en fait sont exclusivement réservées aux besoins des églises du pays, qui en consomment beaucoup.

La chimie a fait de nos jours tant de progrès, ses découvertes ont une telle influence sur la plupart des industries qui vivent et se perfectionnent à ses inspirations, que l'on ne saurait apporter une attention trop grande dans l'étude des diverses substances comprises au Catalogue sous la dénomination de produits chimiques, groupe qui embrasse encore tout ce qui regarde la teinture, l'impression, les industries des peaux, du papier, etc. Cette classe est une de celles où paraissent le plus grand nombre d'exposants.

Tout d'abord, nous rencontrons M. Apostopulo, de Venise, dont la savonnerie jouit d'une réputation européenne : ses échantillons de savon commun rivalisent avec les produits similaires de Marseille et de Gênes ; quant aux savons de luxe, préparés par des procédés particuliers à cette maison, ils sont d'une perfection incontestable, surtout le savon oriental et le savon qui nage sur l'eau.

Dans la corroyerie lombarde, on comptait parmi les meilleurs travaux de cette espèce, les peaux et cuirs de M. Pivato, de Venise, et surtout les beaux cuirs de bœuf et de veau de MM. Piella frères, de Pavie.

M. Baroni, de Venise, avait des peaux de mouton mégissées avec leur laine et remarquables par leur souplesse, tandis que M. Cerdetti, de Chiavenna, présentait des chevreaux et des agneaux qui rappelaient par leur finesse de grain et leur élasticité les meilleurs produits des fabriques d'Annonay. Ces peaux sont passées à blanc avec de la farine et des jaunes d'œufs, ainsi que cela se pratique en France. Donnons encore une mention aux peaux préparées de M. Cattaneo, de Codogno, et de M. Salamoni, de Vérone.

A la suite de ces travaux de tannerie, de corroyerie et de mégisserie, il n'est pas inutile de rappeler les échantillons de sumac broyé, de M. Bevilacqua, de Vérone. Les feuilles de sumac contiennent une assez forte proportion de tannin, et elles sont employées pour les teintures en noir, en gris, et pour le maroquinage des peaux. Longtemps la culture du sumac des corroyeurs a été comme un monopole des terrains calcaires de la Sicile, mais maintenant l'Espagne, le Portugal, l'Italie et le midi de la France s'occupent de cet arbuste, qui donne de bons revenus sur les terrains secs et peu propres aux autres cultures, et qui dure fort longtemps sans exiger de grands soins.

Parmi les produits chimiques proprement dits, on remarquait des crèmes de tartre de la manufacture de MM. Gentilli Assereto, de Padoue, qui livre au commerce plus de 30,000 kil. de cette substance. La crème de tartre, ou tartrate acide de potasse, est, à l'état naturel, de deux nuances, rouge ou blanche, suivant qu'on l'extrait des lies de vin de ces couleurs. Mais les échantillons de MM. Assereto avaient été purifiés; leurs cristaux étaient très beaux et parfaitement incolores. La crème de tartre se prépare aussi chez M. Perelli, de Milan, et des fabricants de Modène et de Brescia en vendaient, il y a quelque temps, plus de 150,000 kil. par an. Mais depuis la maladie de la vigne, cette industrie a ralenti ses opérations. L'acide tartrique est employé comme mordant dans les teintureries et les manufactures de toiles peintes.

Les céruses ou les carbonates de plomb de M. Bigaglia, de Venise, jouissent d'une grande réputation. Venise a gardé longtemps le monopole des céruses,

qui se préparent aujourd'hui, en France et en Allemagne, en exposant des lames de plomb à l'action des
vapeurs du vinaigre. On emploie, comme on sait, la
céruse dans la peinture de bâtiment pour colorer en
blanc les bois ou les meubles, mais les accidents graves causés aux ouvriers peintres par cette substance
l'ont fait remplacer par le blanc de zinc, plus inoffensif.

Parmi les diverses substances chimiques de ce compartiment, on doit accorder le premier rang aux produits de M. Zecchini, de Venise, qui avait envoyé de superbes échantillons de ce sublimé corrosif et de ce mercure précipité rouge qui sont devenus chez ce négociant
une spécialité reconnue. Il en fabrique 17,000 kil. annuellement, et soutient victorieusement la concurrence des produits similaires d'Angleterre et d'Allemagne; cependant M. Zecchini n'est pas en Lombardie le seul fabricant de ce genre : M. Goldanique,
qui n'a pas exposé, emploie 1,500 à 2,000 kil. de
mercure à faire du sublimé corrosif et du deutochlo-
rure de mercure. La plupart de ces produits chimiques servent aux industries de la contrée, ou sont
exportés dans le Levant.

Il est à regretter que les manufactures de Milan,
où se préparent le salpêtre, le carbonate de magnésie
ou sel d'Epsom, le sulfate de zinc, d'antimoine, de
cuivre, n'aient rien envoyé à Paris. Cependant,
MM. Pagani, Fosti, Fornara, de Milan, M. Cavez-
zali, de Lodi, ont l'habitude de paraître avec honneur dans les concours.

En revanche, presque toutes les couleurs employées
par la peinture et qui se manipulent ou se trouvent à
l'état naturel en Italie, s'apercevaient dans les échantillons fournis par M. Gallizioli, de Vérone, et M. Gui-
riato, de Venise. C'est dans leur compartiment que
l'on examinait avec curiosité ces bleus de Prusse, ces
ocres de la province de Vérone qui sont si renommées, la terre bleue de Sarnico, le colcotar de Bergame, etc. Cependant, ces nombreuses substances ne

formaient pas encore tout le contingent que les provinces vénitiennes eussent pu fournir à cette exposition, et, avec un peu de bon vouloir, M. Arpizella
eût présenté du jaune de chrome, et MM. Carozzi, de
Bergame, et M. Civezzali, de Lodi, de ce vert d'une
teinte si vive pour lequel ils jouissent chacun d'une
juste célébrité.

Dans la classe des substances alimentaires, il faut
citer des farines et des sons de froment des minote-
ries de M. Boschetti et de M. Covini, de Pavie.

On classe généralement le petit nombre d'espèces
et les nombreuses variétés de froment en trois catégories : les blés durs, demi-durs et tendres ou blancs.
C'est sur les qualités de ces céréales que sont basés
plusieurs genres de mouture ; mais la plus suivie en
Italie est la *mouture* économique, dans laquelle on
cherche à ménager le son tout en triturant et écrasant
le grain, et les blés durs ou tendres sont facilement
travaillés par ce procédé où l'on a soin d'humecter
le blé afin de rendre la membrane extérieure moins
friable et la farine plus blanche et moins rude.

Les froments d'Italie ont en boulangerie la renommée de fournir un grand rendement, et la science
constate en effet que généralement, comme du reste
tous les blés des pays chauds, ils contiennent beaucoup de principes azotés. Au point de vue du travail
de la meunerie, les échantillons de M. Covini étaient
très bien traités et ne le cédaient à aucune farine
autrichienne présentée dans l'Annexe. Cependant, de
presque toutes les parties de l'empire d'Autriche, les
minotiers avaient envoyé des farines admirablement
travaillées.

M. Reali, de Venise, a présenté des produits de
sa raffinerie de sucre ; mais ses pains, quoique d'une
blancheur satisfaisante, n'atteignaient pas, la justice
nous oblige à le dire, à la perfection des produits similaires allemands.

La pharmacie, la médecine et la chirurgie ont

toujours été exercées avec un profond savoir et une haute distinction dans la patrie des Galien et des Celse ; ils n'est, dès lors, pas étonnant qu'en Lombardie elles réclament de nous des mentions particulières pour des instruments et des inventions dignes du plus attentif examen. Ainsi, parmi les instruments scientifiques, le *crâniomètre* ingénieux de M. le docteur Berti doit être cité en première ligne : par sa simplicité et sa précision, il sera d'un grand secours aux chirurgiens dans les fractures et les altérations accidentelles du crâne. Sous la même vitrine figuraient quelques sondes en caoutchouc et des tuyaux pour l'injection du mercure dans la préparation anatomique des vaisseaux lymphatiques, confectionnés par M. Gilardoni, de Pavie. Rappelons aussi des trousses de chirurgien fabriquées par M. Moras, à Dosson, district de Trévise. Les instruments dont elles étaient composées pèchent un peu sous le rapport de l'exécution.

On ne fera pas ce reproche aux dents artificielles de M. A. Illig, de Venise, qui, à l'imitation de notre fameux docteur Rogers, compose des osanores très commodes et d'une perfection à tromper l'œil le plus expérimenté une fois qu'ils sont mis en place.

Mais hâtons-nous d'arriver aux belles préparations anatomiques en cire de M. le docteur Mastri, de Pavie, qui ont été admirées, quoiqu'on les eût reléguées dans les galeries de l'Annexe. Sans contredit, M. Mastri est dans sa partie un des hommes les plus habiles qui aient paru à l'Exposition universelle. Quelle science et quel art dans cette suite de cires représentant le développement et la pathologie des vers à soie ! Comme on suivait avec intérêt les diverses périodes de transformation des œufs du bombyx grossi au microscope, depuis le commencement de l'incubation jusqu'à sa fin !

Cependant, là ne se bornaient pas les travaux de M. Mastri, qui malheureusement avaient un peu souffert dans le voyage. Deux têtes de serpent, d'une proportion un peu plus forte que la grandeur naturelle, étaient surtout admirées; dans la tête de la vipère on pouvait observer de quelle manière les dents qui renferment le venin l'introduisent dans la plaie que fait le reptile, dont les morsures ne manquent pas d'être mortelles si les secours de la science ne les combattent à temps.

Pour notre compte, nous remercierons l'habile préparateur de son beau travail sur la maladie de la vigne. Les filaments si bien imités de l'*oïdium*, la manière dont le cryptogame étreint dans ses réseaux les grains et la grappe qu'il empêche de se développer, son mode de propagation, tout a été rendu dans cette belle étude avec une perfection et une patience incroyables; et vraiment un simple coup d'œil jeté sur les grappes de raisin attaquées par le parasite en apprend davantage que tous les gros livres qui ont été écrits sur cette matière.

Parmi les produits de la pharmacie nous n'avons à citer que les huiles de ricin de M. Tosi, de Venise.

Le ricin palma-christi est une plante qui, après avoir donné de grands revenus en certaines localités, a baissé beaucoup dans l'estime des producteurs; cependant il est possible, si les tentatives d'acclimatation du *bombyx cynthia* réussissent, que sa culture prenne des proportions immenses; jusqu'ici le ricin n'a servi qu'à fournir la graine d'où l'on extrait cette huile purgative ou vermifuge employée en pharmacie. M. Tosi a cherché avec succès à enlever à cette huile l'odeur âcre et nauséabonde qu'elle prend surtout en vieillissant et qui répugne tant aux malades; ses échantillons, complètement inodores, n'ont perdu aucune de leurs propriétés naturelles.

La suite de cette revue nous met en présence de quelques ouvrages exécutés par des armuriers lombards. Ainsi, l'on doit des éloges aux fusils et aux pistolets de M. Comminazi, de Gardonne (Brescia), ouvrier habile qui a déjà obtenu une médaille à l'Exposition de Munich. Les armes de chasse, si remarquables par leur précision de tir, sorties des ateliers de MM. Paris et Beretta, de Gardonne, étaient l'objet de l'attention des amateurs; mais le chef-d'œuvre de cette exposition consiste en une carabine ornée de ciselures d'acier, présentée par M. Rinzi, de Milan, véritable artiste dans la manière dont il a exécuté les délicates arabesques et les têtes d'animaux fantastiques qui ornent la crosse de cette arme digne d'un roi.

Dans la classe des constructions civiles, les produits d'asphalte de l'établissement de l'île de la Giudecca (Venise), appartenant à M. le baron de Rothshchild, commissaire-général de l'empire d'Autriche à l'Exposition, ont eu une médaille de cinquième classe.

L'asphalte est un bitume solide, d'un noir brillant, dur et cassant comme la résine et fusible à cent degrés. Son nom lui vient du lac Asphaltite (*mer Morte*). Le commerce étend le nom d'asphalte à une autre espèce de bitume appelée *pétrole tenace*, mou, glutineux, qui se trouve très abondamment en Europe. Fondu avec le sable, il acquiert par le refroidissement une grande consistance et sert à faire des enduits pour mettre sur les terrasses; mais son principal emploi est dans la construction des trottoirs. A l'exemple des anciennes cités romaines, comme le prouvent les fouilles de Pompéia, la plupart des villes établissent aujourd'hui des trottoirs le long de leurs rues, tant pour la sécurité que pour la commodité des voyageurs. Or, parmi les divers dallages employés à cet effet, il n'en est aucun qui, sous le rapport de l'économie, de la résistance et de l'imperméabilité, ou par suite de sa propreté constante, puisse lutter avec l'asphalte. L'établissement de M. de Rothschild, dirigé par M. Schulze, fabrique des ciments susceptibles d'acquérir une extrême dureté, ce qui les rend propres à une foule de constructions et particulièrement à étan-

cher les bassins ou à fabriquer des vasques artificielles
de fontaine. On a vu de ces sortes d'ouvrages dans le
Palais même de l'Exposition.

M. Fusina, de Pavie, avait présenté un modèle de
machine destinée à aplanir les chemins, qui ne diffère
pas beaucoup de celles dont se servent nos ingénieurs
pour tasser les empierrements sur nos routes dépar-
tementales.

Dans cette même classe, les mosaïques de bois
de M. Rescali, de Crémone, méritent notre meilleur souvenir. L'art de la mosaïque sur bois est généralement pratiqué en Italie, mais il l'est de diverses
manières : si, en Piémont, ce sont des pièces de diverses couleurs qui figurent les personnages, ici les
traits du dessin sont produits à la manière des teintes
de la sépia ou plutôt de l'encre de Chine. Ce sont des
plaques de bois blanc plus ou moins brûlées sur les
bords qui forment ombre ; les mosaïques de M. Rescali imitent assez bien la gravure.

Dans l'industrie des aciers bruts et ouvrés, les articles de coutellerie de M. Fugini, de Brescia, ont eu
beaucoup de succès par leur bonne confection et leur
trempe supérieure. Les ciseaux de Brescia passent
pour les meilleurs instruments du même genre qui se
fabriquent en Italie. Les trousses de chirurgien confectionnées par M. Fugini étaient dignes de la mention honorable qu'elles ont obtenue.

Milan et Venise renferment un grand nombre de
fabriques de bijouterie, et emploient annuellement en
bracelets, chaînes, anneaux, épingles, avec ou sans
émail, une quantité d'or dont la valeur ne s'élève pas
à moins d'un million et demi. Dans Milan seulement,
plus de huit cents ouvriers, hommes, femmes et enfants, s'occupent de cette industrie qui compte plusieurs ateliers très importants. Parmi les chefs de ces
établissements, MM. Colombo et Rocco frères ont
exposé des articles de leur fabrication courante. La
bijouterie guillochée de MM. Rocco se distinguait

surtout par la finesse, le bon goût, la perfection du travail ; parmi ces spécimens, on remarquait surtout des bracelets, des colliers, de grandes épingles en argent à deux têtes que les femmes du royaume lombard-vénitien mettent dans leurs cheveux.

De charmants bijoux s'apercevaient aussi dans la vitrine de M. F. Gualla, orfévre-bijoutier à Brescia ; et un vase et une soucoupe en or de forme gracieuse, avec de beaux ornements en argent, portaient la marque de M. Colombo, de Milan. Quant aux orfévres de Venise, ils s'étaient absolument abstenus de paraître au concours. Cependant il se fabrique dans cette ville de petites chaînettes en or, dites *Manin*, qui jouissent d'une certaine réputation.

Mais l'orfévrerie purement artistique n'existe plus ou à peu près en Italie, la vieille aristocratie, seule capable de fournir des commandes aux artistes, n'ayant plus ses grandes richesses d'autrefois pour payer leurs travaux. Dans d'autres contrées d'Italie cependant, et nous aurons l'occasion de le voir bientôt, quelques hommes d'élite savent, à force de volonté, surmonter les difficultés que leur impose cette triste situation, et perpétuent les procédés et les traditions des anciens maîtres. S'il nous était permis de nous arrêter ici un moment pour constater l'absence des fabricants de bronzes dorés de Milan, nous dirions qu'on a regretté beaucoup de ne pas leur voir prendre part au concours de 1855.

Les industries de la verrerie et de la céramique lombardes tenaient une haute place dans l'exhibition autrichienne. La seule manufacture de porcelaine de Saint-Christophe (Milan), sous la raison sociale Richard et compagnie, qui produit pour plus de 250,000 fr. de faïences à très bon marché, et occupe en moyenne de trois cents à trois cent cinquante ouvriers, tels que tourneurs, modeleurs, peintres, graveurs, etc., avait présenté une foule de pièces moulées dans ses ateliers, depuis la cruche de bière jusqu'au biscuit en statuette et aux porcelaines peintes. On distinguait dans cette collection des assiettes à fruit d'un travail délicieux, ainsi qu'un thé, des tasses historiées avec art, des vases imitant la porcelaine de Chine, des services de table et des pièces coloriées. Deux œuvres capitales surtout, une madone et un Christ, étaient d'une haute perfection.

Rappelons aussi les objets d'ornements en terre cuite de M. A. Boni et compagnie, de Milan : ses poêles, ses vases, ses statues ont reçu l'approbation des juges les plus difficiles. Ce qui n'était d'abord qu'un essai artistique chez cet exposant, est devenu plus tard l'objet d'une belle spéculation, et maintenant, plusieurs grandes villes, telles que Milan, Turin, Venise, etc., ont des dépôts des produits de la manufacture de M. Boni.

Selon les indications du docteur Maestri, voici d'où l'on tire, en Italie, les diverses matières premières qui entrent dans la composition de la porcelaine ou de la faïence :

La silice est charriée par le Tessin ; le feldspath vitreux s'extrait de la Vénétie ; les argiles albumineuses pour les faïences et les bouteilles à bière de Borgomanero, Gattinara (Piémont) ; l'argile réfractaire vient de la commune de Lurago (Côme) ; le kaolin de la province de Novare, et les argiles calcaires du lac de Garde ; les carbonates de chaux, les plâtres, les nitrates, les carbonates de soude proviennent de diverses fabriques de la Péninsule.

Du reste, les maïoliques blanches et peintes, la maïolique foncée et veinée, et les maïoliques réfractaires sont autant de spécialités dans l'art de la céramique, qui doivent leurs propriétés à des terres plus ou moins chargées de silice, d'argile ou d'oxyde de fer, comme il s'en présente fréquemment en Lombardie.

De tout temps, la verrerie et la verroterie de Venise ont eu une grande importance. Si les glaces soufflées qui se fabriquaient autrefois dans cette ville célèbre, sur la presqu'île de Murano, ont perdu de leur renommée, il n'en est pas de même des autres articles de verre ; nous en attestons les nombreux établissements qui ont pris part au concours, et citer les Bigaglia, les Dalmedics, les Dalmistro, les Flancini, les Coen, les Lazzardi, les Zecchini, les Marietti, les Tommasi, tous fabricants d'émaux, de rocailles, d'aventurine, d'obsidienne, de verres filigranes, etc., c'est assez dire que cette belle industrie n'est pas près de s'éteindre.

Un des produits principaux des établissements de Venise est la verroterie, la fabrication des perles (*margherite*), ou l'imitation des pierres précieuses.

Ces manufactures d'émaux s'appellent des *conteries*. Il y en a où l'on se borne à produire la matière première ; puis des ateliers spéciaux arrondissent les perles au feu de fours construits à cet effet, tandis qu'en troisième main les *perliers* percent la petite boule et s'occupent de l'orner avec des morceaux de verre de différentes couleurs, qu'ils lui incorporent après les avoir fait fondre à la flamme d'une lampe.

Parmi ces perles artificielles, une des plus remarquables est celle qui a de petits points rouges, verts ou jaunes sur fond noir, et qui forme de délicieux colliers. On peut évaluer à plusieurs millions ce commerce en articles de verroterie que Venise entretient avec le Levant, l'Amérique, les colonies, l'Angleterre et la Hollande. Il ne faut pas croire cependant que la concurrence des pays environnants n'ait pas cherché à s'attaquer à cette espèce de monopole. L'Allemagne et la Prusse ont seules réussi jusqu'ici à produire une verroterie comparable à celle de Venise.

On sait que pendant longtemps les objets de verroterie ont servi, sur les côtes d'Afrique, comme monnaie d'échange dans la traite des noirs.

Parmi les imitations de pierres précieuses qui se font à Venise, il faut signaler l'aventurine artificielle dont MM. Bigaglia et Zecchini ont présenté des échantillons si riches. L'aventurine naturelle est une espèce de quarz jaune-brun tout pailleté d'or, qu'on a trouvé sur quelques points de la France et de l'Angleterre ou en Sibérie. L'aventurine artificielle s'obtient comme un émail ordinaire dans la pâte duquel on mêlerait des cristaux d'or ou de cuivre. Mais c'est ce dernier métal qui est le plus généralement employé.

M. Bigaglia compose des mosaïques avec des lames d'aventurine et des émaux de différentes couleurs, qui seraient admirables si le peu d'épaisseur de l'aventurine ainsi employée ne nuisait peut-être à son éclat. Cette belle matière a été aussi introduite dans plusieurs objets de verroterie ; mais la tentative n'est pas heureuse. Du reste, les tables de M. Bigaglia ont été placées, comme produits hors ligne, dans la grande salle du Palais de l'Industrie, à des places d'honneur. L'ensemble des divers produits de la verrerie présentés par la Société des fabriques réunies de Venise, à part la verroterie, les rocailles, les émaux, embrassait aussi des travaux plus ordinaires et d'un grand mérite ; ainsi les bons verres pour croisées, les globes, les vases, les bouteilles de MM. Marietti, cessionnaires de la verrerie située dans la presqu'île de Murano, établissement où se fabriqua, dit-on, la première glace soufflée.

Rappelons encore, et avec toutes sortes d'éloges, les corbeilles si gracieuses en verre filigrane de M. Tommasi, qui tresse des couronnes de fleurs dans cette substance si fragile et qu'il parvient pourtant à façonner de mille manières.

III.

Il est, dans les expositions de presque tous les peuples d'Europe, un groupe d'industries qui ne manque jamais d'offrir un grand intérêt, par suite de l'influence qu'il a sur le revenu territorial de chaque contrée. Nous faisons allusion aux diverses matières textiles, telles que soies, laines, chanvres, lins, etc.

Ces éléments du travail des manufactures de tissus, à l'état naturel ou après avoir subi un commencement de préparation, sont rarement obtenus en égale quantité et tous ensemble par une seule nation.

Obéissant, à leur insu peut-être, à la loi inviolable des climats, les divers États indépendants se sont fait chacun une spécialité dans une des branches des matières textiles. Tantôt on voit l'empire russe fournir en plus grande abondance les chanvres ; tantôt c'est l'Allemagne qui produit le plus de laines ; tantôt enfin l'Angleterre et la Belgique s'adonnent particulièrement à la culture du lin. La France seule, par la variété de ses climats, parvient à réunir à peu près également toutes les matières textiles sur ses marchés.

Dans les provinces lombardo-vénitiennes, la production de la soie tient le plus de place.

Hâtons-nous donc d'arriver aux expositions des soies gréges et des organsins de ce pays ; mais, auparavant, un mot sur les tissus de laine.

Le travail de la laine a donné naissance à trois grandes spécialités de tissus : celle des tissus foulés ou drapés, tels qu'on les fabriquait anciennement, et qui demandent des laines à fibre courte et travaillées à la carde ; celle des tissus légers et ras non foulés, qui emploie en général des fibres longues préparées au peigne, et enfin les tissus mixtes, peu développés encore, et qui utilisent les laines de moyenne longueur. Chacune de ces trois grandes branches de tissus de laine se subdivise elle-même en une foule de variétés importantes. Ainsi on distingue, dans la draperie seule, les draps unis des articles façonnés ou nouveautés, les draps lisses des draps croisés, les zéphyrs des cuirs-laines, les tissus satinés, ondulés, mélangés, à poils couchés ou tordus, etc.

La généralité de l'exposition lombarde, en ce qui

regarde les tissus de laine, était composée de pièces de drap de trois ou quatre variétés : cuirs-laines, draps nouveautés ou unis d'une excellente confection, et qu'avaient envoyés les fabricants de Schio (province de Vicence). On a beaucoup admiré les casimirs, les draps fantaisie pour pantalons, à bandes brodées, de M. Rossi, ainsi que de belles pièces couleur bronze ou grise de la manufacture de M. A. Garbin.

Annuellement, M. Rossi produit environ 70,000 mètres de drap, et M. Garbin 50,000 mètres. Ces draps ont, en moyenne, une valeur de 8 à 20 fr. Venise et Bergame entretiennent toujours une grande fabrication de bonnets rouges et de draps destinés à la Turquie. On compte aussi, dans les provinces lombardo-vénitiennes, de nombreux établissements où se fabriquent des tapis, diverses étoffes de laine et des draps teints avec des substances colorantes recueillies dans le pays, comme indigo, garance, etc.; mais aucune de ces manufactures n'a paru au concours.

A propos de l'exposition des États sardes, nous sommes entrés dans trop de détails sur l'élève des vers à soie ou sur le dévidage et la filature des gréges et des organsins pour insister encore sur ce sujet. Contentons-nous d'aborder sans préambule l'étude des soies lombardes, qui avaient été placées au Palais de Cristal dans la galerie supérieure du sud, presque au centre de l'Autriche.

On dirait, a fait observer le journal français *le Pays*, que l'empire allemand tient à se faire gloire de cette richesse de production de ses provinces transalpines. Dans l'exposition d'Autriche, la soie grége compte à elle seule près de quarante exposants dont les trois quarts sont Lombards. Et, en effet, la statistique donne aux provinces d'Autriche en Italie une production annuelle de 125 millions de francs pour la soie seulement; le reste de l'Autriche n'en fournit pas un million.

A part une grande médaille d'honneur accordée à la Chambre de commerce de Milan, qui est la ville d'Italie où les affaires avec la France se font sur la plus vaste échelle, les Lombards ont remporté, dans la distribution des récompenses, et pour l'article soieries, dix médailles de première classe, cinq médailles de deuxième classe et cinq mentions honorables.

Les soies gréges et les organsins de la Lombardie marchent à peu près sur la même ligne que les produits similaires du Piémont. Cependant la filature est ici généralement moins parfaite, quoique la matière première en elle-même ait des propriétés identiques comme élasticité et résistance, ce qui en assure toujours l'écoulement à des prix avantageux.

L'agriculture lombardo-vénitienne, a dit la *Revue franco-italienne*, produit plus de cocons que la France. Le revenu net que donne ici la filature est de près de 11 millions de francs, et la soie filée a une valeur de 115 millions. Mais beaucoup de soies lombardes s'exportent sans être moulinées, à l'état grége. Cette dernière préparation leur est donnée en France, en Angleterre ou en Autriche. Ce qui constitue une perte pour le pays de production. Cependant, on évalue à une douzaine de millions le produit net du moulinage.

Parmi les échantillons qui ont figuré avec le plus d'avantage dans le Palais de l'Industrie, on doit mettre en première ligne les belles soies des frères Bettini, de Roveredo ; les organsins de la maison Verza, de Milan, si justement appréciés sur les marchés de Paris et de Londres ; les produits de la filature de la Peschiera, au village de la ville d'Adda, province de Bergame, où les frères Piazzoni entretiennent quatre-vingt-quatre bassines et travaillent 6,000 kilogrammes de soie grége renommée pour la régularité, le brillant, l'extrême netteté, la légèreté relative et la grande élasticité du fil, toutes qualités attribuées tant à l'habileté des chefs de l'établissement qu'à la nature de l'eau de la localité.

Donnons aussi des éloges au magnifique organsin *strafilatissimo* des frères Corti, de Milan, de M. l'abbé Mazza, de M. P. Ronchetti, de MM. Steiner et fils, de Sala ; aux matteaux si brillants et si nets de MM. Ferrari et Lamberti oncle et neveu, de Codogno ; Keppel, de Roveredo ; Querin, de Venise ; Giovanazzi, de Villuta, et enfin aux soies gréges, trame et organsin de MM. Maffio et Rossi frères, de Sondrio ; Magistris, à Udine ; Montagni, à Riva. Dans les provinces de Bergame et de Brescia, de sérieuses expériences ont été tentées pour obtenir une seconde récolte de cocons en automne. Les soies provenant de ces essais sont très satisfaisantes.

Parmi les innovations à mentionner encore, il est bon de rappeler qu'un Milanais de grande maison, M. François Secchi, a inventé la filature à l'eau froide. Ses soies sont brillantes, ses cocons aussi bien dévidés que par l'eau chaude ou la vapeur, et la graine ou la semence des vers à soie, obtenue par les chrysalides restant après le dévidage des cocons, de parfaite qualité.

Les produits du *bombyx cynthia*, ce ver à soie originaire de l'Inde, et que M. le professeur Paolo Savi, de Pise, a répandu en Italie, tiennent aussi leur place dans l'exposition lombarde. Entre autres échantillons, nous citerons les soies de *cynthia* présentées par M. Manganotti, de Vérone, qui sont meilleures que les produits similaires des États sardes, où pourtant l'acclimatation du cynthia est poursuivie avec tant de persévérance.

Si les possessions autrichiennes du nord de l'Italie produisent la matière première, les cocons, la soie grége et l'organsin sur une échelle comparativement plus importante que la France, leurs soies ouvrées, leurs tissus de soie n'ont pas encore la perfection de nos étoffes de Lyon et de Nîmes.

Quoique déchue de sa grandeur commerciale, Venise est encore cependant un grand centre d'affaires, et ses soieries sont exportées en Orient, en Russie, en Autriche, par masses; mais la plupart de ces étoffes se trouvent inférieures sous le rapport de l'éclat des couleurs et de la fabrication. C'est ce qu'on a pu observer avec les soies teintes de M. Michieli, de Venise. Les tissus de soie de Milan appartiennent à une industrie plus parfaite, plus avancée, et l'étalage de M. Ghiglieri et compagnie, fabricants de cette ville, offrait des pièces d'une remarquable exécution, des soies unies et des écossaises blanches et roses, blanches et vertes du meilleur goût ; des pièces moirées et de soie foulard, entre autres, étaient si éclatantes et d'un tissu si uni que les meilleurs fabricants de Lyon ne les eussent pas désavouées. Quant à leurs velours, ils nous semblent loin encore d'égaler les admirables produits de la maison Chichizola, de Turin.

On évalue à une trentaine de millions la valeur des tissus de soie fabriqués dans les provinces lombardo-vénitiennes. Presque tous les articles de Lyon, étoffes pour robes, damas, brocarts, étoffes brochées d'or et d'argent, velours, etc., se confectionnent dans le pays, qui retire de cette élaboration de la matière première un bénéfice net de 7 à 8 millions.

Si nous avons un peu insisté au sujet des soies et soieries, la classe des lins et des chanvres ne réclame de nous qu'un instant d'attention à propos des fils de M. A. Battagia, de Venise, qui réunissent toutes les qualités désirables comme finesse, netteté, régularité. La production en lin et chanvre est assez restreinte dans les provinces lombardo-vénitiennes.

C'est sans doute pour parer à cette défectuosité de la culture que la Société d'encouragement des sciences et des arts, à Milan, avait mis l'année dernière au concours la question de savoir quel traitement convient le mieux au lin dans les conditions spéciales où se trouve placée la Lombardie. Il semble que le climat et la nature du sol seraient ici très favorables à cette plante ainsi qu'au chanvre. On a cherché à suppléer au manque des matières textiles communes en employant les fibres de l'écorce du mûrier. Cette tentative a donné pour résultat de très bon fil que M. Armellini, de Cene, peut vendre à 0,39 centimes le kil.

Les déchets de soie appelés *bourres*, mélangés au lin et au chanvre, sont habilement utilisés par MM. Sovati et compagnie, de Bergame, qui en composent des fils avec lesquels on fait des étoffes toutes nouvelles et d'un assez grand éclat; car la bourre de soie, à part sa propriété de s'unir facilement avec toutes les autres matières filamenteuses, sert tantôt à l'état de chaîne, tantôt à l'état de trame dans de nombreux tissus et dans les articles de passementerie.

La profession de passementier vient de deux mots de basse latinité : *passa*, bord, bordure, parement, et de *menta*, mante, mantel, manteau; elle est très ancienne. Les matières premières de la passementerie sont l'or, l'argent, en faux, en fin, en demi-fin, la soie, le coton : ce dernier s'est complètement substitué au chanvre et au lin. Les galons sont faits avec le métier à la Jacquart.

La passementerie comprend deux divisions principales, le *meuble*, et à ce mot se rattache le garnissage des voitures; et la *nouveauté*, qui comprend tous les ornements pour l'art vestiaire.

Aux industries de la passementerie, de la broderie et des dentelles, on trouvait pour principaux exposants MM. Bellatin, de Venise, dont les remarquables passementeries ont été honorées d'une mention spéciale dans le rapport du Jury des récompenses; tout à côté, cependant, les belles franges et les boutons de soie de la maison Binda, de Milan, étaient aussi recommandables par leur bon goût et leur prix modéré.

Une section de cette classe offrait les intéressants et presque incroyables travaux en broderie de laine de l'institution des Aveugles de Milan; et plusieurs broderies de soie dont nous ne saurions trop faire l'éloge. Ainsi nous citerons spécialement la broderie d'un large dessin de Mme L. Gavotti Ortelli, de Trévise, les voiles si finement travaillés de M. Galbiati, de Milan, et surtout les œuvres admirables sorties de l'établissement des pauvres de Vérone, fondé et dirigé par M. l'abbé N. Mazza. Il est vraiment impossible de peindre avec la soie plus habilement qu'on ne le fait dans cette maison, et une copie du *Mariage de la Vierge*, par Raphaël, est si frappante, qu'à une certaine distance l'œil se laisse surprendre par la richesse de ces teintes suaves et si harmonieusement nuancées que l'aiguille industrieuse de l'ouvrière a ravies au grand artiste. On n'était pas moins frappé aussi de la beauté d'un tulle brodé, imitant un bas-relief antique, d'une élégance et d'une richesse peu ordinaires. Qu'il nous soit permis de faire nos compliments à M. l'abbé Mazza sur ces beaux ouvrages, dignes fruits de sa noble philanthropie.

Un grand dessin de table de salon à figures et dessins en draps de diverses couleurs, découpés et piqués avec de la soie nuancée, figurait aussi dans ce compartiment. Ce travail curieux et original appartient à M. François Nessi, de Como.

Mais hâtons-nous d'arriver aux industries de l'ameublement et de la décoration; et, d'abord, nos félicitations à MM. Oggioni, qui fabriquent des papiers peints à Milan et à Venise. Leurs magnifiques échantillons, au lieu de ressembler aux produits de certaines fabriques où l'on cherche à faire des tableaux en papier peint, qui, du reste, sont assez médiocres, restaient dans les véritables limites de l'industrie du papier. Mais quel bon goût dans le choix des dessins de fantaisie! comme leurs imitations d'étoffes, où la soie, l'or, l'argent, le velours, marient si bien leurs riches nuances, étaient parfaites! Sans contredit, on a rarement vu des papiers peints de cette richesse et de cet éclat.

A côté de ces imitations de tapisseries étaient les meubles lombards, parmi lesquels se faisaient remarquer de belles nattes en couleur de la *Casa della Industria* de Venise, des tables, des secrétaires très élégants de M. Capera, à Venise; une table ornée de marqueterie de M. Foradori, de Vérone, où l'art de la sculpture rivalisait avec les curieuses combinaisons des bois de diverses couleurs juxtaposés avec une rare habileté.

Mais, sans contredit, le chef-d'œuvre de la marqueterie lombarde est sorti des mains des frères Rosani, de Brescia, dont la table en mosaïque de bois n'aurait pas dû être reléguée dans un coin de l'exposition d'Autriche. Ces exposants, pour donner une idée de la manière dont ils traitent la marqueterie, avaient envoyé une rose en mosaïque d'une étonnante perfection. Les mosaïques des frères Rosani se composent à la manière des mosaïques en émaux de Rome, avec la différence que chaque pièce de bois a une certaine longueur, ce qui permet, une fois le travail terminé, de découper cette marqueterie sur son épaisseur, et l'on obtient ainsi, à chaque tranche et très économiquement, une marqueterie aussi belle que la première. La table à laquelle on vient de faire allusion renferme peut-être plusieurs centaines de mille pièces différentes, et l'élégance du pied, l'ensemble du dessin, la richesse des couleurs, la perfection de l'exécution, tout en fait un meuble somptueux et une œuvre d'art.

Dans cette classe figuraient aussi avec avantage des échantillons d'un marbre artificiel composé par M. A. Cristofoli et compagnie, qui arrivent à produire des plaques de cette matière d'une grande beauté et d'un prix très médiocre (1). On remarquait aussi avec curiosité des siéges de jardin en pierre sculptés par un Milanais dans un style qui rappelle certains chapi-

____

(1) Cet ancien pavé mosaïque, appelé *à la vénitienne*, est formé de petits morceaux de marbre réunis par un ciment dont on s'est servi pour paver le dessous de la colonnade du Louvre.

teaux à feuillages dont sont ornées les colonnades de quelques églises gothiques des quatorzième et quinzième siècles. Enfin, un bas-relief exécuté par M. Moglia, professeur de l'Académie de Milan, attirait spécialement l'attention des artistes par l'élégance de ses feuillages d'acanthe, si délicieusement contournés.

Nous clorons la revue de ces divers objets d'ameublement par ce qui a trait aux ouvrages de deux sculpteurs ornemanistes, M. Rossi, de Milan, et M. Isola, professeur à l'Académie de Massa (duché de Modène).

La cheminée de M. Rossi est de style baroque, en marbre noir et blanc. Le buste de S. M. l'impératrice Eugénie se détache en demi-relief d'une sorte de cadre qui surmonte le chambranle et qui, contourné en ovale interrompu, laisse échapper d'une de ses échancrures un petit amour armé d'une flèche. Des feuilles, des fleurs, des ornements de fantaisie joignent la partie supérieure de la cheminée au corps principal, qui porte de chaque côté un joli bambin d'une charmante maestrise; un peu plus bas, sont incrustées deux têtes de Maures. Le centre du chambranle est une arabesque imitant un coquillage, sorte de valve d'argonaute qui, gracieusement découpée en volute, se perd dans le feuillage. Ce travail considérable est d'un effet ravissant.

Mais la toilette de M. Isola est plus belle encore par sa simplicité de lignes, et c'est bien à juste titre qu'elle avait tous les honneurs de l'Exposition, étant placée, par un rare privilége, au milieu du transept, sur le premier plan de l'exposition autrichienne. Que l'on se représente un immense guéridon en marbre aussi blanc et aussi pur que le pentélique, supportant trois glaces ovales dont les cadres en marbre sont formés de feuillages entrelacés; dans l'intervalle de chaque cadre est posée une colombe au repos; sur la table du guéridon sont quatre compartiments destinés aux objets de toilette; puis, tour à tour et détachés, quatre lavabos complètent l'ensemble de ce magnifi-

que meuble, dont le sommet est couronné par un amour
assis sur une sphère. Rien de plus riche, de plus splendide, que cette toilette devant laquelle la foule s'est
arrêtée pendant six mois frappée de surprise et d'admiration; œuvre extraordinaire qui a représenté dignement le duché de Modène à l'Exposition universelle.

Cette rapide revue nous a déjà conduits en présence
de tout ce qui regarde les arts vestiaires dans les provinces lombardo-vénitiennes. Là figurait un vêtement
d'homme complet de M. Fioroni, de Milan, avantageux sous tous les rapports, et par sa coupe distinguée,
et par sa belle étoffe, et par son bon marché; il a obtenu une mention honorable.

Des chaussures de M. Mantovani, de Pavie, se
distinguaient, les unes par leur élégance, les autres
par leur solidité. En général, cette partie du vestiaire
ressemble à nos chaussures françaises. On croirait que
les bottes, bottines, pantoufles de M. Mantovani ont
été confectionnées dans nos ateliers de Paris. Nous
ferons la même observation à propos des chapeaux de
soie de M. Drog, de Venise, qui sont renommés pour
leur légèreté, leur finesse et leur imperméabilité. Le
Jury n'a pas méconnu les excellentes qualités de ces
produits.

M. Locatelli, de Pavie, fait des chapeaux en poil
de lapin, des feutres gris très bien foulés, qui servent
beaucoup aux paysans lombards; ils ne méritent donc
pas d'être oubliés, non plus que les chapeaux de paille
commune des fabriques de Bassano, très répandus
dans la contrée.

Mais dans cette classe l'attention doit se fixer plus
spécialement sur les curieuses fleurs artificielles en
corne de bélier, de M. Ceccato, de Venise, et sur les
fleurs autrement riches et parfaites de l'établissement
fondé par M. l'abbé Mazza, à Vérone, que l'on a déjà
vu exposer des travaux du mérite le plus élevé. Ces
fleurs artificielles, par leur fraîcheur, leur imitation

ο£ de la nature, leur éclat, sont au niveau des broderies
m magnifiques et des soieries produites par la même
n maison.

M. Chitarin, de Venise, dont les ombrelles en soie
chinée formaient un des beaux compartiments de
l'exposition d'Autriche, terminera ce qu'il nous reste
à dire à propos des articles de ce groupe qui se calque
assez sur nos modes nationales françaises. Rien de
plus délicieux que ces ombrelles à franges, blanches
et roses ou bleues et blanches, sorties des ateliers de
M. Chitarin ; aucun article du même genre de l'exposition autrichienne n'a égalé la richesse, le bon
goût et la distinction de ces produits vénitiens. Les
dames s'arrêtaient avec ravissement devant cette vitrine, où tout ce qui y était contenu excitait leur
envie.

Dans les arts du dessin et de la plastique appliqués
à l'industrie, les Lombards n'étaient pas non plus en
arrière. Que l'on se rappelle, pour en être convaincu,
les grandes épreuves photographiques de M. Conti,
de Venise, et surtout celles de l'album de M. Lorent,
exécutées sur papier ciré, et qui reproduisent avec
tant de bonheur les principaux monuments de la reine
de l'Adriatique, tels que l'église de Saint-Marc, le
palais ducal, l'escalier des géants et les palais Foscari
et Justiniani. Quelle douceur de tons ! quelle harmonie
d'ensemble ! Il est à douter que les belles découvertes
de MM. Daguerre et Niepce de Saint-Victor aient en
tout autre pays des imitateurs aussi habiles.

Nous ne saurions aussi donner trop d'éloges aux
vues photographiques du dôme de Milan, par M. Sacchi.

Venise et Milan, nobles villes, avec quel sentiment
de tristesse et de bonheur à la fois n'avons-nous pas
admiré les magnifiques monuments qui les rendent si
belles ! et comme la vue de tant de chefs-d'œuvre dorés par le ciel de l'Italie a réveillé en nous d'émotions
et de souvenirs ! Nous aimerions à nous arrêter de-

vant ce dôme de Milan, cette façade de Saint-Marc peuplée de statues, à contempler ces riches palais de l'Adriatique, aujourd'hui solitaires! Mais le temps nous presse, et nous nous hâtons de ramener le souvenir de nos lecteurs sur les remarquables épreuves lithographiées sorties des ateliers de M. J. Antonelli, de San Marziale, qui a travaillé à ce magnifique ouvrage intitulé les *Monuments anciens de Venise*, dont la typographie de M. Cecchini, de Venise, a imprimé le texte explicatif avec une perfection rare.

Puis, comme œuvres extrêmement curieuses et dignes de l'appréciation des érudits et des connaisseurs, signalons les prières imprimées en vingt-quatre langues et la grammaire en huit langues des religieux méchitaristes arméniens, à San Lazaro (Venise), qui ont obtenu une médaille de première classe.

La justice nous force à ne pas omettre, dans cette énumération, de superbes reliures sorties des mains de M. Ripamonti-Carpano, dont les ateliers, établis à la fois à Milan, à Venise et à Vérone, sont si renommés. Citons encore, parmi les meilleures choses de la plastique, quelques bas-reliefs moulés en plâtre d'après les antiques de Venise par M. Gattei, et des modèles de calligraphie exécutés avec talent par MM. Pavesi et Meriggi, de Pavie.

La revue successive des produits de l'industrie lombarde nous amène enfin à la dernière classe des objets mentionnés sur le catalogue de l'empire d'Autriche : elle embrasse tout ce qui concerne la fabrication des instruments de musique. Ici encore, les provinces vénitiennes ont brillé à la fois par le concours des exposants et par la grandeur des découvertes. C'étaient d'abord, afin de passer du simple au composé, d'excellentes cordes à boyaux pour basses, contre-basses, altos, violons et violoncelles, etc., de MM. Indri, à San Gerolamo (Venise), de MM. L. Venturini, Prinli, de Padoue, Marini, de Vérone. La fabrication des cordes à boyaux est restée longtemps une spécialité pour l'Italie; mais depuis un demi-siècle que cette industrie a été introduite en France, elle y a fait de rapides progrès. Cependant les produits lombards soutiennent, dans ce genre, par leur résistance, leur cylindricité parfaite, la qualité du ton, la transparence et la blancheur, leur vieille réputation, surtout ceux de MM. Indri et Venturini.

L'art du luthier ne peut être négligé dans la patrie des Amati, des Stradivarius, des Garnerius, des Steiner, dont les violons célèbres, par certaines coupes du bois, par le vernis qui le recouvre, et surtout par des tons extrêmement harmonieux, méritent bien le *culte* que leur rendent en quelque sorte les artistes qui les payent des prix considérables.

Comme des instruments d'un beau travail, nous mentionnerons de préférence les violons de M. Foradori, de Vérone, de M. Cerati, à San Benedetto. Les cornets à piston, les trompettes et autres instruments à vent et en cuivre d'un facteur de Milan, M. Pelliti, ont obtenu, par suite de leurs qualités mélodiques, les rapports les plus favorables du Jury d'examen.

Nous ne pouvons clore plus heureusement le cercle de ces matières qu'en constatant les succès obtenus par des orgues qui constituent deux inventions dont les provinces lombardo-vénitiennes ont le plus à s'enorgueillir. Il s'agit de l'orgue reproduisant et imprimant les improvisations et les airs joués, de M. Marzolo, de Padoue, ce qui est d'autant plus utile que les organistes improvisent presque constamment; et de l'orgue *phonocromico* de M. de Lorenzi, artiste amateur de Vicence.

L'orgue est le roi des instruments, car il les renferme tous, et sa puissance, comme intensité de son, peut surpasser celle du plus grand orchestre. Si, comme expression et accentuation, malgré le grand nombre de modifications ingénieuses introduites de nos jours dans son organisme, cet instrument n'avait pu atteindre jusqu'ici les variétés de nuances que doit fournir chaque partie de l'orchestre, il était réservé à un amateur italien de le conduire à cette dernière limite de la perfection.

L'*orgue phonocromico* de M. de Lorenzi avait été réduit à un petit modèle à cause des embarras du transport ; il a eu le privilége, pendant tout le temps de l'Exposition, d'attirer une foule considérable réunie pour entendre les sons merveilleux que son auteur sait lui faire produire. L'artiste a même compté parmi ses auditeurs les plus illustres personnages, et LL. MM. l'empereur et l'impératrice des Français l'ont écouté plusieurs fois avec un plaisir marqué. Comme nous craindrions, par une description trop succincte, de ne pas apprécier dignement cet instrument, nous préférons en emprunter le détail technique à la *Revue franco-italienne*. Voici ce que nous trouvons dans un des numéros de ce journal :

« L'orgue de M. de Lorenzi n'a qu'un clavier d'à peu près cinq octaves, à commencer par le *do* grave jusqu'au *la* aigu ; il a onze registres.

» La méthode de cet orgue est différente de celle des orgues appelées expressives à anches libres, car celles-ci représentent l'effet du soufflet indistinctement sur tout le clavier, tandis que l'orgue phonocromique fait dépendre son expression de l'abaissement plus ou moins possible des touches.

» La propriété principale de cet orgue est de donner aux sons de l'harmonie, du coloris, c'est-à-dire de nuancer la voix par la pression de la touche, de là son nom de *phonocromique*.

» Le clavier agit sur trois points en abaissant la touche légèrement, et jusqu'au premier point on a une note délicate et *piano ;* et en l'abaissant totalement, on a une augmentation de son qui acquiert de l'ampleur en se renforçant par gradation à mesure que l'on comprime le clavier, de même qu'il va brièvement et légèrement en descendant.

» Outre ce moyen d'expression, il y a de plus le

tremblement, c'est-à-dire le battement de voix crois-
sant et décroissant à mesure que la pression de la
pénultième pédale haute est plus sensible. L'effet de
ce jeu est tel qu'il peut mener la note au plus énergique degré de force comme de un à dix, et puis la
faire revenir avec gradation au plus bas, jusqu'à ce
qu'en comprimant une pédale on en obtienne l'extinc-
tion. »

Depuis longtemps l'art de donner de l'expression
aux sons de l'orgue était regardé comme une difficulté
insurmontable. Grâce à l'invention de M. de Lorenzi, rien n'est plus simple aujourd'hui. Il faut sans
doute que l'organiste connaisse tous les effets qu'il veut
produire, qu'il sente vivement, qu'il soit poète; mais
ne sont-ce pas là les premières conditions de l'art mu-
sical en tout pays ?

IV.

Si de nos jours on a pu faire à l'Italie le reproche
que ses arts étaient en décadence, c'est que l'on ne
connaissait pas tout ce qu'exerce de rayonnement fécond ce foyer des plus hautes inspirations, cette
école milanaise qui s'est montrée à l'Exposition de l'a-
venue Montaigne avec une série de tableaux et de
sculptures les plus capables de ramener l'opinion d'une
erreur invétérée, erreur qu'il est temps de détruire.
Sans nul doute, tous ces ouvrages modernes mis en
parallèle avec les immortelles créations d'un Titien,
d'un Raphaël, d'un Corrége, d'un Carrache, d'un Michel-Ange, ne soutiendraient pas la comparaison, car
ce n'est pas en vain que ces hommes sublimes sont
regardés comme les premiers maîtres du monde, et
que de toutes parts les artistes étrangers accourent
s'inspirer des peintures qu'ils nous ont laissées en
héritage et que les musées d'Europe conservent pieu-
sement. Mais quel est le pays où le génie se succède

toujours à lui-même, phénix renaissant de ses propres cendres, et où l'on puisse compter dans une branche quelconque des connaissances humaines une ligne ininterrompue d'hommes tout à fait supérieurs? Quelle est la nation qui n'offre pas en son histoire de la peinture ou de la sculpture de regrettables lacunes, preuve frappante de tout ce qu'il y a d'accidentel dans l'apparition d'intelligences spécialement douées, dont les travaux illustrent une époque, et qui trop souvent passent comme des météores sans laisser de rivaux au ciel de l'art?

Non, l'éclosion du génie est le secret de Dieu, et attendre des œuvres transcendantes de tout artiste, c'est méconnaître les lois de la nature qui, dans le monde des intelligences comme dans le monde des corps, ne procède jamais que par des contrastes; c'est exiger l'impossible. On ne peut raisonnablement demander à une nation que de ne pas laisser se perdre en elle les traditions du passé, et l'opinion doit la tenir quitte de tout autre devoir quand elle entretient aussi bien qu'il lui est possible ce culte du bon et du beau qui, s'il a déjà fait sa gloire dans le passé, peut illustrer tôt ou tard son avenir.

Or, nul pays ne comprend mieux ses devoirs que la Péninsule, et l'empressement avec lequel les artistes milanais ont brigué le concours suffirait pour donner la preuve de leur zèle intelligent, si leurs œuvres ne portaient l'irrécusable cachet d'un talent de premier ordre. Comme, au reste, ceci n'est pas une pure flatterie à l'adresse des Lombards, nos lecteurs n'ont qu'à nous suivre dans ces galeries qui formaient la principale part de l'exposition artistique autrichienne. L'inspiration de l'Italie moderne, de l'Italie vivante, était là avec ses diverses tendances, avec ses écoles aux aspirations quelquefois indécises, mais souvent bien caractérisées. C'est là aussi que nous chercherons à surprendre le secret de ses destinées.

En entrant dans le salon de l'Autriche, à droite,

sous la pénombre formée par la galerie des gravures et des aquarelles, on remarquait une toile de M. Appiani, de Milan, élève de M. Hayez, de Venise; elle est intitulée *Pétrarque à Avignon*. Le poète montre au peintre Simone Memmi, Laure de Stade sortant de l'église, et lui demande son portrait. La tête de Pétrarque est bien brossée; la figure de Laure, d'une douceur délicate, n'exclut pas la fermeté du trait; il y a dans ce morceau une bonne étude de la perspective, la couleur est satisfaisante.

Tout à côté, M. Maur Conconi, grand prix de Venise et de Bologne, présentait des baigneuses surprises, dont le défaut principal est d'être trop ressemblantes entre elles. Une *Jeunesse de Christophe-Colomb*, autre tableau du même peintre, placé au milieu du grand salon, avait infiniment plus de mérite.

Le futur navigateur à qui l'on devra la découverte d'un nouveau monde est assis à l'extrémité d'un promontoire; après avoir longtemps parcouru une carte ouverte à ses côtés, il laisse errer ses regards sur l'étendue des mers. Est-ce bien là le Colomb de l'histoire? quels rêves agitent sa pensée! Nous ne savons; mais la Méditerranée est magnifique ce soir, les vagues se déroulent lentement sur le sable doré du rivage et, le soleil s'incline majestueusement à l'horizon où la vue du jeune homme semble plonger pour y chercher cette Atlantide à laquelle il ne donnera pas son nom.

M. Cornienti, de Pavie, exposait un *Léonard de Vinci* qui montre au duc de Milan, son ami, le fameux tableau de *la Cène*; mais peut-être comme ordonnance du sujet, le *Camoëns mourant à l'Hôtel-Dieu de Lisbonne*, par M. J. Mazza, est préférable à cette toile.

On a admiré dans la *Chaste Suzanne*, de M. Joseph Sogni, conseiller de l'Académie de Florence et de Bologne, un pinceau d'une grande habileté et une connaissance profonde de la manière de certains maîtres, surtout de l'Albane, dont cet artiste s'inspire avec bonheur.

M. Hayez, de Venise, fait école et jouit au-delà des Alpes d'une grande réputation. Ce peintre s'était présenté dans le Palais des Beaux-Arts avec quatre toiles parmi lesquelles nous placerons au premier rang son *Intérieur d'une maison grecque à Patras,* pendant la guerre de l'Indépendance. Voici le sujet : Les Turcs ont pénétré dans la ville et mettent tout à feu et à sang. Les habitants, effrayés, se barricadent dans leurs maisons. La confusion, l'effroi, se peignent sur tous ces visages; on croit entendre les cris des combattants et sentir l'odeur de la poudre. Les balles pénétrant par les croisées du haut, obligent les Grecs à se faire un rempart d'un mur pour recharger leurs armes en sûreté. Dans le fond de la salle, les femmes, les enfants, les vieillards multiplient leurs efforts pour résister à cette attaque. Ils se tiennent tous cramponnés à des câbles qui servent d'arcs-boutants aux portes ébranlées qui sont leur dernier espoir de salut. Dans cette belle scène, si bien comprise et parfaitement rendue, le peintre a obtenu de magnifiques effets de clair-obscur.

Deux autres tableaux du même artiste représentaient *Albéric de Romano,* frère d'Eccelin, tyran de Padoue, lorsqu'il se rend prisonnier avec sa femme et ses enfants au marquis d'Este, et *Bice del Bazo,* sujet tiré du roman historique *Marco Visconti,* par Tomasso Grossi. Ces deux toiles ont des parties excellentes. La couleur et le dessin sont bons, quoique les personnages manquent de souplesse. Les étoffes, de la plus exacte vérité historique, plaisent généralement, mais la perspective n'est pas toujours bien observée.

La quatrième œuvre de M. Hayez, la *Dame vénitienne qui se venge de sa rivale,* a toutes les qualités du maître, moins quelques-uns de ses défauts. Il y a du faire, du mouvement, de l'expression dans ce morceau. La pensée suit ce drame muet malgré toute sa rapidité d'action, et devine le motif qui fait porter précipitamment cette main de femme à son poignard, tandis que le gracieux domino s'enfuit en riant sous son masque de sa vengeance satisfaite.

C'est là vraiment une œuvre supérieure et qui est digne de la réputation du peintre vénitien.

Que d'expression et de sentiment dans la *Jeune Italienne émigrée* pressant sur son cœur les couleurs nationales, par M. Appiani! On éprouve aussi un grand plaisir à donner des éloges à la *Vieille glaneuse de la Cervara*, par M. Ferdinand Galli, de Milan. Cette étude est large, vivante, originale.

M. J. Molteni, de Milan, avait une *Mendiante* traitée dans le genre de Murillo et qui faisait beaucoup d'impression; il est à douter même que la *Délaissée*, du même artiste, exerçât un tel empire sur le public, quoique la peinture de cette dernière toile fût en elle-même plus soignée au point de vue de l'exécution matérielle.

Nous voici en présence des œuvres du premier peintre de genre de la Lombardie. Nous appelons de ce nom M. Dominique Induno, qui marche, dans un même ordre d'idées, avec M. J. Induno, son frère. Leurs œuvres à eux deux sont si nombreuses qu'elles mériteraient une étude à part. Mais les cadres de notre travail se refusent à tout essai de cette nature.

On peut faire cette remarque à propos de M. Dominique Induno, que ses compositions respirent une honnêteté, une franchise, un quelque chose de bon, de moral, bien rares à rencontrer. Ce n'est pas à la pensée du spectateur, à son esprit que s'adresse l'artiste, c'est par le cœur qu'il cherche à vous émouvoir, et il y réussit presque toujours. Il est poète avant d'être peintre, et si ses sujets de prédilection sont les enfants ou les vieillards, il sait leur donner un caractère particulier. On ne trouve dans son pinceau ni la bonhomie, la jovialité, la rusticité de l'école flamande, ni la désinvolture, la gaîté, l'esprit des artistes français, ni la verve comique et railleuse, l'*humour* des Anglais. Ses œuvres, pleines de détails, d'observations, peuvent commencer à faire sourire ; mais elles achèvent toujours par vous faire penser.

Dans le *Rosaire*, par exemple, voilà une vieille femme assise dans son grand fauteuil, qui prie, entourée de deux petites filles. Certes, on ne pouvait choisir un sujet plus simple, et cependant on est ému du calme et de la bonté que respire la figure de cette grand'mère. Puis, quelle expression dans la tenue de ses enfants si sérieuses et d'une piété si naïve !

La *Quête*, autre tableau du même artiste, réunit toutes les qualités du peintre, mais à un degré plus éminent encore s'il est possible. Ici le pinceau est d'une fermeté remarquable. Les jeux de la lumière sur ce pêle-mêle d'intérieur sont reproduits avec une verve, un laisser-aller charmants.

Le *Pain et les Larmes* (*Pane e Lagrime*), est tout à fait dramatique. Ce tableau représente une jeune ouvrière en dentelles qui, réduite à la misère, brisée par la maladie et sans force pour accomplir sa tâche de la journée, regarde dans un moment de découragement une image de la Vierge collée à la muraille. Comme la résignation, peinte dans ce regard éteint, est sublime ! Quelle prostration morale et physique dans toute cette jeune personne, à qui un pauvre enfant, sa sœur sans doute, à la figure émaciée, semble en vain demander un morceau de pain ! Cette scène est navrante et d'un tel effet qu'on ne peut la contempler sans éprouver une émotion qui arrive aux larmes.

Citons encore de M. Dominique Induno plusieurs toiles intitulées les *Contrebandiers*, la *Douleur du soldat*, etc.

Les ouvrages de M. Jérôme Induno ne sont pas moins remarquables que ceux de son frère. Toutefois, ils tiennent davantage de l'école flamande. C'est une étude de maître que la toile des *Musiciens*; la vie

est prise là sur le fait, et jamais *Bohéme* plus hon-
nête et plus caractéristique ne posa devant un
artiste. Le *Vieil aveugle* jouant du violon, qui demande l'aumône, est aussi un de ces tableaux comme
on en voit peu.

La *Cuisinière* semble étudiée avec plus de soin ;
la couleur en est d'une fermeté qui n'exclut ni la finesse du trait ni la perfection des détails. Quant à la
Scène militaire, où est représenté un groupe de trois à
quatre soldats piémontais, debout sur un mamelon
et se battant en désespérés, elle est belle, elle est
imposante. Ces braves sont de véritables héros ; ils
succomberont infailliblement, écrasés par le nombre ;
mais ils tomberont noblement.

Une des plus belles toiles du Salon autrichien appartenait à M. Angelo Inganni, de Milan. Le livret
la cite avec ce titre : une *Fête nuptiale* pendant la
nuit dans un village aux environs de Brescia. Le jeu
des lumières, l'entrain des musiciens et des danseurs,
les débris du festin où les vieux parents sont restés
encore pendant que quelques jeunes gens courent à
la danse, tout est traité supérieurement.

Mêmes éloges sont dus à M. Hippolyte Caffi, de
Venise, pour son *Carnaval à Rome*. Cette vue du
Corso, le soir du Mardi-Gras, est magnifique. Ce sont
bien là les mille torches enflammées qui, dans ce jour
de folie, sillonnent cette belle rue toute bordée de palais. Que de monde aux balcons, que d'équipages à la
file et de galantes intrigues nouées et dénouées sous le
masque ! Un coup de canon, tiré du château Saint-
Ange, suffira pour replonger tout dans l'ombre et le
silence.

Réparons ici une erreur commise au préjudice de
M. Hayez. A part ses tableaux cités plus haut, le
peintre vénitien a exposé trois portraits. Le sien, surtout, est très remarquable, et de toutes les façons supérieur aux deux autres, qui ne semblent pas finis, et
où même la couleur laisse à désirer.

En dehors des peintures historiques ou de genre,
l'école milanaise comptait deux marines, de M. Louis
Ricardi : l'une, la *Lanterne de Gênes*, est une vue
consciencieusement faite du phare de cette ville ; l'autre, le *Navire doublant le cap Horn*, a singulièrement plu à certaines personnes. Nous nous rappelons
encore les reflets du brisement des vagues mouton-
neuses sur les rochers verdâtres, et cet horizon qui se
confond avec le ciel, où s'amoncèlent des nuages pré-
curseurs de la tempête.

Citons encore une *Vue du lac de Brientz*, par
M. Prinetti, de Milan, et des. études de M. Louis
Bisi, représentant les beaux *Monuments sépulcraux
de la maison de Savoie*, dans le chœur de l'église de
Brou, à Bourg-en-Bresse, ainsi que l'*Intérieur de la
cathédrale de Milan*. M. le chevalier Bisi a quelque
chose d'onctueux dans le pinceau, qui se marie parfaitement avec l'expression religieuse qu'il donne à ses
ouvrages. On ne peut mieux rendre le calme du sanc-
tuaire, la hauteur des voûtes, la silhouette des piliers,
les rayons descendant des vitraux, les ombres portées
et les clairs-obscurs qui s'entre-croisent sur les dalles
de la grande basilique. Les beaux mausolées taillés
dans le carrare et élevés à la mémoire des princes de
la maison de Savoie doivent aussi avoir cette blancheur jaunâtre, cette teinte d'ivoire, inévitables effets
des années.

Terminons cette revue des principales peintures lombardes en donnant une mention méritée aux fleurs et
aux fruits remarquables de M. Louis Scrosati, de Milan, et passons à la sculpture, quoique dans une énumération si rapide nous n'ayons cependant pas cité
d'excellentes gravures de M. Bisi, la jolie aquarelle
intitulée l'*Eau miraculeuse*, de M. Mazzola, de belles
miniatures de M. François Medici, de Bologne, entre autres l'*Ange*, d'après le Pérugin, et le portrait de
Mme Lebrun, et enfin une très bonne lithographie de
M. Fanoli, de Venise, représentant une étude de bain

grec que cet artiste a orné des statues de Canova re-
produites d'après les modèles existants à Passagno,
patrie du célèbre sculpteur.

La sculpture, la partie la plus élevée de l'art italien contemporain, brille surtout dans l'école milanaise, que des maîtres d'un mérite éminent sont en
voie de rendre une des plus célèbres de l'époque.

Il y a quelque chose de caractéristique, et nous dirons presque de national dans leurs œuvres. Un souffle
tout moderne anime ces marbres taillés dans le carrare, et malgré le peu de goût de notre temps pour la
sculpture, malgré la difficulté de trouver des modèles,
les exigences de nos mœurs et l'extrême division des
fortunes qui sont souvent insuffisantes à récompenser
dignement les labeurs des artistes vivants, ceux-ci
n'en persévèrent pas moins dans leurs tentatives, et
arrivent, à force de travail, d'étude ou plutôt d'intui-
tion, à produire des ouvrages d'une incontestable supériorité.

Une salle tout entière du palais des Beaux-Arts
avait été consacrée à la sculpture lombarde, tant était
grande l'affluence des exposants, et encore plusieurs
de ces œuvres, les principales, étaient détachées dans
les galeries de peinture, où elles occupaient des places
choisies; par exemple, le *Guddo*, de M. le marquis
Della Torre, l'*Adam et Ève*, de M. Pierrotti, etc. Ce
groupe en plâtre d'*Adam et Ève* est traité avec une
vigueur et une franchise remarquables ; au premier
coup d'œil, cependant, le modelé de ces deux corps
nus et si admirablement charpentés paraît un peu
maigre. L'épaisse crinière du lion, taillée à grands
traits, absorbe peut-être quelque chose de cette ampleur de formes qu'on est habitué à demander au cou-
ple divin. Mais un examen plus attentif fait bientôt
apercevoir le spectateur des beautés vraiment supérieures que renferme cette composition.

On a beaucoup admiré aussi, de M. Pierrotti, un
marbre non encore terminé, mais qui révèle un talent

de premier ordre, c'est *Un sauvage attaqué par un boa* ; le malheureux Peau-Rouge, étreint dans les nœuds du serpent qui brise ses os et le couvre de morsures, jette des cris horribles et cherche à écarter l'animal de son cou sanglant.

Cette scène effrayante est sculptée avec une puissance et une audace étonnantes. Ce sauvage rappelle le *Laocoon* ou le *Marsyas*.

Le *Gaddo* de M. le marquis Della Torre ornait le salon de peinture des États romains. Ce pauvre fils d'Ugolin, qui se tord sur le plancher de sa prison et, appuyé sur un coude, lève les yeux au ciel en pleurant de misère et de faim, est extrêmement dramatique. Les proportions de ce corps exténué sont fidèlement observées, et la charpente osseuse est rendue avec une véritable science anatomique.

Du *Caïn*, de M. Caietan Motelli, de Milan, on n'a qu'à dire que cette étude de modèle, malgré sa pose théâtrale, manque d'inspiration. Sa statue de l'*Épouse du cantique des cantiques*, placée au milieu de la galerie de peinture, est infiniment préférable, quoique peut-être un peu trop maniérée. Mais le souvenir biblique respire en ce beau marbre si gracieux de la belle vierge de Juda, couronnée de fleurs, aux yeux plus doux que ceux de la gazelle, et qui tord ses belles mains dans un mouvement plein d'impatience et de désirs.

La *Communiante voilée*, de M. Motelli, a eu le privilége d'exciter beaucoup l'attention de la foule, muette de surprise devant ce voile de marbre qui flotte sur le visage de la jeune fille en prières, sans pourtant cacher aucun de ses traits, comme ferait le tissu de gaze le plus transparent. C'est un vrai tour de force. Au reste, il faut reconnaître qu'en général on ne trouve nulle part des sculpteurs plus habiles, au point de vue de l'exécution matérielle, que les artistes italiens.

Payons encore un tribut d'éloges bien mérités à la

Folle par amour, au buste de la *Prière*, de M. A. Galli,
à la *Vierge chrétienne* de M. Argenti, de Viggiu
(province de Côme), à M. F. Manfredini, de Bologne,
pour sa charmante sculpture de *Narcisse*, œuvre remarquable qui ne pèche que par quelques défectuosi-
tés du marbre, à M. Menisini, de Milan, dont la statue de la *Pudeur* est délicieuse comme gestes, expression, contours et même indécision de lignes.

M. Pelloli, de Bedero (province de Côme), nous
remet en mémoire une fable de La Fontaine :

> Deux coqs vivaient en paix, une poule survint,
>   Et voilà la guerre allumée.

Les deux coqs de M. Pelloli sont furieusement ani-
més à ce combat qui ferait pâmer d'aise un Chinois ou
un habitant de Java, et si l'on admire l'acharnement
féroce des belliqueux volatiles, on n'est pas moins
surpris de ces reflets de plume, de cette légèreté que
le marbre sait prendre sous le ciseau du sculpteur.

La *Méditation*, par M. A. Rossi, de Milan, buste
en marbre d'une belle exécution, l'*Enfant Jésus* dans
une corbeille de fleurs, de M. Cacciatori, de Carrare,
sont aussi des œuvres très distinguées. De ce dernier
artiste, c'est toujours avec bonheur que nous rappelons le groupe appelé la *Surprise agréable*. Cette
charmante jeune femme, accroupie dans une pose ravis-
sante, et montrant à l'enfant qu'elle tient sur ses genoux un nid rempli de passereaux, vers lequel il tend
ses petits bras potelés, ne sortira pas de longtemps
de notre souvenir. Quel bonheur calme et doux respire cette jeune mère, et comme le désir de la possession se peint sur la physionomie souriante et gracieusement avide du bambin !

M. Antoine Bottinelli exposait une *Armide abandonnée*, aux traits pleins de désespoir, de haine et
de passion. Auprès de ce marbre était placé un délicieux enfant dormant, de M. Colombo, de Milan ;
puis, tout à côté, venaient les œuvres des trois plus
grands statuaires de la Lombardie : MM. Magni,

Vela, Fraccaroli. C'est par l'examen de ces sculptures
que nous terminerons cette étude.

Occupons-nous d'abord de M. Magni. L'apport
de ce sculpteur était considérable dans la Galerie
lombarde ; le talent éclectique de l'artiste lui permet-
tant d'embrasser à peu près tous les genres de sculptures.

Un *David lançant la fronde* attirait le premier les
regards. Ce David, trop jeune peut-être, à la figure
grave, aux traits fortement accentués, qui, la fronde à
la main, se prépare à briser la tête du Philistin, est
fièrement planté ; son torse, modelé avec art ainsi que
ses jambes, ont une fermeté, une musculature remarquables ; le bras droit, tendu et prêt à faire tournoyer
la fronde ; le gauche, posé en avant dans l'attitude
d'un homme en défense, tout, dans ce fils de Juda,
concourt au grand acte qu'il va accomplir.

Comme contraste, à côté de cette exposition de la
force et de l'héroïsme, voici deux statues de femmes : l'une mignarde, chiffonnée, en costume de
marchesina, prise au déshabillé, le soir après le bal,
souriante et mutine, en jupon court et en souliers de
satin ; l'autre, un vrai chef-d'œuvre, nue, attachée à
un rocher, aux contours harmonieux, les yeux baignés
de larmes, palpitante de honte, d'effroi, comme devait être Angélique lorsque Roger la délivra.

Un peu plus loin était placé le *Socrate*, du même
sculpteur. L'Athénien, debout au milieu du théâtre,
drapé dans son manteau, avec ce quelque chose de
grand, de supérieur dont rayonnait son visage cependant si peu régulier, écoute sans trouble les plaisante-
ries d'Aristophane. La foule le regarde, mais lui regarde la foule avec ce sourire railleur qui lui était
familier et cette assurance que peuvent seules donner
une conscience pure et une haute raison. La main
droite du sage s'appuie avec une extrême aisance sur
le rebord de la stalle. Quant à ses pieds, d'une admirable perfection, ils sont nus.

Quoi qu'on en ait dit, et malgré toutes les critiques, nous le constaterons, car nous en avons été le témoin oculaire, le public, pendant toute l'Exposition, s'est constamment arrêté et longtemps devant ce plâtre, et si quelques personnes ont pu trouver à redire aux draperies du *Socrate*, beaucoup ont reconnu à cette statue un mérite autrement précieux que ce léger défaut. Ce mérite, c'est de frapper le spectateur et d'agir sur sa pensée. Pour nous, quand nous l'avons aperçu pour la première fois, il nous est apparu comme le résumé de toute une époque historique. Or, une œuvre médiocre n'est pas susceptible de faire une pareille impression. Oui, il y a de l'art et de l'inspiration dans ce plâtre si simple et si saisissant. C'est bien là la douceur d'expression, le côté modéré et réellement supérieur de la société grecque. Socrate, le philosophe, l'homme de tant d'esprit et de bon sens, l'ami d'Alcibiade, ne pouvait être autrement, et c'est bien le maintien gracieux, élégant et décidé que son caractère naturel, sa recherche constante du bien et la fréquentation de toute la jeunesse dorée d'Athènes lui donnait, même à son insu, et sous les vêtements les plus modestes.

Le Jury des récompenses s'est montré trop sévère envers M. Magni, et le *Socrate* et l'*Angélique* ne méritaient pas un oubli absolu.

M. Fraccaroli, de Milan, est plus académique dans sa manière, plus classique ; il marche sur les traces de Canova.

Son œuvre capitale était un *Achille blessé*, statue colossale qui tiendrait sa place dans un musée d'antiques.

Le fils de Pélée et de la déesse conduisait à l'autel la fille de Priam, lorsqu'une flèche de Pâris est venue lui percer le talon, seule partie de son corps qui fût vulnérable. A cette sensation mordante du fer dans la blessure, Achille s'arrête ; sa main, qui a laissé échapper sa chlamyde, s'appuie sur un cippe, et le corps à demi ployé sur lui-même, il retourne la tête pour regarder couler son sang. Le modelé de ce corps magnifique, le naturel de la pose, la vérité de cet étonnement mêlé de colère qui se peint sur le visage du héros, la beauté d'exécution des moindres détails, fait de ce marbre un admirable chef-d'œuvre, bien digne assurément de la médaille de première classe qu'il a remportée.

M. Fraccaroli n'a pas été heureux dans l'envoi de ses ouvrages à Paris : une des plus belles statues de son atelier, *Ève après le péché*, a eu les jambes brisées dans le trajet; cependant on a pu apprécier la beauté de cette composition par les fragments qui sont restés intacts et par une épreuve de photographie qui reproduisait la statue entière.

Ève vient de couper une branche de figuier pour s'en faire une ceinture; le regret et la honte se peignent sur ses traits affligés; elle baisse la tête peut-être en entendant la voix de Dieu qui l'appelle, sous les bocages d'Eden; ces traits si purs, cette ampleur de formes, cette vigueur de constitution, en un mot, cette splendeur de la beauté matérielle, vont bien à notre première mère, et l'imagination ne la comprend pas autrement.

M. Fraccaroli exposait aussi deux petits groupes fort jolis ; l'un, le *Dédale attachant des ailes à Icare*, est travaillé avec un art et une patience extrêmes ; l'autre, inspiré par un souvenir plus touchant, représente *Atala et Chactas* surpris par l'orage au milieu des forêts du Nouveau-Monde. Le beau sauvage presse sur son cœur Atala effrayée et ravit à sa bouche le premier baiser. Ce passage de Chateaubriand a été rendu d'une manière admirable par l'artiste ; la passion respire dans ce Chactas tremblant d'émotion et de désir.

Fermons le cercle de notre revue des ouvrages des provinces lombardo-vénitiennes par l'examen d'une de ces créations qui, pour n'être pas d'irréprochables chefs-d'œuvre, ne font pas moins date dans l'histoire artistique d'un pays.

Il s'agit du seul marbre que M. Vincent Vela, de Milan, ait exposé dans le Palais des Beaux-Arts ; il s'agit du *Spartacus*.

L'esclave révolté est représenté au moment où, venant de briser ses fers, il se précipite par un irrésistible mouvement de haine sur ceux qui veulent l'arrêter ; sa main droite menaçante brandit le glaive dans un geste magnifique, et son bras gauche, le poing crispé et en avant, se serre contre ses flancs comme pour y retenir toute la puissance de son souffle et donner plus de force à l'acte violent qu'il va accomplir. Les muscles de tout le corps tendus, les veines du cou gonflées, le front contracté, les lèvres frémissantes, les yeux farouches, tout donne à ce marbre une expression de férocité qui nuit peut-être à l'effet qu'en attendait l'artiste, car la demi-retenue dans la manifestation de la force est plus saisissante que le déploiement d'une violence sans bornes.

Cependant il y a une expression, un mouvement étranges dans ce colosse effrayant, et lorsque le ciseau du sculpteur se modérera, il enfantera des œuvres réellement sublimes, car, selon les superbes paroles d'un grand maître, le marbre tremble réellement devant lui.

Tel est l'ensemble des produits agricoles ou manufacturiers et des œuvres artistiques que les provinces lombardo-vénitiennes avaient présentés au concours de 1855.

DES

ÉTATS PONTIFICAUX.

C'est une douce satisfaction pour nous de pouvoir embrasser dans le cercle de ces études sur l'Italie, l'exposition des États romains ; car, tout en remplissant une tâche que nous considérons comme un devoir, nous allons trouver l'heureuse occasion de déposer aux pieds du vénérable pontife qui occupe si dignement la chaire de saint Pierre l'expression d'un pieux hommage et de notre respect le plus profond.

Quelle que soit la faiblesse de nos écrits, puisse donc notre intention être jugée avec indulgence par celui dont la vaste sollicitude, tout en se portant avec ardeur à l'accomplissement d'une divine mission, ne néglige pas de veiller sur la propriété matérielle de son royaume ! Puisse notre voix prouver aussi à ceux qui doutent du développement industriel et artistique des États de l'Église, que cette contrée, au lieu de répudier, comme on l'en a accusée, aucune des conquêtes de la science moderne, sait les apprécier à leur juste valeur et les appliquer avec une intelligence qui se manifeste hautement dans les diverses productions que nous allons passer en revue.

Les produits des États romains (1) se trouvaient

------

(1) Quelques exposants napolitains ayant placé leurs produits dans les compartiments des États romains, nous les examinerons au fur et à mesure qu'ils se rencontreront sur nos pas dans le

divisés, d'après la classification adoptée généralement pour tous les peuples, en deux groupes principaux : l'un dans l'Annexe du bord de la Seine, occupant un espace de 307 mètres carrés, et embrassant la plupart des matières premières et des objets fabriqués ; l'autre dans le Palais principal. Ce dernier groupe était composé des divers genres de tissus et de matières textiles, et de quelques œuvres d'art.

Sur ce compartiment de 164 mètres de surface flottait le drapeau romain, à côté des armes du Saint-Père, brillant au haut d'une tente splendide, destinée à protéger les chefs-d'œuvre de l'orfévrerie et de la mosaïque romaines.

Certes, il était difficile à l'honorable commissaire pontifical baron du Havelt, de déployer une magnificence de meilleur goût, pour produire d'une manière convenable aux regards des visiteurs des ouvrages réellement sans rivaux. Aussi devons-nous constater que cette tente aux riches décors tranchait sur la physionomie purement commerciale des expositions des autres peuples : le compartiment romain avait l'air d'un musée.

Afin de procéder par ordre dans l'étude que nous allons entreprendre, nous diviserons notre sujet en deux parties : l'industrie, y compris l'agriculture ; et les arts, qui doivent renfermer aussi la mosaïque romaine.

INDUSTRIE ET AGRICULTURE.

L'art des mines et la métallurgie figurent en tête de la classification officielle suivie par la Commission impériale ; mais dans l'exposition romaine, les produits de cette nature n'étaient presque pas représentés. Sans doute, nous savons combien il est difficile, par

cours de nos explorations, tout en regrettant de nouveau que le gouvernement des Deux-Siciles n'ait pas pris une part officielle au grand concours de 1855.

des échantillons détachés, de donner une idée quelque peu précise des richesses minérales d'un pays ; mais du moins, une collection de ce genre a cela de bon qu'elle guide l'observateur dans ses recherches statistiques et permet d'établir approximativement la base des ressources extractives d'une contrée. Or, il était si facile à certains colléges romains, dont les bibliothèques sont remplies de superbes collections minéralogiques, d'en détacher, à l'exemple des instituts de Turin et de Florence, tous les divers échantillons de roches, de minéraux et de fossiles qui regardent le centre de l'Italie. Heureusement, la chaîne des Apennins, si riche en minéraux divers, est d'une composition identique, soit du côté de l'Adriatique, soit sur le littoral de la Méditerranée, et l'exhibition toscane a rempli ce vide dont se plaignait la science.

Mais, sur les deux parties des Apennins, l'industrie étant pratiquée d'une manière différente, c'est ici qu'il faut déplorer surtout la négligence des Romains.

Pourquoi, par exemple, n'a-t-on pas exposé, en ce qui se rapporte à l'art des mines, des échantillons de soufre, dont on fait annuellement un commerce de 600,000 fr.; des échantillons de sel, soit gemme, soit produit par les salines de la Marta, de la Cervia, qui donnent au fisc un revenu de près de 7 millions ; des spécimens des roches exploitées dans le pays, entre autres de ce fameux travertin dont sont bâtis les plus vieux monuments de la ville éternelle, et de ces marbres rouges d'Orvieto, et de ces calcaires dits palombins d'Ancône, dont on fait une exportation considérable? Les albâtres, les gypses, et surtout les pouzzolanes servant à fabriquer ce fameux ciment romain qui jouit d'une réputation si ancienne et si méritée, n'étaient-ils donc pas dignes de figurer dans ce compartiment?

Nous avons à signaler pareille indifférence à propos de tout ce qui a trait à l'industrie métallurgique, et ce-

pendant, pour un seul métal, le fer, par exemple, ne
compte-t-on pas plusieurs manufactures importantes
dans les provinces de Viterbe, de Bologne, de Spo-
lette? Et s'il n'est pas besoin de rappeler les clouteries de Terni, de Lugo, de Castelle-Ronciglione, les
tréfileries de Rome et de Rivoli, le commerce n'ignore
pas qu'il se fabrique des limes très estimées à Sellano,
des aiguilles à Assise et dans Urbin, des épingles à
Bologne, etc.

Dans la section qui nous occupe, nous n'avons à citer que des sables quartzeux qu'on recueille sur les
bords de l'Adriatique, et dont on se sert pour le polissage des métaux ou des pierres dures. Plusieurs
exposants romains se livrent à l'exportation de ce
produit, dont le prix de revient est presque nul. Ce
sont MM. Martinori, de Rome, et M. Antoine Orsini, d'Ascoli. Mais ce dernier prépare plutôt des carbonates de chaux que l'industrie emploie avantageusement, en Italie, à la place de l'émeri. Nous n'avons
pas besoin de rappeler ici que l'émeri est de la poudre
de corindon mêlée avec de l'oxyde de fer, qui, par sa
dureté, permet de polir les glaces, les cristaux, les
marbres, les métaux et les aciers Dans les flacons
qu'on appelle bouchés à l'émeri, on use, à l'aide de
cette substance, le bouchon dans le col même du
vase, de sorte qu'il ferme hermétiquement.

Le produit réellement hors ligne de ce compartiment se composait de deux superbes blocs d'alun de
roche, chacun de 1 mètre d'épaisseur sur 38 centimètres de diamètre ; ils avaient été expédiés à Paris par
S. Exc. Mgr Ferrari, ministre des finances des États
romains. Ces volumineux stalactites proviennent des
mines de la Tolfa, près de Civita-Vecchia, exploitées
par l'administration pontificale, qui en tire un revenu
d'environ 100,000 fr. L'alun naturel de la Tolfa,
comme ceux de la Toscane ou de la Hongrie, est très
renommé dans le commerce, et préféré, à cause de sa
qualité supérieure, aux aluns artificiels fabriqués au-

jourd'hui en Europe ; car on sait que le commerce compte plusieurs sortes d'aluns à base soit de potasse, soit d'ammoniaque.

C'est de l'alunite roche naturelle, qui est un sous-sulfate d'alumine combiné avec du sulfate de potasse, qu'on retire l'*alun de Rome*. Comme l'alunite n'est pas soluble à l'état naturel, on la soumet à un grillage qui délite la roche et permet d'en faire une sorte de pâte que l'on délaye dans l'eau, d'où l'on extrait l'alun, après clarification et évaporation suffisantes de ces eaux de lavage.

L'*alun de Rome* se cristallise en cubes. Pour obtenir ces deux magnifiques stalactites, on a dû faire longtemps égoutter des eaux fortement saturées d'alun à travers des claies et donner à la stalactite une base considérable.

Nous le répétons, l'alun romain était sans rivaux à l'Exposition universelle.

A la suite de ces matières minérales, venaient quelques échantillons des produits du sol cultivé ou non.

Le versant oriental de la chaîne des Apennins est plus froid que celui de la Toscane. On y rencontre beaucoup de forêts en pleine exploitation, principalement du côté de Ferrare et de Bologne ; un peu plus bas, vers les frontières du royaume de Naples, le pays devient très aride et les montagnes sont déboisées. Le gouvernement romain s'occupe avec un soin tout particulier de la question forestière, si importante en Italie. Nous lisions dernièrement sur un journal qu'en dehors des propriétaires qui opèrent des reboisements, les plantations exécutées annuellement par l'État ne s'élevaient pas à moins de 200,000 plants de plusieurs essences, dont la Société d'agriculture de Bologne et M. Badini, de Ferrare, nous avaient envoyé de curieux échantillons.

La collection bolonaise renfermait cinquante-six espèces d'arbres et d'arbustes, comprenant les bois de construction, tels que le chêne, l'orme, le noyer, le pin, l'aune, le frêne, etc.; les essences plus exclusivement destinées au chauffage, comme le hêtre, le charme, le bouleau, l'accacia, etc.; et enfin, les bois habituellement employés par l'ébénisterie, la marqueterie, la tabletterie ou la tonnellerie, qui se rencontrent en grand nombre dans le centre de l'Italie ; parmi ces dernières espèces, on distinguait le buis, le poirier sauvage, le cerisier, le pommier, l'érable, le laurier, le citronnier, le châtaignier, etc., etc. La plupart de ces spécimens, choisis avec soin, avaient été vernis pour faire connaître le parti que la menuiserie peut en tirer.

La collection du chevalier R. Badini, de Ferrare, ne comprenait que des échantillons sous leur écorce, pris dans le bois de la *Mesola*. On y a remarqué certaines espèces inconnues en France, comme le micocoulier, le savonnier panicule, l'hysope et autres qui appartiennent davantage à notre climat. C'est avec plaisir, par exemple, que nous avons revu le tamarix de Narbonne, qui borde presque tous nos champs, et dont la racine peu avide, l'aptitude à croître sur les terrains salés, le port élégant et les grappes de fleurs purpurines ou blanches, au suave parfum, se recommandent vivement à l'attention des agriculteurs qui habitent les côtes maritimes de la Méditerranée ou de l'Adriatique. Le tamarix sert, dans le midi de la France, soit à combattre les empiètements de la mer, en utilisant les plages arides, soit à servir de rempart contre les amas de sable que les vents entraînent loin du littoral. Comme les terrains humides lui sont favorables, on le verrait se multiplier rapidement dans les Maremmes et les Marais-Pontins. Ses cendres donnent beaucoup de potasse.

M. Boccacini administre, dans la province de Ravenne, la plus belle forêt qui existe en Italie. Elle appartient au gouvernement pontifical. Le *pin-pignon*, dont elle est généralement plantée, est un des arbres du midi de l'Europe qui s'élèvent à la plus grande hauteur, ce qui rénd cette essence précieuse pour les constructions navales. Ce pin produit en outre une pomme d'où l'on extrait une amande délicieuse que l'on emploie dans la confiserie ou qui sert à fabriquer de l'huile.

M. Boccacini fait un commerce de plus de 100,000 fr. d'amandes de pin-pignon. Ses échantillons étaient les plus beaux que l'on pût voir. Ils surpassaient même en qualité ceux du grand-duché de Toscane et du Portugal.

Parmi les produits obtenus du sol par culture, nous avons aussi à signaler quelques expositions fort belles, si elles sont peu nombreuses, de céréales, de riz, de chanvre, etc.

En général, l'agriculture romaine peut se diviser en plusieurs catégories : celle des provinces du Nord, qui occupe des terrains d'alluvion arrosés, humides, aux grasses prairies naturelles, et où l'élève des bêtes à cornes est assez pratiqué ; et l'agriculture de la campagne romaine, qui tient beaucoup de la vie pastorale, car la *malaria* chasse les populations des Marais-Pontins, où paissent de nombreux troupeaux de ces buffles aux larges cornes que les tableaux de Léopold Robert ont popularisés en France.

Comme intermédiaire, la petite culture domine sur le sol cultivé dans les autres provinces. Nous disons sol cultivé, car sur beaucoup de points de ce sol si fertile, les bras manquent tout à fait, et c'est grand dommage. Avec quelques efforts, des capitaux et un bon choix de procédés et d'instruments agricoles, les États pontificaux pourraient jeter sur les marchés d'Europe d'énormes quantités de céréales, de chanvre, d'huiles et de soie.

La généralité des cultivateurs en est encore réduite ici aux araires décrits par Columelle et Varron. Cependant quelques esprits intelligents s'efforcent de profiter des découvertes utiles qui ont lieu ailleurs;

non-seulement ils importent, mais ils innovent, témoin M. le comte F. Aventi, un des bons agronomes
de la province de Ferrare. Cet exposant a eu l'idée
d'adapter une petite herse à la charrue de Dombasle.
La herse Aventi se compose d'un anneau en fer qui entoure l'*age*. A cet anneau est liée une barre de fer
horizontale d'où se détachent perpendiculairement
deux ou trois lames destinées à briser les mottes formées par le coutre et soulevées par le soc. Nous ne
savons si l'expérience démontrera l'utilité de cet ap-
pendice; mais il est à craindre toutefois que, dans les
terrains argileux, le tirage de la charrue, déjà considérable en lui-même, ne soit fortement augmenté par
l'introduction de la petite herse. S'il en était ainsi, il
vaudrait mieux, au lieu de chercher à réaliser quelque économie de temps et de main-d'œuvre dans des
travaux aussi importants en agriculture qu'un labour
régulier et un bon hersage, il vaudrait mieux, disons-
nous, maintenir, comme par le passé, la séparation de
ces deux opérations.

Malgré ces observations, nous n'en considérons
pas moins la tentative de M. le comte Aventi comme
le trait d'un esprit ingénieux et fort versé dans la mécanique agricole.

L'Institut agricole de Ferrare et la Société d'agriculture de la province de Bologne nous ont mis au
courant des diverses cultures des États pontificaux :
céréales, légumes farineux, plantes textiles, etc. Nous
ne nous occuperons pas de l'énumération de ces divers produits, en général de qualité excellente, mais
que l'on retrouve dans toutes les expositions d'Italie.
Qu'il nous suffise de constater que, dans l'ensemble des
provinces de la Méditerranée et de l'Adriatique, la
production du blé des États pontificaux s'élève en
moyenne à 8 ou 9 millions d'hectolitres, tandis que
celle du riz, circonscrite dans les provinces de l'A-
driatique, est de 10 millions de kilogrammes environ.

Ce sont principalement les chanvres peignés de M. Chailly ou de M. Trouvé, et les prodigieuses tiges de chanvre géant présentées dans l'Annexe par l'Institut agronomique de Ferrare, qui doivent occuper notre souvenir. A part la supériorité de la culture qu'elles signalaient, ces matières textiles étaient aussi la représentation d'un des plus riches produits commerciaux du royaume, car on évalue à près de 20 millions le prix des chanvres et des lins exportés chaque année par les États pontificaux.

Le chanvre a fait la fortune du Bolonais et de la Romagne en Italie, comme en Russie il enrichit l'Ukraine, comme en France il est une des plus grandes ressources de quelques-uns de nos départements du Centre. Cette plante est difficile sur le choix des terrains; les sols tenaces lui sont contraires, et elle ne prospère que dans ceux qui, fertiles, profonds et légers, restent frais pendant toute la durée de sa végétation. La rapidité de sa croissance permet au chanvre d'affronter divers climats, mais les grands vents, en agitant sa tige, altèrent sa fibre, car la plante, pour se raffermir sur sa base, est obligée alors de porter le meilleur de sa sève à son périmètre et de développer outre mesure son écorce.

Isolé de toute autre plante, le chanvre atteint parfois une hauteur de 6 à 7 mètres, comme on l'a vu par les échantillons de l'exposition romaine; mais alors la matière textile est si grossière qu'elle ne peut servir qu'à fabriquer des cordages. Généralement, on sème plutôt une grande quantité de graines, afin que les plantes, étant très serrées, se nuisent mutuellement, s'étiolent, et donnent une filasse plus fine. Ceci a lieu principalement quand on se propose d'en fabriquer de la toile.

Le chanvre exige beaucoup d'engrais, par la mauvaise habitude que l'on a généralement de laisser perdre les eaux des routoirs; sans cela, cette plante n'épuise pas plus le sol que bien d'autres, car elle restitue à la terre, en débris de toute espèce, une partie des sucs qu'elle lui a enlevés.

Comme la culture des chanvres, dans le Bolonais, est une des plus parfaites de l'Europe, on nous permettra d'en décrire succinctement les judicieux procédés. Ils pourront servir de guide à ceux de nos lecteurs qui s'occupent d'art agricole.

Dans le Bolonais, on laboure aussitôt après la moisson la terre destinée à la chenevière ; ce labour doit être profond ; il s'exécute soit à la charrue, soit avec une grande bêche ; dans ce dernier cas, on pelleverse, comme on dit dans nos campagnes, puis on émotte, on herse, on répand une forte couche de fumier et l'on enterre tout à la fois des féveroles que l'on a eu le soin de semer. Une fois ces féveroles parvenues à 10 ou 50 centimètres de hauteur, on les enterre en vert. Le terrain demeure dans cet état tout l'hiver, jusqu'au retour de la température ; alors on répand la graine de chanvre à la dose de 125 à 150 litres par hectare, et on l'enterre légèrement avec un râteau de fer, en recouvrant le terrain d'un engrais pulvérulent, qui porte la terre à son maximum de fertilité.

Nous prions nos lecteurs de remarquer le choix intelligent que les Romains ont su faire de la plante qui doit être enterrée en vert. Avec toute autre on épuiserait le sol, ou l'on ne ferait du moins que lui rendre les éléments azotés qui lui ont été déjà ravis, tandis que la féverole, une fois sortie de terre, tire sa principale nourriture de l'atmosphère, fixe l'ammoniaque de l'air ambiant, et, de cette manière, elle communique au champ une fertilité qu'il n'avait pas auparavant. Aussitôt que le chanvre est levé, on lui donne un premier sarclage, et comme la plante est douée d'une végétation vigoureuse et rapide, elle étouffe ensuite toutes les herbes adventices qui tenteraient de pousser à son ombre.

La récolte du chanvre se fait en une fois ou à deux

intervalles, suivant qu'on veut obtenir de la filasse et de la graine, ou bien de la filasse seule.

Dans le premier cas, on arrache les fleurs mâles aussitôt que les feuilles jaunissent ; les fleurs femelles étant plus libres dans leur végétation, portent des graines en abondance. Cette graine donne en fabrique 19 0/0 d'huile, et se vend environ 30 fr. les 100 kilogrammes.

Dans le second cas, on récolte quand les fleurs ont défleuri et que les feuilles prennent une teinte jaunâtre. En Italie, on coupe au pied les grands chanvres avec des sapes, puis on les place en javelles sur les champs pour les faire sécher ; fortement secouées, ces tiges laissent tomber leurs feuilles sèches ; puis on s'occupe alors de réunir ensemble les plantes d'une même longueur, et, pour obtenir ce résultat, on se sert en Italie de la méthode que Crud décrit dans son livre de l'*Économie de l'Inde*, c'est-à-dire que les plantes, couchées horizontalement et le pied appuyé contre un mur, sont chargées d'une planche, afin qu'elles ne se dérangent pas, puis l'ouvrier retire brin par brin les tiges d'une même longueur dont on fait des paquets qu'on porte au rouissage. On les plonge dans une eau courante ou dormante, qui est destinée à désagréger les filaments de l'écorce des plantes textiles des matières gommo-résineuses qui les tiennent fortement agglomérées ensemble. Dans le Bolonais, où l'eau des routoirs est dormante et entre vite en fermentation, le chanvre du routoir peut, au bout de quatre jours, être retiré de l'eau ; car la filasse se détache alors très facilement du bois. On fait sécher de nouveau le chanvre, puis on sépare la tige des filaments en brisant à coups de bâtons, sur la planche d'un plateau, les tiges, qui tombent par terre et laissent en main la filasse.

« Selon les usages commerciaux de certains pays, dit M. de Gasparin, la filasse soumise au broyage est triée pour enlever à la main les brins de chènevotte

qui y restent, et les filaments de filasse qui ont été brisés forment ce qu'on appelle les peignures du chanvre,
rebut qui sert à la fabrication des cordages de paco-
tille. Ensuite, on met la bonne filasse en paquets ou
poignées liés par la tête. Dans le Bolonais, on se
contente de la plier en deux. C'est dans cet état que
le chanvre est livré aux marchands. »

Tels sont les divers procédés usités en Italie dans
la culture du chanvre. Le seul défaut que l'on puisse
y trouver, c'est le peu de soin que l'on a d'utiliser les
eaux des routoirs, qui se putréfient et émettent des gaz
infects dont l'action est malfaisante sur la santé des
populations.

On remédierait à ces désagréments en faisant absorber l'ammoniaque contenue dans ces eaux par du
plâtre, de la marne ou des sulfates de fer, comme cela
se pratique dans la préparation des fumiers de ferme.
Le propriétaire y gagnerait à un double point de vue;
d'abord, l'air qu'il doit respirer ne serait pas empoi-
sonné, et ensuite il conserverait tout l'engrais que
tiennent en suspension les eaux des routoirs.

Les agronomes estiment que la culture du chanvre
bien conduite peut donner en moyenne de 350 à
400 fr. de bénéfice net par hectare, ce qui est considérable.

Les chanvres provenant des domaines de M. Chailly,
de Ferrare, se recommandent par leur belle préparation et leur couleur blanc jaunâtre très recherchée; ils
étaient parfaitement teillés, et se distinguaient par les
diverses qualités qu'on exige habituellement des meilleures filasses.

Nous avons oublié de dire que l'on compte trois variétés de chanvres : le commun, le chanvre de Chine
et le chanvre géant, trois espèces très cultivées dans
les provinces de l'Adriatique.

Comme notre intention n'est pas de nous arrêter
sur chacun des produits présentés par les États pontificaux, car nous ne pouvons mentionner ici que les

principaux, nous passerons immédiatement de cette exposition agricole à certains articles purement industriels qui ont frappé vivement l'attention du Jury d'examen. Mais auparavant il est bon de constater que les chanvres de MM. Tacchini frères, de Bologne, ont obtenu une médaille de première classe, ce qui dispense d'en faire aucun autre éloge.

Dans la classe des industries ayant pour objet la production de la lumière, M. le comte Muti-Pappazuri Savorelli, de Rome, a remporté un vrai triomphe avec des cierges d'une éclatante blancheur et de magnifiques bougies stéariques. Ces nouvelles bougies, préparées, d'après les indications de M. Chevreul, avec le suif des animaux, serviront à utiliser d'une manière aussi économique qu'agréable les résidus adipeux que donne la consommation de la viande dans les États romains. On ne saurait donc trop encourager cette industrie, qui, du reste, s'est tellement perfectionnée depuis quelque temps, qu'elle n'a plus qu'à marcher dans la même voie.

Mais le compartiment des produits chimiques, un des plus importants de cette exposition, est celui qui doit au premier degré fixer l'attention ; car on ne saurait trouver de substances, au point de vue utilitaire et commercial comme au point de vue scientifique, qui, sous leur aspect peu attrayant, offrent un sujet d'étude plus profond, plus étendu et plus intéressant.

C'est que tous les besoins de l'existence sont tributaires de la chimie. Que serait en effet la métallurgie sans elle? Elle prépare en partie nos vêtements ; elle nous apprend à retirer des végétaux ces substances précieuses qui entretiennent notre existence; les dépouilles des animaux se transforment en ses mains ; elle constate tout ce qui est utile pour l'homme; elle enseigne à discerner ce qui pourrait lui nuire. La peinture n'emploie que ses produits; la gravure et la photographie lui doivent leur existence; l'agriculture, le premier des arts, a sans cesse besoin de ses con-

seils et tient d'elle ses progrès les plus incontestables.
La chimie enseigne encore à la science l'art de guérir
les hommes, et donne à ceux-ci le pouvoir d'utiliser
tous les trésors qui se trouvent dans le sein de la terre.
C'est elle enfin qui a, la première, compris et démontré, par une savante analyse, les lois secrètes de la
combinaison des corps et de leur composition.

Dès lors, nous devons la plus sérieuse attention à
tout ce qui se rapporte à la classe des produits chimiques.

Dans l'exposition romaine, on apercevait tout d'a-
bord plusieurs bocaux contenant des crèmes de tartre
(tartrate acide de potasse) présentées par M. le docteur Bottoni et M. Finzi Magrini, de Ferrare. Sur les
dix-huit fabriques qui, dans les États pontificaux,
préparent cette substance, on se fût attendu à voir
plus d'exposants, et nous eussions, pour notre part,
souhaité rencontrer des échantillons des crèmes de
tartre très estimées que l'on prépare à Ancône et à
Grottamare.

Les échantillons de MM. Bottoni et Finzi Magrini étaient fort beaux et parfaitement purifiés.

Outre une exportation de 1 à 500,000 fr. de crème
de tartre, les États pontificaux produisent aussi
250,000 fr. de carbonate de soude et de potasse.
On cite dans le commerce les fabriques de céruse de
Rome et de Bologne, et les fabriques de litharge de
Rimini. Les vitriols de Civita-Vecchia, de Viterbe et
de Montefiascone jouissent aussi d'une très bonne réputation. Mais la plupart de ces fabriques n'ont rien
présenté à l'Exposition.

On remarquait cependant ici des citrates de chaux
préparés par un Palermitain, M. le baron Anca, qui
utilise d'une manière très ingénieuse les fruits abon-
dants fournis par le citronnier ou limonier aux environs de Messine et de Palerme, sur les bords de la
mer. Comme l'acide citrique, extrait du jus du citronnier, est susceptible de s'altérer, M. le baron Anca

le combine avec la chaux et en forme un citrate de
chaux, substance incorruptible et d'un transport facile. On produit le citrate de chaux en mêlant de la
craie au suc du citronnier, que l'on a débarrassé des
matières végétales qu'il tient en suspension. Le commerce extrait ensuite l'acide citrique du citrate de
chaux. Quand on pense qu'un hectare planté en citronniers fournit en moyenne 6 à 700,000 citrens, on
aime à voir utiliser d'une manière si simple un produit
aussi encombrant.

M. le baron Anca cultive encore le carthame,
plante tinctoriale dont les fleurons donnent deux couleurs : la jaune, qu'on obtient par le simple lavage
avec de l'eau qui ne renferme pas de carbonate de
chaux, ce dont on s'assure avec l'acide sulfurique ;
l'autre couleur est d'un beau rouge foncé ; elle se précipite au contact de l'acide citrique. Cette couleur est
recherchée pour la peinture ou pour la teinture ;
broyée avec de l'eau et du talc en poudre, elle constitue le fard ou rouge végétal de la toilette. L'acide
citrique qui s'extrait encore des framboises, des
groseilles, des baies d'airelles, se rencontre habituellement dans le commerce sous la forme de prismes
obliques à quatre pans. On se sert de l'acide citrique
dans la teinture des indiennes comme rongeant, ou
pour enlever les taches de rouille. Les relieurs, en le
mélangeant avec une dissolution de fer, l'emploient
pour donner à la surface des peaux une apparence
marbrée. La médecine le prescrit souvent sous forme
de *limonade*.

Un autre exposant sicilien, M. F. Genevois, de
Naples, présentait, dans l'Annexe, des savons fins,
des huiles parfumées, des vinaigres de toilette, des
pommades qui jouissent d'une grande réputation en
Italie.

« La fabrication des savons de M. Genevois, a dit
M. le capitaine de Montluisant dans sa notice sur les
produits des États pontificaux, diffère un peu des

procédés ordinaires. Les matières premières sont les
cendres des plantes aromatiques récoltées en Italie.
Il coupe les lessives alcalines, pendant leur ébullition,
par des eaux distillées aromatiques. Le savon, arrivé à la transparence convenable, est versé dans
des *mises* ou caisses peu profondes, et abandonné à
l'action des rayons solaires; lorsqu'il a acquis une
nouvelle cuisson naturelle et une nouvelle consistance,
on lui fait absorber pendant deux mois, et tous les
deux jours, de l'eau de *tripoli* (espèce de saponaire
qui se récolte sur la colline du couvent de Caman-
dola). Ces lotions répétées de saponaire purgent le
savon de toute mauvaise odeur et lui donnent cette
propriété de mousser avec une éclatante blancheur.
Enfin, si on fait usage de guimauve de Sicile, on obtient des savons onctueux dits *malvarisca*, supérieurs pour l'usage de la barbe et de la toilette. »

Mais la principale exposition de cette classe con-
sistait en de beaux papiers préparés par M. Miliani,
de Fabriano. Comme l'industrie des papiers est très
répandue dans les divers États d'Italie, tels que le
Piémont, les provinces lombardo-vénitiennes, la Toscane, où presque toutes les chutes des cours d'eau
sont utilisées par des papeteries, il n'est pas inutile
de faire ici l'historique de la fabrication du papier et de
donner quelques détails sur les diverses espèces de
ce produit qui joue un si grand rôle dans l'existence
de tous les peuples civilisés.

Les Chinois sont depuis un temps immémorial
en possession de la fabrication du papier. Cette industrie a été introduite en Espagne par les Sarrasins
ou les Maures; quelques prisonniers français échap-
pés de la Péninsule l'ont transportée dans notre
pays. Il est démontré qu'on peut faire du papier avec
presque toutes les substances végétales : la bourre de
soie, le coton écru et les détritus de toutes les fabriques quelconques ; mais rien ne remplace avantageusement le chiffon de lin et de chanvre, qui devient

une matière de plus en plus difficile à se procurer, tant est grande l'extension de la consommation du papier.

On distingue aujourd'hui deux sortes de fabrications du papier : celle à la cuve, la seule connue il y a trente ans à peine, laquelle produit ce qu'on appelle le papier de *forme*, et celle à la mécanique qui produit le papier *sans fin*. Les chiffons, ramassés pour la plupart sur la voie publique, sont d'une malpropreté rebutante ; on commence donc par les laver, puis on les trie d'après leur couleur , et ils sont soumis au pourrissage et à la macération, puis à une trituration opérée par des moulins soit à *maillet*, soit à cylindre. On blanchit ce résidu au moyen du chlore. Cette pâte de chiffon s'emploie de diverses manières : l'étend-on sur une toile métallique, sur laquelle les fils de laiton très rapprochés tracent des lignes, on dit que le papier est vergé ; quand les vergeures n'existent pas, le papier est vélin. Certaines images tracées dans la pâte même du papier faisaient donner aux feuilles des marques qui étaient comme la signature du fabricant : ainsi la *coquille*, l'*écu,* la *couronne*, etc.

Tous les papiers, afin que leur surface ne pût boire l'encre de l'écriture ordinaire, étaient autrefois soumis au collage. On a substitué à la gélatine qui servait à cet effet un savon formé de deux parties de résine en poudre avec une partie de soude , trois de colle de Flandre et six d'alun, que l'on mêle à la pâte dans la cuve même.

Les papiers *format* ont une grandeur déterminée par le cadre en bois dans lequel la pâte du chiffon est coulée ; ils ne peuvent dépasser la grandeur de ce cadre, sur lequel est tendue une série de fils de laiton parallèles. L'épaisseur est déterminée par un autre cadre très mince qu'on applique sur le premier. Mais depuis l'invention de la mécanique, on a des papiers de toutes les largeurs et de toutes les longueurs, au point qu'à l'Exposition de Londres, on a vu des rouleaux de papier d'une longueur continue de 2,500 mètres. Il existe encore plusieurs genres de papiers qui sont faits pour des destinations spéciales. Ainsi, le papier *pelure d'oignon*, qui est rendu très mince afin d'éviter les frais du port par la poste, le *papier de soie*, le *papier à filtrer*, le *papier à emballer*, et enfin les *papiers de sûreté*, présentant à l'intérieur des marques spéciales qui en rendent l'imitation difficile. On se sert de ces derniers pour la fabrication des billets de banque ou autres valeurs commerciales.

Les échantillons de papier format fabriqués par M. Miliani étaient des plus remarquables, et le Jury n'a fait que leur rendre justice en leur accordant une médaille de première classe. Quelques papeteries à la mécanique se sont fondées depuis peu dans les États de l'Église, grâce aux encouragements du gouvernement pontifical ; mais aucun des produits qui en sortent n'a paru à l'Exposition.

On fabrique aussi, dans plusieurs villes du pays, beaucoup de parchemin qui sert à l'expédition des bulles du pape ou du Sacré-Collége. Rome, Foligno et Fabriano ont le monopole de ce produit.

Citons encore, puisque nous sommes en face de la classe des produits chimiques, de bons échantillons de colle de poisson, préparée par M. Montalti, de Bologne. Cette colle s'obtient en soumettant à une longue ébullition des vessies de poisson et en faisant évaporer le résidu. On la vend dans le commerce par plaques, par tablettes minces, transparentes et inodores ; la colle de poisson s'emploie dans la clarification des liquides, et elle sert principalement à gommer le sparadrap ou taffetas d'Angleterre, ou à lustrer les étoffes, les rubans, etc...

Deux fabriques de colle-forte produite avec des cuirs avariés et des rognures existent encore à Rome et à Fabriano.

En ce qui regarde la préparation des substances

alimentaires, peu d'exposants ont pris part au concours ; ainsi nous n'avons qu'à rappeler de bons vinaigres *séculaires* dits de Modène, appartenant à M. G. Bianconi, de Bologne, et quelques conserves de fruits sucrés à mucilage abondant, qui avaient été exposées par MM. Ant. Valeri, G. Dondi et Magni, de Ferrare. En général, ces fruits confits étaient parfaitement préparés. Mais ce ne sont pas là les seules substances alimentaires que nous eussions dû voir dans le compartiment des États pontificaux.

Avec le déficit de subsistances qui depuis quelques années menace l'Europe, une infinité de tentatives ont été faites pour agrandir et rendre plus faciles les méthodes de conservation des viandes et des végétaux susceptibles d'entrer dans l'alimentation de l'homme. L'Exposition a réuni à peu près tous les spécimens de ces divers procédés, qui souvent n'existaient qu'à l'état de projet, ou n'étaient pas destinés à être approuvés par la science, mais qui tous étaient inspirés par la louable intention de faire profiter un pays des diverses ressources nutritives alimentaires que d'autres contrées ne veulent ou ne peuvent utiliser.

A part les denrées coloniales de toute sorte réunies dans l'Annexe, les fruits, les vins, les gibiers de toutes les zones, on a vu là des viandes salées venues de tous les pays, les *tasajos* d'Amérique ou tranches de buffle desséchées au soleil, dont se nourrissent les peuplades sauvages errantes dans les déserts du Nouveau-Monde; les mille applications de la méthode Appert, si ingénieuse et si utile pour la marine, et de la méthode Fastier, très en vogue en Angleterre. On a pu examiner les viandes de garde inventées par M. Cellier Blumenthal, pour la nourriture de nos armées de Crimée, sortes de briques alimentaires formées de viande sèche râpée et comprimée. On a eu la faculté d'apprécier la valeur des procédés qui consistent à enrober les viandes qu'on veut soustraire à toute putréfaction avec une couche de gélatine. Puis le *meat-biscuit*, ou biscuit-viande, genre de gâteau sec, composé de bouillon concentré et de farine, a frappé les visiteurs, attentifs à tous ces perfectionnements qui intéressent vivement le bien-être des populations. Enfin, à part ces essais de conservation des viandes, en dehors des farines, des fécules, des sucres, amoncelés dans l'Annexe, certaines innovations qui ont pour but la dessiccation des herbes potagères, telles que carottes, choux-fleurs, haricots verts, épinards, asperges, pommes de terre, etc., etc., ont été aussi fort appréciées ; nous citerons entre autres les légumes desséchés par un courant d'air chaud d'après le système Masson ou le système Gannal, exploités par les maisons Chollet, Morel Fatio et Ce (1).

(1) Ces légumes présentent néanmoins un grave inconvénient, c'est qu'après avoir été soumis à une forte pression qui leur donne la forme et la dureté d'une tablette de bois, non-seulement ils ne peuvent se désagréger avec facilité, mais encore ils exigent une préparation spéciale qui en rend presque toujours l'usage impossible. Ainsi, il est indispensable, pour les convertir en aliments, de les laisser tremper longtemps dans une eau froide ou tiède, afin que le tissu végétal, naturellement spongieux, reprenne, avec son eau, à peu près le volume qu'il possédait avant l'opération qu'il a subie.

On comprend très bien que, pour la marine, dont les provisions d'eau douce sont la plupart du temps insuffisantes malgré les appareils distillatoires récemment inventés, et pour une armée en campagne, cette nécessité d'une immersion préalable offre des difficultés sérieuses, je dirai même des embarras insurmontables. Dans les ménages d'ouvriers et même dans certaines maisons bourgeoises, la dépense de temps et de combustible exigée pour faire revenir les légumes éloigne l'usage des tablettes alimentaires et par conséquent en diminue sensiblement la vente.

Une usine qui vient de se fonder à Étampes (Seine-et-Oise), sous la direction de MM. Philippe Calmettes, Loiseau et Ce, négociants à Paris, rue de Rivoli, n° 51, remédie de la manière la plus heureuse à cette imperfection dans la dessiccation des légumes. Des procédés spéciaux, pour lesquels ces habiles industriels ont pris des brevets en France et à l'étranger, leur permettent de préparer leurs conserves alimentaires de telle sorte que les légumes qui les composent, tout en gardant leur fraîcheur, leur saveur et surtout leurs parties nutritives, s'emploient absolument comme des légumes frais qu'on vient de cueillir dans un jardin, c'est-à-dire, sans avoir besoin de recourir, pour en user, à l'immersion préalable que nous avons signalée plus haut.

Évidemment, toutes ces tentatives plus ou moins heureuses, destinées à pourvoir à des besoins sérieux, indiquent une tendance que l'on ne saurait méconnaître, et qu'il est du devoir d'un peuple civilisé de seconder de tous ses moyens. Aujourd'hui, grâce à la rapidité étonnante des chemins de fer, les populations autrefois séparées par des intervalles presque infranchissables deviennent voisines, et lorsqu'on songe que dans moins de deux jours on pourra aller de Londres à l'extrémité de l'Italie, il n'est plus permis de douter que les substances alimentaires qui se récoltent sur le sol italien, que tous les végétaux, les fruits, les primeurs, ne doivent être utilement échangés contre les productions des royaumes du nord de l'Europe, moins favorisés par le climat.

Le gouvernement des États pontificaux a bien compris ces nécessités de l'époque : ses travaux pour l'établissement d'un cadastre, sous la direction du professeur Venturolli ; ses efforts pour épurer par des

Cette heureuse amélioration, qui laisse loin derrière elle tout ce qui a été obtenu jusqu'à ce jour, sera appréciée par les consommateurs. L'usage des légumes ainsi desséchés et d'une conservation indéfinie ne peut manquer d'occuper un jour une très large place dans l'alimentation des populations des villes et des campagnes, auxquelles il offre agrément d'une part et économie de l'autre. Pour la marine et pour l'armée, les produits de la maison Ph. Calmettes, Loiseau et C⁰ sont, ainsi qu'on le voit, d'un emploi facile et d'une incontestable utilité.

Du reste, ces modifications tout récemment apportées à la préparation des substances destinées à l'usage spécial de l'homme ne sont pas les seuls problèmes d'alimentation dont s'occupent la science et l'industrie. Si nous en croyons certains bruits qui arrivent jusqu'à nous, le régime d'entretien de nos chevaux de cavalerie tend à subir une transformation fort curieuse. Il ne s'agirait de rien moins que de la confection d'une espèce de *pain-fourrage* dont quelques kilogrammes suffiraient pendant un mois entier à la nourriture d'un cheval.

Si le fait est exact, comme on nous l'assure, il est à désirer que les inventeurs se mettent de suite à l'œuvre et opèrent sur une vaste échelle, car du moment où chaque cavalier pourra transporter sans encombrement, avec son bagage et ses armes, une assez forte provision de vivres pour lui et son cheval, les pénibles expéditions que notre armée d'Afrique fait constamment contre les tribus arabes du désert ne présenteront plus aucune difficulté.

plantations d'arbres l'air dangereux des marais pontins ; le soin avec lequel il cherche à faire pénétrer parmi les populations les innovations, les découvertes soit dans l'agriculture, soit dans l'industrie qui ont lieu en d'autres pays ; les chemins de fer qu'il fait construire, surtout deux voies de Rome à Civita-Vecchia et de Frascati à Rome, établies d'après les données de la science la plus avancée ; ces faits et tant d'autres que nous ne pouvons énumérer ici prouvent bien qu'en dehors de toute considération morale, politique ou religieuse, et, en n'ayant en vue que le côté matériel de l'existence, le règne de Pie IX n'aura pas été stérile pour le peuple romain.

Dès lors, nous avons le droit de nous montrer surpris de voir l'exposition des substances alimentaires de ce pays réduite à quelques conserves de pêches, de prunes ou d'abricots. N'avait-on pas, pour garnir ce compartiment, des fruits secs, des figues, des noisettes, des amandes, des raisins secs très estimés ? Les céréales ici sont si riches en gluten, qu'elles permettent de fabriquer des pâtes excessivement nourrissantes ; pourquoi donc ne pas en envoyer à Paris ? Les fromages du Ferrarais sont connus ; les huiles du duché d'Urbin et de Piperno, près de Terracine, sont excellentes ; les vignobles de la Sabine, de Ravenne, ou des environs de Rovigo, l'ancienne Adria, donnent des produits estimés : on y fait une espèce de vin blanc qui, sans avoir la réputation des anciens crûs dont parle Pline l'Ancien, n'a pas peu de valeur. Puis, les États romains exportent chaque année une grande quantité de bœufs ou de porcs nourris avec les châtaignes ou les glands des Apennins. Ce bétail, vendu sur pied, et, après avoir été salé ou transformé en *mortadelles*, procure aux États pontificaux un revenu de près de 500,000 écus (2,650,000 fr.). Enfin, sur les côtes de l'Adriatique, les poissons salés, les anchois, les anguilles conservés dans le sel ou dans l'huile, donnent lieu à un trafic assez considérable. Il était donc très facile aux États pontificaux de paraître au concours universel avec un assortiment de produits alimentaires aussi important que varié.

Mais n'insistons pas davantage sur les articles alimentaires, lorsque tant d'autres objets réclament encore notre attention. Occupons-nous, par exemple, dans la classe des instruments de chirurgie, du trépan-scie tournante du docteur Giovani, de Bologne, instrument précieux pour toutes les opérations que réclament les lésions de la boîte osseuse du crâne, mais auquel les hommes spéciaux ont fait le reproche d'être trop compliqué. Du reste, sous le rapport de l'exécution matérielle, le trépan-scie prouve l'habileté des ouvriers bolonais.

On doit rappeler aussi avec éloges les bons carreaux à mosaïque présentés par M. Bettanzoni, de Bagnacavallo, près Ferrare. Ces dallages sont une imitation des briques vernies de diverses couleurs employées pendant tout le moyen-âge pour le carrelage des chapelles dans les églises gothiques. Ils peuvent être vernis à volonté. Les dessins, d'abord imprimés en creux sur la dalle, sont ensuite remplis par des matières bitumineuses diversement colorées, imitant les tapis de pied. Aujourd'hui, grâce aux études archéologiques dont les vieilles églises ont été l'objet, on connaît à fond les principes architectoniques et symboliques d'après lesquels ces édifices religieux ont été bâtis, et les carrelages mosaïques reprennent faveur. L'invention de M. Bettanzoni trouvera son emploi naturel dans ces constructions, et elle sera d'un usage d'autant plus fréquent que ces carreaux sont fabriqués à des prix très modérés.

Près du même compartiment, figuraient avec avantage les briques ordinaires et les briques mosaïques de diverses couleurs, préparées avec les argiles du Janicule, sous la direction de M. le marquis Ossoli et de son frère, M. J. Ossoli. Ces pavés mosaïques sont fort riches de nuances et doivent faire un grand effet sur place. Les mêmes exposants avaient aussi envoyé des échantillons de l'argile marneuse dont on se sert dans leur manufacture pour fabriquer des poteries communes fort estimées. Un autre exposant, M. Olivieri, de Rome, présentait des matières plastiques prises sur les propriétés du prince Aldobrandi.

L'art de la céramique est habilement exercé dans Rome, et il est inutile de faire ressortir la bonté des poteries qui s'y fabriquent.

Les États pontificaux contiennent beaucoup de verrières, qui entretiennent un commerce assez étendu avec le Modenais et le Parmesan. Parmi les principales manufactures de verre, on cite celles de Pesaro, qui fabriquent d'excellents carreaux pour fenêtres et des globes de verre, ainsi que les fabriques de Poggio et de Ravenne. Mais aucun de ces ateliers ne s'est fait représenter au concours universel. Tout au plus si nous avons aperçu, dans le Palais de l'Industrie, des colliers de perles fausses que Mme Victoria Pozzi, de Rome, fabrique, à l'imitation des conteries vénitiennes.

La perle fausse de Rome se compose d'un petit grain d'albâtre plongé dans une dissolution composée de nacre, d'alcool et de colle de poisson ; elle est plus lourde que celle que l'on fait à Paris, et d'un reflet moins irisé ; mais on en compose néanmoins de beaux colliers et de charmants bracelets.

Dans les ateliers de Paris, la perle est faite avec du verre blanc soufflé, dont les parois intérieures sont tapissées d'ichthyocolle, tenant en suspension de l'écaille d'un poisson nommé *ablette*. Ces produits parisiens imitent d'une manière admirable les perles naturelles, et font une rude concurrence aux produits similaires italiens. Cependant les États romains livrent chaque année au commerce pour plus de 120,000 fr. de perles artificielles.

Nous voici aux industries romaines qui ont pour objet les matières textiles, comme la laine, la soie, les chanvres et les lins. Ces divers produits tiennent ici une assez large place.

L'élève des bêtes à laine donne de bons résultats dans la campagne romaine, quoique les laines qu'on en obtient ne soient pas assez belles pour fabriquer des draps fins. On cite parmi les plus belles laines du royaume, celles des provinces de Civita-Vecchia et de Bologne.

Ici encore, l'introduction des mérinos, favorisée par le gouvernement pontifical, amènera des croisements de race destinés à avoir la plus heureuse influence sur l'industrie lainière du pays, qui travaille plus de 2 millions de kilogrammes de laine, principalement dans les provinces de la Méditerranée. On parle surtout des filatures de laine de Bologne.

Les seuls draps qui aient figuré dans l'exposition des États pontificaux sont sortis de la filature et de la fabrique de l'hospice de Saint-Michel, bâti à Rome sur la rive droite du Tibre. Il serait difficile de citer un établissement où les principes de la charité chrétienne et de la philanthropie la plus éclairée soient mieux appliqués que dans cet hospice, fondé depuis plusieurs siècles, et qui a subi dans ces derniers temps une complète réorganisation sous la direction du célèbre et vénérable cardinal Tosti.

L'hospice de Saint-Michel est à la fois un lieu de refuge pour les pauvres vieillards infirmes ou valides, et une maison de correction à la manière de nos maisons centrales de France ou de nos colonies pénitentiaires ; seulement l'agriculture n'y est pas enseignée. A cette différence près, tous les arts et métiers s'exercent dans l'hospice Saint-Michel, dont la population valide est divisée en quatre classes : les vieillards, les femmes, les jeunes filles et les jeunes gens. Les professeurs les plus habiles y enseignent la gravure, la sculpture, le dessin et la mosaïque, et des ouvriers expérimentés y forment des apprentis cordonniers, charpentiers, menuisiers, ébénistes, tailleurs, chapeliers, etc., etc. Une grande filature, une manufacture de draps et de tapis et un atelier de teinture sont joints à l'établissement.

Les produits de ces deux dernières industries lainières, tels qu'ils sortent de l'hospice, ont paru à l'Exposition ; les draps, sans être d'une grande finesse, étaient remarquables par leur nerf, leur corsé, leur force, qualités qu'ils doivent aux laines du pays ; ils avaient une belle nuance garance. Nos troupes expéditionnaires en Italie, qui se sont habillées pendant quelque temps des draps de Rome, n'ont toujours eu qu'à se louer de leur usage.

Mais les tapisseries et les tapis exécutés dans l'hospice Saint-Michel, à l'imitation de nos produits magnifiques des Gobelins et de Beauvais, étaient plus remarquables que les draps. Quoique, d'habitude, on substitue aujourd'hui le coton à la laine dans la fabrication de la chaîne du tapis, afin de rendre ce tissu moins susceptible d'être détérioré par les insectes, les tapisseries romaines étaient de laine pure. La pièce la plus grande avait 4 mètres carrés ; une autre avait 3 mètres de long sur 1 mètre 50 centimètres de large. La tapisserie qui représente les fameuses colombes du Capitole, fragment de mosaïque conservé dans le musée de Latran, a un véritable cachet d'originalité, et si le goût est un peu surpris de ce dessin, l'habileté de l'exécution est incontestable. Dans un premier carré du tapis, on aperçoit quatre colombes posées autour d'une coupe ronde où elles boivent ; tout autour est un encadrement formé d'oiseaux aquatiques et de poissons. A chaque angle de ce cadre est peinte une momie ; puis la tapisserie s'élargit par un autre encadrement avec des coquillages et des masques d'un aspect tout à fait étrange. Encore quelques efforts, et la fabrique de Saint-Michel prendra rang parmi les premières manufactures de l'Europe. Des ateliers qui sont déjà capables d'exécuter la tapisserie des *Colombes* doivent arriver à former par la suite des ouvriers du premier ordre.

Après les tissus de laine, venait une belle exposition de soies formée par les plus habiles éleveurs d'Ancône, de Bologne, de Ferrare, de l'Ombrie, etc. Parmi ces divers producteurs, le Jury a distingué les soies de MM. Beretta, d'Ancône; le commandeur Feoli, de Rome; Oppi, de Bologne, auxquels il a accordé des médailles de première classe. A la suite de ces produits hors ligne, ont été placées, dans l'ordre des récompenses, les soies grèges de MM. Baldini, à Pérouse; le comte Briganti; Bellini frères, à Osimo; Lardinelli, à Osimo; Salari, à Suligno (Ombrie); Valazzi, à Pesaro; le prince Simonetti, à Ancône; enfin, les soies jaunes et blanches de MM. Padoa, de Cento (Ferrare), et les cocons d'Italie ou de Grèce, de M. Morlacchi.

Il est à regretter que les nombreuses fabriques romaines, qui produisent des étoffes de soie si remarquables, celles de Bologne par exemple, qui tissent des damas, des peluches, des velours; celles de Sinigaglia, renommées pour leurs madras, n'aient rien envoyé au concours.

Nous avons spécialement observé, dans ce même compartiment, de la bourre de soie cardée et peignée, présentée par MM. Blumer et Jenny, d'Ancône. La soie entre aujourd'hui dans tant de tissus, elle se produit sur une si vaste échelle, qu'on ne saurait trop encourager les industriels qui tentent d'utiliser les restes des cocons que laisse le dévidage. Les produits de MM. Blumer et Jenny sont très satisfaisants.

Après être restées assez longtemps en arrière sous le rapport de la filature, les soies romaines, douées de toutes les qualités qui forment la supériorité des soieries des diverses contrées italiennes, c'est-à-dire très avantageuses sous le rapport de l'élasticité, de la ténacité et du brillant, les soies romaines, disons-nous, ont été transformées par la filature à vapeur. Celles de Fossombrone et d'Ancône marchent maintenant de pair avec les meilleurs organsins de la Lombardie et du Piémont, et l'on n'a plus qu'à souhaiter de voir ce progrès s'étendre à tous les divers centres producteurs de ce royaume. On évalue à 3 millions de cocons le produit des vers à soie dans les États pontificaux. Ces matières premières ont une valeur de 11 millions (1), dont 7 millions sont vendus à l'étranger.

Après les soies, il importe surtout d'accorder une place distinguée aux tissus de lin et de chanvre de la province de Ferrare. On a déjà vu, à propos de ce qui a été dit de l'agriculture du Bolonais, quelle influence a la production des matières textiles sur la fortune des provinces de l'Adriatique. Au point de vue industriel, les bénéfices que le travail du chanvre procure à cette contrée ne sont pas moins considérables. En dehors des chanvres peignés et tout à fait supérieurs des frères Facchini et de M. Trouvé, d'Ancône, nous citerons la manufacture de toiles, soit pour les ménages, soit pour la marine, de M. Padoa, à Cento, près Ferrare. Si les toiles ordinaires de cet exposant ne se font pas remarquer par une grande finesse, en revanche, ses toiles à voiles peuvent soutenir, sans aucune crainte d'infériorité, la comparaison avec les meilleurs produits similaires anglais. La grandeur du lé de ces toiles est même fort précieuse, en ce qu'elle permet de faire des voiles entières presque sans couture, avantage que la marine ne manque pas d'apprécier.

Un autre exposant de Ferrare, M. Antoine Balboni, de Reno Centese, a présenté des cordages de chanvre d'une véritable valeur, sous le rapport du travail de la corderie. Sans doute, la matière première favorise ici merveilleusement la bonne confection de ce genre de produit, d'où dépend presque en

____

(1) *Prospectus du mouvement commercial des États romains* en 1854, par M. Galli, ministre des finances.

totalité la sécurité de la navigation ; mais l'habileté du négociant entre aussi pour beaucoup dans la perfection d'un ouvrage de cette espèce.

Les meubles jouent un tel rôle dans la vie privée, ils trahissent si bien, par leurs formes élégantes ou grossières, leur exécution, leurs dispositions plus ou moins artistiques, la tendance des mœurs d'une nation et le développement de l'aisance dans un pays, qu'il est toujours fort intéressant de voir à quel degré de perfection cette industrie est parvenue dans les contrées dont on s'occupe. Malheureusement, en Europe, l'industrie des meubles a perdu presque partout de son originalité, et des modèles connus de tout le monde servent partout aux mêmes ouvriers.

Dans l'Exposition universelle, il n'y avait à peu près que les meubles venus de l'Inde qui portassent d'une manière sensible le cachet des mœurs des peuples chez lesquels ils ont été inventés.

Toutefois, si en Europe les ouvriers ébénistes travaillent suivant les mêmes principes, ils ne travaillent pas partout également bien. Ainsi, parmi les travaux d'ébénisterie qui ont le plus frappé la foule des visiteurs constamment si nombreuse dans les galeries de l'Annexe, on doit citer un bureau-secrétaire qu'un artiste romain, M. Gati, a fabriqué pour un riche planteur des États-Unis. Ce meuble délicieux, formé d'incrustations de bois de différentes couleurs, de nacre, d'ivoire, constitue un véritable chef-d'œuvre exécuté dans le goût des beaux meubles de la renaissance. Il se divise en deux compartiments. Le corps supérieur, formé de deux panneaux ornés de bouquets de fleurs, est la partie où le talent de l'habile artiste s'est plu à s'épuiser en détails d'une beauté et d'une richesse incroyables. Des marguerites, des œillets aux fins pétales s'épanouissent sous les caresses des papillons, dont les ailes nacrées s'irisent des teintes les plus vives. Quelques portraits des grands hommes d'Italie, le Tasse, l'Arioste et surtout le Dante, admirables de fini, aux têtes ceintes de lauriers, impriment un caractère national à cette œuvre splendide. M. Gati s'est réellement placé, par un pareil essai, à la tête des ébénistes d'Italie, et s'il est vrai, comme on le dit, que cet artiste ait été élevé sous le patronage de S. Ém. le cardinal Amat, il a prouvé qu'il était réellement digne de cette haute protection.

Le compartiment romain contenait encore plusieurs tables très bien travaillées, sorties des ateliers de M. Ferdenzoni, de Ferrare.

Mais nous avons admiré davantage une table en stuc ou plâtre durci, de M. Urtis, de Rome ; cela rend le marbre rouge antique à s'y méprendre. Les autres imitations de pierres précieuses n'étaient pas moins remarquables, et des corniches en stuc qu'a présentées ce même exposant trompaient le public, qui les prenait pour des blocs de marbre de Carrare. Ce stuc est précieux pour l'économie qu'il est destiné à introduire dans les constructions civiles et dans la décoration. Les stucs fabriqués en France dans le même but sont loin d'avoir cette dureté et cette sorte de transparence.

La vingt-cinquième classe de l'exposition romaine se composait des produits d'une industrie assez répandue en Italie si elle est presque inconnue à Paris ; nous voulons parler des fleurs en cire, dont nous verrons aussi des échantillons dans le compartiment de la Toscane.

Ici, c'est M. le professeur Pagliacci, de Rome, qui les expose. Son bouquet de roses était superbe, et l'on s'extasiait devant la beauté des fleurs, la transparence des corolles, la vivacité du coloris, et même une certaine morbidesse qui est bien étudiée sur la nature. Voici de quelle manière M. de Montluisant raconte par quel procédé on arrive à modeler des bouquets si parfaits :

« Il faut, dit cet écrivain, s'occuper de la préparation des moules, des feuilles, des matières premières, puis après, du montage. La rose présente quatre ou cinq grandeurs de feuilles différentes ; après les avoir choisies, on les place individuellement sur de la craie en poudre ; on les huile légèrement avec un pinceau, puis on les recouvre avec un peu de plâtre liquide ; la masse prise donne un véritable moule en relief dont on découpe la bordure avec un canif, il va servir à obtenir le nombre de feuilles nécessaires. Pour cette seconde opération, on met le moule dans de l'eau tiède, on fait dissoudre de la cire blanche dans laquelle on a ajouté quelques gouttes d'essence de térébenthine. On retire le moule, on l'essuie légèrement avec un linge, et on le présente à la surface du bain de cire. Si on le retire rapidement, on obtient une feuille de cire qui se détache et qui est la véritable reproduction de la feuille primitive, avec toutes ses nervures, ses déchirures, etc. Des moyens analogues donnent à volonté, et tour à tour, toutes les espèces de feuilles et de fleurs. Pour le montage, on prépare la tige, les pistils, etc., avec de la cire de diverses couleurs, puis on pose à la main les feuilles les unes après les autres ; en opérant dans un endroit chaud, la simple pression du doigt suffit, et on les assujettit davantage par des lotions de cire fondue. On donne à chaque feuille sa nuance avec un blaireau et de la couleur en poudre. Enfin, si on a un peu étudié la fleur naturelle, on arrive à monter, à chiffonner avec tous les accidents de la nature, et on termine par l'adjonction des feuilles de rosier préparées par les mêmes procédés et avec de la cire diversement coloriée. »

Il paraît que les procédés de M. Pagliacci sont d'une application extrêmement facile, puisque, après quelques mois de leçon, deux de ses élèves, Mme Jaconnetti, de Rome, et Mme Guyetan, de Paris, sont parvenues à modeler des bouquets presque aussi parfaits que ceux de leur professeur.

A côté de ces fleurs en cire, les religieuses de San-Cosimato présentaient des bouquets d'autel faits avec les débris des cocons de vers à soie : on examinait avec surprise la transformation étonnante que ces pieuses filles savent donner à ces restes de cocons montés avec art, et auxquels la peinture communique la couleur et les nuances des bouquets naturels. C'est là un travail ingénieux, charmant que l'on ne saurait trop encourager.

Parmi les autres objets compris dans cette classe, il faut citer encore deux tableaux de papier découpé : l'un, par M. Andreoli, de Gubbio, représentant l'apothéose de Napoléon Ier; l'autre, l'entrevue de Murat et de Mourad-Bey, épisode de la guerre d'Égypte. Ce dernier tableau est l'œuvre d'un avocat de Bologne, M. Lavizziani : il est très habilement exécuté.

Paris a admiré un magnifique lustre qu'un de nos ambassadeurs, M. Paul de Bourgoing, avait fait placer dans l'exposition romaine. Indépendamment de ses girandoles de cristal de roche, ce luminaire est orné d'une foule de pierres précieuses, comme améthystes, topazes, turquoises, grenats, rubis, saphirs, lapis-lazulis, émeraudes, etc., etc., formant des guirlandes de fleurs et de fruits qui, par leur trop grande abondance, nuisent peut-être à l'effet artistique et décoratif de cette belle pièce.

C'est ici qu'il faut rappeler un instrument tout nouveau destiné à la coupe des habits, et auquel son inventeur, M. Scariano, de Palerme, a donné le nom de psalizomètre.

« Rien de plus ingénieux, a dit M. de Riancey dans un article qui a paru dans l'*Union*, que cette application de la géométrie à cette industrie de l'habillement. M. Scariano, de Palerme, a transporté à la mesure du corps humain les principes de la triangulation : avec quelques tiges de cuivre graduées, armées de pivots, formant des angles proportionnels et guidant des lames d'acier flexibles, il est parvenu à

composer une machine graphique qui dessine à volonté, sans hésitation et sans erreur, la coupe des
habits, quelles que soient la conformation ou même
les difformités du sujet. Avec cette machine, il suffit
de prendre, au mètre et à la manière ordinaire, la mesure du premier personnage venu, et en portant le
chiffre des décimètres sur les tiges graduées, on obtient immédiatement les lignes principales du vêtement. Le ciseau n'a plus qu'à suivre et il n'a besoin
ni de calcul ni de retouche. Les principaux tailleurs de
Paris, gens assurément fort compétents, se sont ac-
cordés à reconnaître, dans le psalizomètre de M. Scariano, un instrument d'une simplicité, d'une utilité
et d'une certitude incontestables ; c'est un beau
succès. »

Nous ajouterons que le psalizomètre coûte de 2 à
300 fr., et qu'il a été adopté dans plusieurs pays pour
la coupe des habits de l'armée.

Terminons cette revue des divers ouvrages de l'industrie romaine en disant quelques mots de tout ce
qui regarde la photographie, l'imprimerie et les instruments de musique.

A la première section de ce groupe appartenaient
les épreuves photographiques de M. Dovizelli, de
Rome, représentant les vues les plus belles de la campagne romaine et de ses monuments ; par exemple, la
villa Borghèse, le château Saint-Ange, le Colisée, etc., etc. Quel enchantement de contempler
dans leur réalité vivante ces sites splendides où se
rattachent tant de souvenirs ! Comme tous les voyageurs qui ont écrit sur l'Italie, malgré la beauté de
leurs images ou la splendeur de leur style, ont encore
mal rendu l'effet grandiose de ces belles ruines ou de
ces sites superbes baignés par une lumière qui pénètre
jusqu'à la pierre même ! On ne se lasserait jamais de
contempler les photographies de M. Dovizelli, tant
elles sont bien réussies.

Un beau dessin de fontaine monumentale avait été

8.

présenté par M. Volpato, de Rome ; mais, dans ce compartiment, c'est M. Balbi, de Rome, qui frappait le plus l'attention des visiteurs. Sa toile horrible et admirable tout à la fois, composée d'écorchés pelotonnés dans un effrayant amalgame, ce rêve du Dante ou de Michel-Ange, qui prouve tant de science et tant d'art, nous a causé une profonde impression.

Puis, venait un ouvrage de M. Riccio, de Naples, reproduisant, par la galvanoplastie, les plus belles médailles de l'antiquité ; ces empreintes métalliques sont réunies en planches et forment un volume fort intéressant à parcourir. Une publication de M. Fernandez, de Rome, sur les coutumes et les cérémonies de la cour papale, présentait aussi une grande valeur sous le rapport typographique.

Ce n'est pas sans une vive surprise qu'on remarquait dans ce même compartiment les sculptures d'un bethléémite, M. Elias-ben-Gibraïl Dazeik. Ce pieux artiste, avec la pointe d'un couteau, avait creusé dans la pierre une Adoration des mages pleine de charme et de naïve inspiration.

Rappelons enfin les cordes harmoniques de M. C. di Bartholomeo, de Naples, dont la maison est très renommée en Europe pour l'excellence de ses produits. Du reste, le climat si pur du royaume des Deux-Siciles fait acquérir aux cordes de ce pays une sonorité de vibration qui est très appréciée par les artistes. Nous avons dit, dans un autre passage de cet ouvrage, comment et avec quoi se fabriquent les cordes harmoniques : nous n'y reviendrons pas.

II.

INDUSTRIES ARTISTIQUES. — ORFÉVRERIE, MOSAIQUE. — PEINTURE ET SCULPTURE.

Dans l'origine de toute société, l'art ne prend réellement naissance, ne se manifeste que lorsque les hommes, adoucissant leur caractère, modifiant, perfectionnant leur manière d'être, acquièrent peu à peu cette notion du bien et du beau qui est comme le couronnement de toute intelligence.

Généralement, les premiers essais de l'art sont difformes, grossiers, mais tels quels cependant ils dénotent un développement moral et religieux des plus prononcés. La notion d'un être suprême a surgi dans le cœur de l'homme; les merveilles de la création qui frappaient ses sens ont pénétré son esprit, sollicité sa raison, et, sous le coup du sentiment d'admiration ou d'indéfinissable faiblesse qui le domine, il songe à rendre hommage à ce principe supérieur à lui, qu'il ne comprend que d'une manière confuse, mais dont il reconnaît l'existence; qu'il fait participer à sa propre vie, qu'il invoque dans sa douleur, et auquel il attribue tout ce qui lui arrive de malheureux ou d'heureux. Alors le culte inspire l'art, le féconde, lui ouvre des horizons inconnus, et comme la société humaine s'éclaire, se police chaque jour davantage, la poésie entoure l'autel de ses fictions merveilleuses, et l'art, vrai poète, vise à son tour à l'idéal.

De sorte que l'on pourrait définir l'art la manifestation de la Divinité dans les ouvrages des hommes. Mais ce n'est qu'après ce premier hommage rendu à ce besoin de croyance qui nous domine que l'art entre dans les mœurs, se mêle assez aux besoins de l'humanité pour devenir en quelque sorte populaire, et dès lors, les industries artistiques surgissent de toutes parts. L'ouvrier façonne les métaux précieux en vases, en statues qui ne sont plus exclusivement réservés aux besoins du culte; l'architecte transporte dans les constructions civiles les ornements qui avaient été inventés pour orner la façade des temples; la mosaïque cherche à ravir au peintre les nuances les plus fines de sa palette, et le luxe, la mode, la fantaisie s'en mêlant, le goût s'épurant aussi, une infinité de créations charmantes, délicieuses, d'une incroyable perfection de détail, et qui n'ont souvent de valeur que par leur fragilité même, commencent à entrer pour une grande part dans les jouissances de la vie.

On ne s'attend pas, sans doute, à ce que nous fassions un historique complet des industries artistiques qui vont nous occuper, telles que orfévrerie, taille des pierres précieuses, mosaïque, dont l'origine se perd dans la nuit des temps, car la Bible parle des pavés mosaïques des palais d'Assuérus, des vases sacrés que les Hébreux prirent aux Égyptiens à leur départ de la terre de Gessen, et des pierres gravées formant le rational que le grand-prêtre portait sur la poitrine, avec les noms des douze tribus d'Israël. En dehors des livres saints, les antiquités égyptiennes, grecques et romaines qu'on voit dans nos musées nous prouvent combien l'orfévrerie, la glyptique et la mosaïque étaient pratiquées par les anciens.

Mais prenons séparément chacune de ces parties de l'industrie artistique, pour voir à quel point de perfection elles se trouvent aujourd'hui en Italie.

Orfévrerie. — L'orfévrerie proprement dite comprend plusieurs spécialités qui constituent des industries différentes : celle du *joaillier*, occupé de monter les pierres précieuses taillées par le lapidaire ; celle du *bijoutier*, qui exécute les bijoux d'or destinés à la décoration des personnes, tels que bracelets, anneaux, colliers, broches, et enfin l'*orfévrerie proprement dite*, qui comprend la fabrication de la vaisselle, des couverts, des ornements d'église, et en général tous les ouvrages d'un certain volume servant à la fabrication ou à l'ameublement des habitations et des édifices. Les pièces d'orfévrerie artistique portent habituellement le style des diverses époques où elles ont été produites.

Ce qui frappe principalement dans l'orfévrerie des anciens Grecs ou des Romains, c'est la simplicité de la composition, la beauté et la netteté des lignes, qui forment la supériorité de l'art antique; plus tard, sous les empereurs d'Orient, l'orfévrerie prend le style byzantin, c'est-à-dire que ce qu'elle perd dans la sévérité de la forme, elle cherche à le remplacer par l'ornement et la grâce.

Au moyen-âge, l'orfévrerie brille à côté de l'autel en ciselant les vases sacrés, les reliquaires, les châsses des saints; le style gothique architectural lui prête une partie de ses ogives, de ses rosaces et de ses feuilles de trèfle, qui donnent aux œuvres de cette époque une physionomie si caractéristique; l'expression religieuse cherche partout à se substituer à la perfection plastique. Les personnages ont cette physionomie chastement naïve que le sculpteur a su donner aux bas-reliefs ou aux statues qui ornent les façades des églises gothiques.

A la renaissance, l'orfévrerie, de religieuse qu'elle était, se fait profane, et les orfévres deviennent d'habiles sculpteurs. Alors se montre en Italie le grand orfévre florentin Benvenuto Cellini, qui laissa tant d'ouvrages magnifiques et fit faire de grands progrès à l'art des fondeurs.

Mais bientôt l'orfévrerie artistique italienne, qui a tiré tout son éclat de la richesse des républiques de la Péninsule, décroît en proportion de la fortune des particuliers. Aujourd'hui, tandis que Paris et Londres ont le monopole de l'orfévrerie, c'est à peine si, en Italie, elle s'est perpétuée dans la ville éternelle, où la munificence des souverains pontifes la maintient à une certaine hauteur. Les travaux que Rome nous a envoyés sont là pour donner la preuve de ce que nous avançons.

Mais auparavant, afin de ne pas avoir à y revenir, payons notre tribut d'éloges aux ouvrages de MM. Avolio père et fils, de Naples, dont les bijoux, chaînes de gilets, boucles d'oreilles, bagues, fleurs, broches, étaient les plus beaux travaux de ce genre qu'il se puisse voir.

On sait que le corail est une sécrétion calcaire sous forme d'arbre, d'une couleur rouge éclatante, produite par une espèce de polype. On l'arrache du fond de la mer avec une drague, à la manière de la pêche des huîtres. Sur les côtes de la Méditerranée, près de Turin, et même en Sardaigne, ce genre de pêche est très pratiqué, et comme le corail se vend fort cher, de 45 à 60 fr. le kilogramme, elle donne de très grands bénéfices. On évalue à 500,000 kilogrammes par an la pêche du corail dans toute la Méditerranée.

L'orfévrerie religieuse romaine s'était fait représenter au Palais de l'Industrie par un calice en or massif, orné de pierreries, appartenant à Mgr. l'abbé prince Lucien Bonaparte. Cet ouvrage, exécuté par M. Castellani, de Rome, a une coupe octogone, un style roman, qui le rendent peut-être un peu lourd d'ensemble. Du reste, les ornements symboliques dont il est couvert sont exécutés avec une grande habileté.

Tout à côté, le public regardait avec complaisance une riche écritoire en argent et bronze, représentant un globe entouré de bas-reliefs et de ciselures reproduisant les quatre éléments. Cette œuvre des frères Borgognoni péchait peut-être par l'harmonie des proportions, et n'était pas sans doute comparable aux pièces ciselées qu'on trouvait dans le compartiment de la France. Mais cependant on ne peut nier que ces ingénieux orfévres n'aient fait preuve de beaucoup d'esprit d'invention et d'une habileté d'exécution très remarquables.

Un peu plus loin, on s'arrêtait avec admiration devant la reproduction en bronze doré de la colonne Trajane, avec piédestal de marbre, d'une hauteur de trois mètres. Cet ouvrage unique aurait suffi à la gloire de l'exposition romaine. On reste confondu devant tout ce qu'il a fallu d'art, de patience et d'efforts pour réduire à cette proportion le cippe funéraire du vainqueur des Parthes, et pour le reproduire avec

cette perfection qui n'exclut aucun détail, et cette sûreté de main qui ne se dément jamais sur un bas-relief de plusieurs mètres, car la spirale de la colonne
Trajane atteint bien ici à cette proportion. Que
M. Spagna veuille recevoir nos félicitations, il s'est
révélé à tous comme un artiste de premier ordre ; son
œuvre fait honneur à son pays.

La mosaïque et la glyptique, qui ont aussi figuré
avec une supériorité complète et incontestée dans le
compartiment romain, sont encore deux branches
de l'art qui méritent que nous leur consacrions quelques pages.

On appelait autrefois mosaïque des prismes de
marbre ou de pierre de différentes nuances, taillés sur
une même longueur, réunis côte à côte par un ciment
et figurant les diverses couleurs nécessaires à la représentation des objets que l'on voulait peindre. Les
Grecs ont laissé d'admirables mosaïques.

Les restes d'Herculanum et de Pompéi prouvent
combien les Romains faisaient aussi usage de ce
genre d'ornementation. Il n'est pas, en effet, une seule
maison dans ces antiques villes qui n'ait un *atrium* en
cubes de marbre de diverses couleurs ; on en découvre
partout à Rome. Parmi les mosaïques les plus estimées, on cite au musée Capitolin la coupe dans laquelle
boivent les fameuses colombes. Sous le Bas-Empire,
l'usage des mosaïques en pâtes de verre remplaça le
marbre et quelquefois la peinture par la facilité qu'a
le verre de se colorer de toutes les nuances.

La mosaïque d'émaux fut toujours hautement
protégée par les papes, qui établirent une école de mosaïstes à Rome. Sous Clément VIII, on commença à
décorer, avec leur aide, la coupole de Saint-Pierre,
et aujourd'hui tous les tableaux d'autel, même ceux de
Raphaël, sont remplacés par des copies en mosaïque,
et de la sorte la superbe basilique conservera à per-
pétuité les chefs-d'œuvre de la peinture moderne.

L'école pontificale existe encore à Rome, mais c'est

avec regret que nous l'avons vue ne rien envoyer au concours universel, où cependant les œuvres de quelques artistes romains ont figuré avec un honneur suprême.

Ainsi l'on a admiré la perfection d'un tableau en mosaïque, représentant une vue du *Campo-Vaccino*, c'est-à-dire de l'ancien Forum romain, exposé par MM. Rocchegiani père et fils.

A une certaine distance, les intervalles, pour aussi faibles soient-ils, qui séparent les diverses pièces de cette mosaïque de trois mètres de surface disparaissent, et l'œil embrasse dans sa haute et harmonieuse composition cette œuvre magnifique, qui n'a pas coûté moins de dix ans de travaux à ses auteurs, tableau splendide où les restes de la grandeur romaine apparaissent encore debout, mais mutilés et chancelants, au milieu des œuvres des générations modernes, où les colonnes du temple de Jupiter Stator se détachent dans leur élégance antique sur un ciel sans nuages. Quelles pensées, quels souvenirs ne réveillent pas ces ruines, et quel pinceau donnerait plus d'expression à cette scène imposante !—C'est réellement magnifique.

Dans le même compartiment, M. Galand, de Rome, exposait un grand nombre de tables en mosaïque très remarquables ; une, entre autres, incrustée de pierres précieuses de la plus grande rareté, est ornée dans le sens de la circonférence de six tableaux-mosaïque représentant les principales vues de Rome : Sainte-Marie-Majeure, la Place de Saint-Pierre, le château Saint-Ange, etc., et aussi la cathédrale de Pavie. L'espace laissé vide au centre est rempli par le fameux épisode de l'origine de Rome, l'allaitement de Romulus et de Rémus par une louve ; ces deux enfants sont traités avec une rare distinction. — L'ensemble de cette table est très beau.

Rappelons aussi une magnifique couronne en mosaïque, posée sur marbre noir où les fleurs ont un étonnant relief et une vivacité, un chatoiement de couleurs que la plus brillante palette ne dépasserait pas. C'était, du reste, et cela nous l'avons bien éprouvé, très difficile de s'arracher au charme que vous causaient les œuvres de MM. Galland et Rocchegiani, car tous éloges sont dus à leur imitation des *Colombes du Capitole*, à leur *Cabane du berger*, à leur reproduction de la *Chasse au lion* d'Horace Vernet, trois superbes guéridons en mosaïque.

On n'admirait pas moins, parmi les autres ouvrages exposés par les mêmes artistes, une coupe en albâtre tigrée, et une autre en jaune antique de 1 m. 30 c. de diamètre, objets uniques, non-seulement par la perfection de leurs formes, mais encore par la matière dans laquelle ils ont été taillés, matière si précieuse que le musée du Vatican ne renferme aucun travail semblable et d'une dimension pareille. La reproduction en rouge antique, sur une échelle de 1 mètre de hauteur, des colonnes Faustine, Trajane et Foca, et la copie des ruines du Forum, si délicatement sculptées par M. Galland, formaient aussi des ouvrages de la plus haute valeur.

Après MM. Galland et Rocchegiani, M. le chevalier Lui Moglia avait exposé un tableau-mosaïque représentant saint Georges terrassant le démon, qui ne le cède en perfection et en beauté à aucune autre œuvre du même genre. M. Moglia est regardé avec raison comme un des plus habiles mosaïstes de son temps. Autant en dirons-nous de M. Barberi, dont une mosaïque en miniature, représentant Zavellas défendant sa femme contre un Turc, passe pour un tour de force, tant les moindres détails de cette scène émouvante sont admirablement rendus, quoique la mosaïque ait tout au plus la grandeur d'une carte de visite. On est effrayé de l'attention minutieuse et de la patience extrême qu'il faut déployer pour arriver à une pareille finesse d'exécution.

Un charmant guéridon en marbre noir, couvert de convolvulus aux délicieuses clochettes blanches et bleues, rappelle à notre souvenir le nom de Mme la marquise de Sampieri, dont le gracieux talent en mosaïque a reçu l'approbation des juges les plus difficiles. C'est, nous dit-on, M. de Mercey, chef de la section des Beaux-Arts au ministère d'État de France, qui a composé et dessiné le beau pied doré qui supportait la jolie table de Mme la marquise de Sampieri. Cette œuvre collective était fort belle.

Une table de marbre sculptée, par MM. le comte et le marquis Muti-Pappazuri-Savorelli, de Rome, avec reliefs et creux obtenus par le procédé de la *lithoglyphie*, faisait encore partie de ce compartiment. Ce travail remarquable, qui est une reproduction de l'œuvre du Dante par Flaxmann, se distingue par la sobriété, l'élégance des ornements et la pureté du dessin ; la figure de l'illustre poète florentin, si grave, si caractéristique, aux traits qui sollicitent le statuaire, se prête bien à toutes les délicatesses de crayon et de ciseau des nobles artistes. Là, le spectateur prend part à la pérégrination surnaturelle de l'amant de Béatrix, tantôt lorsque lui apparaît la belle inspiratrice de son génie, tantôt lorsque avec Virgile il marche à la découverte de cet Enfer et de ce Ciel qu'a chantés son imagination grandiose. L'œuvre de MM. Muti-Pappazuri-Savorelli est parfaite, et l'on est heureux de voir un grand nom comme le leur s'alliant avec un tel goût et une telle intelligence des arts.

En terminant tout ce qui a trait à la mosaïque, n'oublions pas un beau chien en mosaïque, fait avec des cailloux tirés du bassin de la Seine par MM. Poggi et Ciuli, ainsi qu'une copie du portrait de Napoléon Ier, d'après Gérard, exécuté par M. Belloni, ancien directeur de l'école de mosaïque du Louvre, cette école à laquelle nous devons un bel ouvrage qui représente les quatre fleuves témoins de nos brillants faits d'armes. Le tableau de M. Belloni, quoique esquissé à grands traits, est très ressemblant et il aurait eu encore plus de succès si on l'eût placé à une portée plus convenable des spectateurs, car un tel genre de mosaïque a besoin d'être jugé à distance.

Rappelons aussi aux souvenirs de nos lecteurs de jolis bijoux-mosaïque, d'un prix très modéré, fabriqués par Mme Poggi, de Paris, et quelques ouvrages du même genre, exécutés par M. Franceseangeli, un des artistes les plus distingués de Rome.

Glyptique. — La glyptique est la partie de la sculpture qui s'occupe de la gravure des pierres précieuses, comme *camées* ou *intailles*. On appelle camées les pierres gravées en relief, et intailles celles qui sont gravées en creux. L'exposition romaine ne renfermait aucune intaille ; mais, par compensation, les camées y étaient très nombreux. Dumarsais définit le camée une pierre dure composée de plusieurs couches superposées, de diverses couleurs, dont l'artiste profite pour faire une espèce de tableau d'un fond le plus souvent foncé, et dans lequel les figures sont claires et les draperies et les cheveux d'une nuance différente. Entre toutes les pierres susceptibles d'être gravées, on distingue l'agate, la sardoine, l'améthyste, etc. On grave aussi des camées sur des coquilles, mais cette matière, par sa fragilité, ne résiste pas à l'action désastreuse du temps.

Les intailles et les camées ont une origine infiniment ancienne. En dehors des livres sacrés, les antiquités égyptiennes, grecques et romaines prouvent combien la glyptique était pratiquée dans tout l'Orient. Les fouilles faites récemment dans les nécropoles de Memphis ont fait découvrir une foule de pierres gravées pour bagues, agrafes ou colliers, représentant des Ammon, des Ibis, des têtes d'épervier, et en général toutes sortes d'hiéroglyphes. Les gouverneurs des provinces de la Thébaïde et les prêtres des Spéos s'en servaient pour marquer des empreintes sur les papyrus, à la manière des sceaux du moyen-âge apposés au bas des chartes en guise de signature. L'usage des bagues et des pierres gravées servait autrefois à Rome, on s'en souvient, de marque distinctive aux chevaliers et aux patriciens. Les dames romaines en ornaient leurs robes, ou les employaient comme des agrafes pour attacher leurs manteaux, car les camées étaient, chez les anciens, un objet de luxe et de parure: ils enrichissaient les vases, ils formaient des colliers, des bracelets, des ceintures. On sait même que les *phalères*, décoration militaire qui se décernait sur le champ de bataille et que l'on portait sur la poitrine, étaient composées de camées disposés symétriquement.

Les trésors des églises et des couvents ont conservé pendant le moyen-âge les plus beaux camées qui nous soient venus des Romains ; nous citerons entre autres l'agate de la Sainte-Chapelle, représentant l'apothéose d'Auguste, et une belle aigue marine qui faisait partie du trésor de Saint-Denis.

En France, l'art de la gravure sur pierre florissait sous Henri IV, qui fit travailler le célèbre Coldoré ; sous Louis XIV, et plus tard sous Napoléon Ier, il jouit aussi d'une grande faveur.

En Italie, et à Rome principalement, la glyptique a été toujours pratiquée avec supériorité, surtout au temps des Médicis. Plusieurs graveurs romains modernes se sont fait une haute réputation ; nous citerons les noms de Girometti, de Calandrelli, morts depuis quelque temps, etc. ; et parmi les artistes vivants, MM. Santerelli, Rega, Berini, ainsi que M. Pistrucci, établi à Londres, jouissant tous d'une très grande célébrité. Aujourd'hui l'on peut dire que Paris tend à enlever à l'Italie le monopole des ouvrages de glyptique. Un Romain, M. Michellini, établi à Paris, a présenté à l'Exposition universelle les plus beaux camées que l'on puisse voir.

Dans cette considérable collection de 51 camées, on s'arrêtait avec admiration devant un beau profil de Sa Majesté l'Impératrice des Français, exécuté sur une belle sardoine orientale d'après le charmant buste de M. le comte de Nieuwerkerke. Une autre pièce de M. Michellini, représentant le demi-buste de la Vénus de Milo, constitue un camée qui n'a pas d'égal pour l'épaisseur. On doit encore toute sorte d'éloges aux profils de Sa Majesté Napoléon III, dont un de la plus grande dimension; au Bacchus indien, à l'Apollon du Belvédère et surtout à la Diane, à la Bacchante, qui sont tout ce que le touret peut obtenir de plus pur et de mieux réussi.

Nous avons aussi admiré une belle pierre, gravée par M. Dies, de Rome, qui reproduit les traits du vénérable chef de l'Église, Pie IX. Jamais la douceur et la bonté auguste du souverain pontife ne nous ont paru mieux représentées que dans ce chef-d'œuvre, devant lequel la foule s'arrêtait, frappée à la fois de surprise et de respect. Il y a dans cette pierre des méplats irréprochables, et l'on sait que le méplat, qui consiste à dessiner des formes avec très peu de relief, est le triomphe de l'art de la glyptique chez les anciens; habituellement, c'est ce que les modernes exécutent le moins bien.

Peinture. — Quand on prononce ce mot à propos d'une exposition romaine, il semble que l'on va se trouver en présence de toute sorte de chefs-d'œuvre. Cette ville éternelle est si imposante par ses souvenirs; depuis Auguste jusqu'à ces derniers temps, elle offre une chaîne si ininterrompue de génies en tous les genres que l'esprit ne sait comment admettre, non pas une dégénérescence, mais un affaiblissement quelconque dans ses facultés créatrices.

Quel milieu plus magnifique peut favoriser l'éclosion du génie! Là, les ruines païennes et les merveilles du monde antique; ici, les inspirations de l'art moderne, et partout les noms et les œuvres d'immortels. La Rome des pontifes, la patrie adoptive des Raphaël, des Michel-Ange, des Jules Romain, des

Guide, et de tant d'autres, ne devrait avoir toujours, semble-t-il, que des hommes aussi grands à mettre en parallèle avec ces puissances de l'art.

Malheureusement, il n'en est pas ainsi, et le spectateur, se voyant frustré dans ses secrètes espérances, conçoit immédiatement des préventions défavorables contre toutes les œuvres qu'on lui présente. Autant il était disposé à admirer, autant il devient enclin à la critique, et une telle situation fait que des ouvrages qui partout ailleurs seraient appréciés ne sont ici traités qu'avec un dédaigneux mépris.

Mais pourquoi tant de diatribes, pourquoi ces colères à froid auxquelles se livrent certains écrivains contre ce qui nous vient d'Italie? C'est vrai : les peintres romains modernes ne sont pas à la hauteur des Raphaël, et ses sculpteurs ne sculptent pas comme Michel-Ange ; mais cependant ne soyez pas assez injustes pour leur nier tout mérite, toute valeur, et quand vous prônez tant d'autres artistes qui, certes, malgré leur talent, ne sont pas encore d'incontestables génies, ne refusez pas aux Romains un peu de justice et d'impartialité ; c'est bien le moins, ce nous semble, qu'on puisse leur accorder, à eux qui furent nos maîtres, à eux dont nous copions les œuvres, et sans lesquels nos arts, dont nous sommes si fiers, n'existeraient même pas.

Pourquoi douter aussi de la fécondité de ce sol italien que l'on a cru si souvent épuisé, et qui, tout à coup, a pu donner des fleurs et des fruits admirables? Rome a été souvent renversée, et elle s'est relevée de ses ruines; ses artistes se reposent aujourd'hui, est-ce à dire qu'ils ne se réveilleront pas demain, comme au temps de Léon X? Qui oserait affirmer que non? et quelle œuvre réellement transcendante présentée à l'Exposition universelle des Beaux-Arts pourrait-on mettre comme un défi devant les peintres de l'Italie? Quel chef d'école d'aujourd'hui a planté son drapeau si haut que nul rival ne puisse l'atteindre?

Soyons donc plus impartiaux dans nos jugements, c'est non-seulement notre devoir comme critiques, mais c'est encore surtout notre devoir comme Français.

Parmi les principales toiles qui composaient le salon romain au Palais des Beaux-Arts, nous citerons tout d'abord une *Ève effrayée à la vue du serpent qui lui rappelle sa première faute*, excellente toile de M. Agneni, de Rome. La première mère, portant le plus jeune de ses fils dans ses bras, et donnant la main à Caïn, passait sur la lisière d'un bois, lorsque tout à coup un hideux reptile à la robe verdâtre, aux yeux ardents, s'est dressé devant elle du milieu d'une touffe de fleurs. Ève s'enfuit épouvantée, entraînant Caïn, qui se retourne prêt à se jeter sur le serpent maudit. La frayeur d'Ève, le mouvement qui règne dans cette scène, la beauté du groupe, la science anatomique des détails, tout fait grand honneur au talent de M. Agneni.

M. Bompiani, de Rome, a envoyé un *Virgile et Dante transportés par Gérione*, sujet tiré de la *Divine Comédie*. Les deux poètes sont assis sur la croupe du démon, dragon horrible, à tête humaine, qui franchit l'abîme de son vol rapide.

La tête de Virgile est ceinte d'une couronne de lauriers : sa figure est froide et impassible ; c'est une ombre qui n'a plus rien d'humain. Alighieri, au contraire, épouvanté du vide, des ténèbres incommensurables qui l'entourent, frémit de terreur et s'attache de toutes ses forces à son guide immortel.

Ce tableau a des parties excellentes ; c'est un des meilleurs morceaux de l'exposition romaine.

Le *Prophète Jérémie*, par M. le chevalier Cavalleri, est largement peint et riche de coloris ; les vêtements du prophète sont bien étoffés. Sa tête, naturellement belle, serait majestueuse avec un peu plus d'inspiration. Le bras nu de Jérémie, et surtout sa main, sont admirablement modelés. Cette peinture a été exécutée à l'aide d'une méthode de coloris, retrouvée par M. le chevalier Cavalleri, et nommée par lui *peinture bichromographique.*

L'histoire de Roméo et Juliette a fourni à M. Leighton, de Scarbro, le sujet d'un tableau. C'est la réconciliation des familles Montecchi et Capulet, en présence des cadavres de leurs enfants. Les deux jeunes gens sont couchés sur le lit funèbre, et Juliette, vêtue d'une robe blanche et couronnée de roses, a les bras passés autour du cou de son bien-aimé. Leurs parents les entourent, et les chefs de maison, vieillards à tête blanche, voyant à quel deuil les a conduits cette haine insensée, jurent sur ces deux cadavres d'oublier leurs vieilles querelles. Il est dommage que quelques imperfections de dessin déparent cette toile.

Le *Siége d'Ancône, par Frédéric Barberousse, en* 1160, de M. le professeur Podesti, de Rome, est le plus grand tableau d'histoire de cette exposition, et mérite de fixer l'attention. Voici le sujet du tableau :

Frédéric Barberousse assiégeait Ancône, dont les habitants, serrés de près, étaient réduits au désespoir et parlaient de se rendre, lorsque, en plein conseil communal, se leva un des principaux de la ville, vieillard aveugle, qui, par son langage énergique, ranimant le courage de ses concitoyens, les détermina à n'accepter aucun traité et à attendre des renforts de la Romagne.

Dans ce tableau, l'aveugle, soutenu par ses deux neveux, après avoir quitté le palais communal avec ses collègues, leur fait jurer, sur les drapeaux de la patrie, de vaincre ou de mourir.

Malgré la multiplicité des scènes, les nombreux personnages qui animent cette vaste toile sont bien groupés. Le dessin en est généralement correct, quoique un peu raide, la couleur est brillante et les costumes de l'époque d'une grande fidélité historique.

L'œuvre de M. le chevalier Podesti a reçu, de la part du Jury, un accueil flatteur et justement mérité.

Nous ne devons pas omettre à cette place de délicieuses et très nombreuses miniatures de M. F. Medici, de Bologne, entre autres des réductions des œuvres de Titien, Raphaël, etc., par exemple, un *Ange gardien*, une *Vénus* du Titien, et surtout le portrait de Mme Lebrun, d'après le tableau original qui existe à Florence.

Le dessin à la plume des portes en bronze de la basilique de Saint-Pierre du Vatican, par M. le chevalier Tosi, a été aussi fort apprécié. Ces portes, destinées à perpétuer le souvenir du concile de Florence, où fut décrétée la réunion des Églises grecque et romaine, ont été sculptées par le Florentin Antoine Philarète.

Comme ouvrages de gravure, nous citerons d'abord la *Descente de croix*, de M. le comte Biordi, dont les procédés de gravure spéciaux se recommandent, dit-on, pour la transparence et le fini que l'on peut obtenir par leur moyen, et puis les œuvres si célèbres d'un des plus illustres graveurs de notre époque, M. Louis Calamatta, né à Civita-Vecchia, et juré de l'exposition des États pontificaux pour les beaux-arts. Ces gravures, sur le mérite desquelles nous n'insisterons pas, car tous nos marchands d'estampes, en France, forment leurs étalages des ouvrages de M. Calamatta, sont admirables par la finesse du burin, la beauté et la perfection du dessin. On distingue particulièrement les copies du *Vœu de Louis XIII*, d'après M. Ingres; les portraits du comte Molé, de M. Guizot, du duc d'Orléans; la *Françoise de Rimini*, d'après M. Scheffer, etc.

Sculpture. — L'apport des sculpteurs romains au Palais des Beaux-Arts a été arrêté par la crainte très fondée qu'ils ont dû éprouver à la suite d'accidents de voyage qui n'ont été, hélas! dans les expositions précédentes, que trop fatals à beaucoup d'œuvres de la Péninsule. Ainsi, les Tenerani, les Galli, les Revelli, les Tadolini se sont abstenus tout à fait de paraître au concours. Cependant quelques marbres d'une réelle valeur ont soutenu la réputation des artistes de Rome.

Nous citerons d'abord plusieurs plâtres de M. Benzoni, de Bergame, entre autres, une *Ève tentée par le serpent* et une statue colossale du pape Pie V ; l'*Ève* dénote un talent réel, mais qui manque peut-être d'originalité, d'inspiration. On aurait aimé dans ce plâtre plus de fermeté de contours.

Pie V est représenté debout, les bras levés vers le ciel, dans l'attitude de la prière et de l'invocation. Les traits du saint pontife, pleins d'une austère piété, l'air vénérable que lui donne sa longue barbe, sa haute taille, la beauté des plis de sa robe serrée par une ceinture, tout fait de cette statue colossale une œuvre remarquable.

L'*Apothéose de Napoléon Ier*, par M. Bien-Aimé, membre de l'Académie de Saint-Luc, est très largement conçue. Cette tête antique porte un cachet de majesté qui frappe. Cependant, on pourrait contester à l'artiste quelques traits probablement grossis à dessein et qui ne se retrouveraient peut-être pas sur les bustes faits du vivant du grand empereur.

Quelle délicieuse composition que la statue de *Ruth dans les champs de Booz*, par un Français, M. Bonnardel, premier grand prix de notre école de Rome! Cela est d'une élégance de style, d'une douceur charmantes. Les draperies ont une souplesse merveilleuse; la pose de la jeune Juive est pleine de grâce ; les attaches du cou et des mains d'une grande perfection.

Nous rappellerons aussi avec les plus grands éloges une *Amazone blessée*, statue en plâtre de M. John Gibson, élève de Canova et membre de plusieurs académies. On a dit de ce sculpteur qu'avec un peu plus de feu sacré et plus de vérité, il rappellerait son maître. Cette observation est fort juste : il y a des détails d'une rare beauté dans l'*Amazone blessée*.

M. Wolff, né à Berlin, avait exposé une *Canéphore*, statue en marbre et en bronze coloriés, comme les statues grecques, qui est moins pure de lignes que la *Minerve* de M. Simart, mais qui aussi a moins de raideur et plus de grâce que cette dernière.

Nous clorons cette étude des productions qui forment l'exposition des États pontificaux, en faisant mention d'un groupe composé par un jeune artiste, M. Lanzirotti, né à Naples et élève de l'école de Palerme.

L'*Érigone et Bacchus* de ce sculpteur est un plâtre du plus haut style, et qui avait été honoré d'une place privilégiée dans le Palais des Beaux-Arts. Cette composition dénote dans l'artiste napolitain une imagination très vive et une connaissance profonde de l'antique. C'est gracieux et sévère à la fois. L'enfant est largement modelé ; l'Érigone, couronnée de pampres, se penche vers Bacchus dans une pose pleine d'abandon. Quelques grandes lignes de l'Érigone laissent peut-être à désirer, mais, en somme, cet ouvrage suffit pour nous permettre de prédire au talent de M. Lanzirotti un brillant avenir.

TOSCANE.

Si dans cette foule de concurrents qui se sont levés sur tous les points de la terre pour apporter leurs industries et leurs arts au Palais des Champs-Élysées, on prend la liste des exposants de chaque nation, afin de comparer le nombre des objets présentés avec la population respective de chaque État indépendant, on trouve peu de pays qui aient répondu à l'appel de la France avec l'empressement dont la Toscane a fait preuve en cette circonstance solennelle. Mais cet empressement serait en lui-même un fait de valeur, et qui ne témoignerait en rien des mérites industriels du Grand-Duché, si, poursuivant cette recherche statistique, on n'était amené à constater la part considérable de récompenses qu'a obtenue la Toscane à la distribution des prix décernés après le concours; part même proportionnellement plus grande que celle de la France et de l'Angleterre, ces deux têtes de la civilisation moderne.

Comment un État, si faible par lui-même qu'il ne dépasse pas en étendue un ou deux de nos départements, est-il parvenu à ce résultat, à ce triomphe, dont un pays a le plus droit d'être fier! C'est ce qu'une simple réflexion va nous apprendre.

Dans toutes les œuvres qu'enfante le génie de l'homme, et que son bras exécute, chaque progrès vé-

ritable tire sa source de la science, car c'est elle qui
décide de l'excellence des créations et des perfectionnements industriels. Cela est si positif, que sur la
vaste échelle productive qu'il a été donné à chacun
de contempler dans la dernière Exposition, les plus
haut placés étaient toujours les plus savants, tandis
que les contrées vivant dans une absolue ignorance
prouvaient qu'elles avaient à peine l'idée d'une production industrielle.

Du reste, à part cette cause générale de succès, il
en est une autre non moins importante, qui consiste
dans le soin que les gouvernements prennent des intérêts des populations qui leur sont soumises, et dans la
confiance qu'ils savent leur inspirer. Ces deux causes
premières de prospérité sont réunies à un degré extraordinaire en Toscane.

La science est tellement goûtée dans cette partie de
l'Italie, on en est si avide, l'instruction à tous les degrés y est tellement répandue, que cette nouvelle Atti-
que compte dans sa population, de moins de 2 millions
d'habitants, un nombre étonnant d'intelligences de
premier ordre qui aiment, protégent ou cultivent les
arts et l'industrie. Quant à son gouvernement, on en
trouverait difficilement un autre qui s'occupe avec
plus de zèle et de sollicitude de son peuple ; qu'on en
juge par cette simple observation :

La Toscane, désirant paraître à la grande exhibition
parisienne, avec des produits dignes d'y figurer, ouvrit
à Florence une exposition *préparatoire*, nous insistons à dessein sur ce mot, dont la surintendance fut
confiée par S. A. I. et R. le grand-duc à S. E. le
conseiller J. Baldasseroni, président du conseil des
ministres, et à l'Institut technique de Florence, et ce
ne fut qu'après avoir examiné ce qui serait digne
d'être envoyé en France, que la commission (1) lo-

(1) Cette commission était ainsi composée : S. E. le conseiller
J. Baldasseroni, président ; S. E. le comte G. de Montessuy, envoyé

cale arrêta la liste définitive des objets qui méritaient d'être exposés à Paris, après avoir impitoyablement refusé tout ce qui n'était pas susceptible de représenter dignement le Grand-Duché.

Que l'on s'étonne ensuite de trouver tant d'ordre et d'esprit de suite dans les magnifiques collections toscanes, et les succès obtenus par ce pays ont-ils lieu de surprendre!—Noble exemple donné au monde, et qui démontre comment une nation, en quelque situation qu'elle soit placée et quelle que soit sa force numérique, peut arriver, avec de l'intelligence et de la bonne volonté, à de grandes choses. Heureux aussi les royaumes qui peuvent compter à leur tête des hommes aussi noblement dévoués aux intérêts d'un État!

Les Expositions nationales, a dit M. P. Corridi, commissaire de la Toscane, dans la notice qui précède le catalogue des produits industriels du Grand-Duché, ont été un des plus puissants moyens employés par le gouvernement toscan pour exciter le zèle et l'activité des industriels. Aussi l'on voit, non sans étonnement, au sein d'un peuple agriculteur par nature, tous les arts et toutes les industries s'élever à un degré de perfectionnement qui serait remarquable même chez une nation exclusivement manufacturière. Il suffit, en effet, de jeter un coup d'œil sur l'ensemble de cette exhibition pour se convaincre de la réalité de ce développement industriel, qu'une étude détaillée et conduite classe par classe va faire ressortir mieux encore.

Nous suivrons l'ordre adopté dans le programme officiel, pour la classification des produits de l'industrie.

extraordinaire et ministre plénipotentiaire de S. M. l'empereur des Français auprès la cour de Toscane; M. Ph. Corridi, directeur de l'Institut technique de Florence; S. E. le marquis C. Ridolfi, président de l'Académie des géorgophiles, MM. Horace Hall, le comte Fr. de Larderell et le comte N. Guinigi, députés des Chambres de commerce de Florence, de Livourne et de Lucques.

PREMIÈRE CLASSE.

Arts des Mines et Métallurgie.

Une magnifique collection minéralogique, envoyée par l'Institut impérial et royal technique de Florence, était la première chose qui frappaitles regards, quand dans l'Annexe du bord de la Seine on arrivait en présence du compartiment de la Toscane. Le sol de l'ancienne Étrurie se reproduisait là avec ses diverses natures de terrain, ses minéraux métalliques, ses matériaux de construction, ses pierres pour la sculpture, ses pierres d'ornementation et ses marbres, ainsi que ses minéraux divers. Cela formait en tout 2,600 échantillons, qu'un savant géologue, M. Cocchi, a classés avec un ordre admirable, et qui ont valu à l'Institut de Florence une grande médaille d'honneur.

Nous regrettons de ne pouvoir nous arrêter sur l'importance scientifique qu'offrait cette collection, mais une description de cette nature n'offre de l'intérêt qu'à un bien petit nombre de lecteurs, et pour être sérieuse elle demande à être détaillée ; or, les cadres de ce travail s'opposent à toute tentative de ce genre. Abandonnons donc ce cabinet géologique pour l'étude des richesses extractives du Grand-Duché, et commençons par les combustibles minéraux, ou les minéraux métalliques.

La Toscane est la contrée la plus riche de la Péninsule en combustibles minéraux ; avec de riches dépôts de tourbe, elle contient encore beaucoup de lignites d'anthracites, et, privilége rare, qui explique son développement industriel, elle a des mines de houille, entre autres, à Montebamboli. MM. Mailland, Caillon et Formigli frères, de Livourne, avaient envoyé un énorme bloc de ce dernier combustible. Ces exposants cotent leur houille à 25 fr. la tonne, la qualité inférieure, et à 40 fr. les premières qualités. Le filon de Montebamboli, qui est très puissant pourrait être exploité avec plus d'activité, et l'on est étonné que les capitaux ne s'y portent pas avec plus d'empressement, car il y a là pour eux des bénéfices considérables à réaliser.

On devrait chercher d'abord à exonérer la Toscane de l'argent dépensé dans son commerce de houille avec l'Angleterre, car le Grand-Duché paye à l'étranger, 1,600,000 fr. de houille employée presque exclusivement dans la navigation à vapeur : or, c'est là un tribut très onéreux pour le pays.

Nous ne ferons pas remarquer les propriétés précieuses des combustibles minéraux, dans un temps où tout, depuis les nombreuses applications de la vapeur, est soumis à leur plus ou moins d'abondance : le Grand-Duché est trop éclairé pour ne pas s'apercevoir que c'est dans leur large exploitation et leur emploi que gît le secret de son avenir industriel.

Métallurgie du fer et fonte. — Le fer, ce métal dont les propriétés sont aussi nombreuses que précieuses, et que l'industrie emploie de tant de manières, se trouve soit en sédiments circonscrits, soit en masses éruptives, le long de la chaîne des Apennins et dans les îles de la Méditerranée. Mais il n'y est pas à l'état natif, ce qui est une exception dans la constitution géologique du globe ; ici il est habituellement combiné avec l'oxygène, le soufre, etc., et ces alliages forment diverses variétés de minerais, telles que l'oligiste, le spathique, les carbonates, qu'on trouve cristallisés ou à l'état amorphe ; de pareils alliages ont besoin, avant d'être rendus propres à un traitement métallurgique, d'être soumis à diverses préparations mécaniques, on les concasse, on les lave et puis il faut les griller pour séparer le fer des corps étrangers avec lesquels il est uni.

La plus importante de ces dernières opérations est le grillage, pour lequel il existe, comme chacun sait, deux méthodes principales : la *méthode catalane*, la plus ancienne et la plus simple, qui consiste à mélanger le minerai avec du charbon de bois, dans un fourneau dont le fond est en forme de creuset où, par suite de la haute température à laquelle il est soumis, le fer vient se réunir en une masse spongieuse, à laquelle le marteau fait acquérir une excellente qualité. L'autre mode de traitement, également usité en Toscane, est l'emploi du haut-fourneau, qui donne la fonte, combinaison de charbon et de fer, que l'on produit d'une manière continue, car on superpose à chaque instant des couches de minerai et de charbon sur la bouche du fourneau.

Au moyen d'une série d'opérations, dans le détail desquels il nous est impossible d'entrer, on tire le fer de la fonte, mais bien souvent aussi, la fonte s'emploie toute seule à cause de sa grande fusibilité et de sa facilité à reproduire par le moulage toute sorte d'objets.

Si le fer est en l'Italie l'objet d'une grande exploitation, la Toscane était, dans la Péninsule, un des pays qui en présentaient le plus d'échantillons, soit travaillé, soit à l'état de minerai. La collection de l'Institut royal de Florence et celle de M. le chev. Bastogi, administrateur des mines royales de l'île d'Elbe et de la fonderie de la Fellonica, répondaient parfaitement aux richesses en ce genre du Grand-Duché. Les échantillons de M. Bastogi étaient surtout remarquables; rien de plus beau que les morceaux d'aimant et les blocs de fer oligiste de la mine de Rio, dont le filon est si considérable qu'après deux mille ans d'exploitation on le croirait entamé d'hier.

L'île d'Elbe fournit 238,000 quintaux métriq. de minerai de fer rendant 66 0/0. La Toscane consomme les deux tiers de ce minerai, l'autre tiers est envoyé dans les autres parties de la Péninsule. La province de Gênes en absorbe un cinquième. Comme l'île d'Elbe manque de combustible, le minerai se transporte sur les côtes voisines, principalement à Fellonica.

Le revenu brut des mines royales de l'île d'Elbe

est évalué à 2,184,000 francs, et le revenu net, à 583,000 livres par an.

Parmi les exposants du Grand-Duché, nous placerons en première ligne M. le chevalier sénateur E. H. Fenzi, pour ses échantillons de fer forgé en barres et ses divers instruments ruraux, dont nous regrettons de ne pas connaître le prix, car ils étaient d'un travail très soigné.

Nommons encore MM. Benini et Michelagnoli, au Pignone, près Florence, qui avaient des objets en fer de seconde fusion, comme pieds, grilles, macarons, bien dignes d'attirer l'attention par leur bon marché relatif; les produits de l'établissement des pauvres de Florence, institution éminemment philanthropique, avaient aussi beaucoup de valeur.

L'art de la fonte est poussé dans ces ateliers à une perfection remarquable, due autant à l'habileté des ouvriers qu'à la qualité supérieure du fer toscan, et l'on sait cependant les difficultés que présente le moulage d'une pièce et toutes les précautions qu'il faut prendre pour éviter la déformation des moules quand la fonte change de volume en diminuant de température, ce qu'on nomme le *retrait*. Mais plus tard nous verrons, par d'autres pièces autrement importantes, combien l'art de la fonte est ici savamment pratiqué.

Après le fer, le cuivre paraît être le métal le plus abondant de la Toscane, où des mines plus nombreuses qu'en aucune autre partie de l'Italie sont activement exploitées. Du reste, c'est de tradition dans ce pays, qui, dès le moyen-âge, entretenait un grand commerce de cuivre avec la Flandre, et principalement avec Bruges, Anvers et Gand.

Le cuivre est un des métaux connus des anciens; il possède une couleur rouge particulière et une odeur et une saveur désagréables. Il est malléable à froid, et c'est, après le fer, le métal le plus tenace.

Le cuivre rouge du commerce contient des substances étrangères avant d'avoir été passé au laminoir. Un millième de plomb d'alliage suffit pour le rendre impropre à la fabrication du fil. Rarement le cuivre est pur. Quand le cuivre est coulé, il se convertit en rosette, en prenant la forme de gâteaux ronds. Le cuivre fait partie de beaucoup de minerais. Parmi les diverses espèces minérales de cuivre, on compte le cuivre natif, qui est souvent cristallisé, soit en cubes, soit en octaèdres, comme on l'a vu dans les magnifiques échantillons de l'exposition toscane. Il y a encore le cuivre sulfuré, le cuivre sulfuré argentifère, la pyrite cuivreuse, le cuivre gris, qui renferme de l'antimoine, de l'argent, du bismuth, etc., etc. Ce que l'on appelle du cuivre noir dans le commerce est un alliage de cuivre et de fer ; ce dernier métal rend le cuivre aigre et dur. Le cuivre, en s'alliant au zinc, forme le laiton ; en s'alliant à l'étain, il donne le bronze, et, allié avec le nickel, il produit le packfond. Ces trois composés sont si employés dans l'industrie et dans les arts, que nous n'insisterons pas sur leur importance. Ajoutons que le cuivre se réduit en feuilles par le laminoir, mais il faut alors fortement le chauffer.

Depuis 1827, on exploite la mine de Montecatini, dans le val de la Cecina. Ce filon, qui se trouve dans les fissures du serpentin, suffit à une exploitation très productive, car elle s'élève à 2,000 fr. par jour. MM. Hall-Sloane et Coppi, de Florence, en présentaient du minerai rendant jusqu'à 32 0/0 de métal pur. Ce cuivre est excellent, si l'on en juge par ces cuivres noirs rosettes, écrouis ou martelés, sortis de la fonderie de la Briglia, que MM. Hall-Sloane et Coppi dirigent avec une habileté peu ordinaire. Les produits de cet établissement ayant l'habitude de remporter les premiers prix dans les concours, il est inutile d'insister sur leur valeur.

Un grand nombre de mines de cuivre du Grand-Duché sont encore en exploitation. On peut citer cel-

les de Castellina, Monte-Castelli, Miemo, Terriccio,
Rocca, donnant un revenu net de 200,000 francs
par an. Ajoutons-y la nouvelle mine de Casciano, près
San-Gimiano, appartenant à M. le chevalier Fenzi,
de Florence, et la mine de Querceto, propriété de
M. le chevalier marquis Ginori. Des échantillons
du minerai de ces deux derniers filons ont figuré
avec avantage à côté des lingots de cuivre rosette de
la mine de l'Accesa, exploitée par la société métallurgique maremmane, et des minerais de l'Imprunetta,
près Florence, appartenant à la société minéralogique florentine. La mine de Riparbella, exploitée par
une société métallurgique de Pise, a aussi pris une
part sérieuse au concours. Cette réunion d'exposants
toscans confirme ce que nous disions plus haut du développement considérable que l'extraction du cuivre
a pris en ces derniers temps dans le Grand-Duché. Le
commerce du cuivre ouvre une vaste carrière au génie spéculatif du pays, dont les capitaux se sont jusqu'ici exclusivement consacrés au sol. C'est encore un
moyen pour la Toscane d'utiliser le trop plein de ses
populations rurales.

La Toscane possède aussi plusieurs mines de zinc,
ce métal blanc bleuâtre dont la couleur se rapproche
de celle du plomb, et qui est si facilement malléable;
mais les mines de plomb argentifère étaient mieux
représentées à Paris. La compagnie de la mine du
Bottino, près Serravezza, a paru à l'Exposition avec
des échantillons de minerai, des plombs en saumon et
un lingot d'argent extrait de ce minerai, qui attiraient
beaucoup l'attention du public.

Le sulfure de plomb, connu sous le nom de galène,
a la couleur du plomb, mais il se trouve mêlé avec
d'autres sulfures, tels que celui d'antimoine, de zinc
et d'argent, comme c'est le cas dans la mine du
Bottino.

La collection toscane présentait aussi des échantillons de divers minéraux. Ainsi, la société métal-

lurgique toscane exposait des schistes argileux contenant du mercure, et des bocaux de ce dernier métal parfaitement épuré, fourni par les mines d'Iano, ne manquaient pas de valeur. L'antimoine, le chrôme, le manganèse, paraissaient dans les casiers de l'Institut technique de Florence, plutôt en qualité de spécimens scientifiques que comme produits de l'industrie.

Ce que l'on désigne sous le titre de minéraux divers, est un groupe qui comprend des substances très employées dans l'industrie, telles que l'acide borique, les borates, le soufre, l'alun, le sel gemme, les marbres; ces dernières matières étaient offertes en grandes masses par les manufactures du Grand-Duché.

Les mines de Perela et d'Ajola, exploitées par le gouvernement toscan, produisent beaucoup de soufre. M. le comte François de Larderell en exposait de bons échantillons obtenus dans ses établissements des Maremmes toscanes; mais les principaux produits de cette fabrique sont l'acide borique et les borates, qui proviennent des eaux des lacs boracifères des Maremmes. M. de Larderell avait joint aux échantillons de son industrie une vue des *lagoni* et un modèle en bois de la manufacture d'acide borique de Pomarance, près Volterra.

Les lacs s'étendent sur une superficie d'environ 104 kilomètres, d'où s'élèvent des colonnes de vapeur (appelées *soffioni* à cause du sifflement qu'elles font entendre) qui imprègnent l'air d'une odeur forte et légèrement sulfureuse. « Dans le voisinage, dit Malte-Brun, on ressent une chaleur insupportable et l'on est mouillé par la vapeur. Le sol brûlant qui s'ébranle sous vos pas est couvert çà et là de magnifiques cristallisations de soufre, de sulfate de fer, d'ammoniaque et d'acide borique. Au reste, dès la plus haute antiquité, la contrée où ces lacs s'étendent était regardée comme l'entrée des enfers. »

On enferme plusieurs de ces *soffioni* dans des réservoirs où l'on introduit des eaux que la vapeur met en ébullition. Ces eaux étant saturées, on les fait évaporer et l'acide borique se cristallise en paillettes. Le mérite de M. le comte de Larderell est d'avoir utilisé la chaleur produite par les soffioni à évaporer les eaux boracifères.

On n'avait qu'à jeter un coup d'œil sur le compartiment formé par les divers produits de la fabrique de Pomarance, pour reconnaître avec quelle intelligence son propriétaire a su tirer parti des richesses minérales perdues dans les Maremmes toscanes. Dès lors, on ne peut qu'applaudir aux diverses récompenses si méritées que lui ont décernées les Expositions universelles de Londres et de Paris.

Des eaux des lagoni, M. de Larderell extrait encore du soufre, de l'acide borique, du borax, du sulfate de fer, du sulfate d'ammoniaque, de l'alun. « Pour ces préparations, M. de Larderell a créé, a dit M. de Riancey, de l'*Union*, des usines qui se sont converties en villages. Là, mu par les sentiments les plus élevés, il a fondé des écoles et des églises, répandant à la fois les avantages de la prospérité et les bienfaits de l'instruction et de la foi. C'est noblement comprendre la mission de l'industrie, et si, dans les concours universels, les premières récompenses sont décernées au créateur de ces établissements, l'estime et la gratitude publique s'accordent à lui offrir des témoignages plus précieux encore. »

Nous nous associons, pour notre part et de grand cœur, à cet éloge des actions d'un homme de bien.

Un autre exposant, M. Durval, de Masse (maritime), avait envoyé de remarquables échantillons d'acide borique raffiné, extrait des eaux boracifères de Monterotondo. De l'acide borique on fait le borax : cette dernière substance ne s'employait autrefois que pour la soudure ou la fabrication des métaux. Aujourd'hui le borax a remplacé l'oxyde de plomb dans la composition du vernis des faïences, et même MM. Maez et Clémendot, directeurs de la cristallerie de Clichy, dont les produits magnifiques rivalisaient presque avec ceux de la manufacture de Sèvres, emploient le borax dans la fabrication de leur verre, que cette substance a la propriété de rendre absolument transparent.

M. le docteur Maestri a évalué à 8 ou 900,000 kilogrammes la production du Grand-Duché en acide borique.

L'alun naturel de la Toscane a une grande réputation dans le commerce, à cause de sa qualité supérieure à tous les aluns artificiels. Les fabriques du gouvernement exposaient des échantillons d'alunite de Montioni et un groupe de cristaux d'alun provenant du traitement de cette dernière roche, qui occupe en ce pays plus 80 ouvriers et fournit 70 à 100,000 kilos d'alun parfaitement purifié.

Mais les principales richesses de ce compartiment étaient des sels communs et des sels gemmes obtenus par voie de raffinage des terrains salifères des environs de Volterra ou des eaux de la Méditerranée. Les salines royales de l'île d'Elbe approvisionnent en grande partie la Toscane, et, comme le sel est frappé de fortes contributions, il donne près de 3 millions au fisc.

Pour achever ce qu'il y aurait à dire sur les richesses minérales du Grand-Duché, il faudrait longuement entretenir nos lecteurs de l'exploitation de nombreuses carrières de schiste, de gypse, de graphites de diverses qualités, de calcaires, de granits, de pierres réfractaires, etc., etc., ainsi que des agates, des calcédoines, des jaspes, qui occupent un grand nombre d'ouvriers ; mais mieux vaut terminer cet aperçu par l'énumération des diverses espèces de marbre toscan dont les superbes échantillons avaient été présentés par l'Institut technique et quelques particuliers.

Le Grand-Duché tire ses marbres de plusieurs carrières, et principalement de Montebamboli, de Santa-Maria-del-Judice, près de Lucques, de Seravezza, de Sienne, de Prato, de Monteferrato, de Volterra, etc., etc. Nous avons particulièrement remarqué dans ses collections les marbres rouges ammonitifères de Campigliesse et les jaunes de Sienne, le macigno, les calcaires runiformes ou avec arborisations formées par le fer et le manganèse, le travertin, les albâtres, les serpentines, le marbre portor, le petraforte, calcaire siliceux inaltérable, dont les riches reflets et la fine contexture se prêtent si bien à tous les efforts du génie des architectes et des sculpteurs toscans. M. le chevalier Marc Borrini, de Florence, exposait, comme échantillons de marbre statuaire de Seravezza, une statuette et un feuillage charmants, et M. Carpi, de Prato, de petites meules de serpentine et de granitone de Monteferrato.

Voilà, au résumé, quelles étaient les richesses minérales présentées par les Toscans à l'Exposition universelle. Certes, on peut dire sans exagération que ce compartiment minéralogique n'avait pas de rivaux dans l'Annexe, tant par l'abondance des échantillons que par le soin et l'intelligence avec lesquels ils avaient été classés. Cet ensemble minéralogique formait vraiment un coup d'œil magnifique.

DEUXIÈME CLASSE.

Art forestier, Chasse, Pêche et Récolte de produits obtenus sans culture.

Il n'est peut-être pas de classe dans l'exposition toscane dont les produits paraissent en si grand nombre et soient aussi complets, quoique la généralité des visiteurs ne leur ait probablement accordé qu'une attention superficielle. Aussi est-il à propos de s'y arrêter d'une manière spéciale, et comme ce qu'il y a à dire sur la question forestière toscane peut s'étendre à peu près à toute l'Italie, nous l'étudierons au point de vue de la Péninsule tout entière.

Dans les expositions italiennes, les articles de chasse et de pêche ou les produits du sol obtenus sans

culture n'offraient généralement qu'un intérêt secon-
daire. La chasse donne peu de revenu, si elle a pour
certains l'attrait du plaisir; la pêche constitue sans
doute une industrie avantageuse sur quelques parties du littoral de la Méditerranée ou de l'Adriatique,
et le trafic des poissons salés y est assez considérable; mais ce n'est pas là une ressource capitale pour
la contrée. Tout au plus devrait-on se demander si le
repeuplement des lacs et des rivières par les procédés
de pisciculture très en vogue de nos jours pourrait
être utilement appliqué au-delà des Alpes, et quelle
serait son influence sur l'alimentation des populations.

Mais dans une contrée qui est obligée de tirer de
l'étranger une partie du combustible employé dans ses
manufactures, pour un pays qui manque de bois, ce
sont les moyens à mettre en usage afin de conserver
les restes de quelques forêts existantes encore, après
une exploitation sans règle et sans mesure, qu'il importe surtout d'étudier et de connaître!

Que de considérations accessoires soulèvent les
produits de cette classe! N'y a-t-il pas à rechercher
quelle est l'influence des plantations sur l'assainissement des contrées malsaines, sur le système orogra-
phique d'un pays, sur le tarissement des sources, la
stérilité des campagnes, et ce qu'il faudrait faire pour
éviter la formation des crues subites auxquelles sont
sujets les fleuves qui coulent des Apennins et qui
inondent les plaines en détruisant tout sur leur passage? Mais, autre considération encore plus grave, ne
sont-ce pas les déboisements des montagnes qui ont
conduit à ces endiguements mal entendus en principe
qui, afin d'éviter un dégât accidentel et momentané,
ont préparé pour l'avenir des malheurs terribles et
inévitables?

Telle est la suite des réflexions que ces bois toscans, rangés méthodiquement et si bien polis et
équarris, font naître dans notre esprit. Presque tous

les peuples du midi de l'Europe se trouvent dans la même situation : en France, en Italie, en Espagne, partout où la civilisation s'est arrêtée, l'imprévoyance des populations s'est montrée la même. Ces forêts séculaires, qui entretenaient la fertilité des campagnes, sont tombées sous la hache ou se sont rabougries sous la dent cent fois plus meurtrière des troupeaux, et aujourd'hui des collines nues, des masses de rochers arides attristent les yeux du voyageur étonné. Sans doute, il faut faire la part de l'accroissement des populations, et il est impossible que la charrue ne prenne pas plus de place là où il se trouve plus de bouches à nourrir ; mais la terre indispensable une fois mise en culture, un peu de soin de ces bois qui donnent au pays un aspect si riant ne serait pas de trop. Il y a pour tous salubrité, agrément et profits si grands !

Dans nos précédentes études, nous avons passé en revue les échantillons de bois des États sardes et des États pontificaux que quelques particuliers avaient pris soin de colliger. En Toscane, c'est le gouvernement lui-même qui s'est occupé de l'exposition forestière, et ses administrateurs ont prouvé qu'ils étaient à la hauteur de cette tâche ; car on a admiré leur savante classification des essences du Grand-Duché. Voilà un exemple que les autres royaumes de la Péninsule devraient imiter, ce nous semble, car ils y trouveraient plus d'un avantage.

C'est qu'en principe, si nous sommes de ceux qui croient que tout ne doit pas être laissé aux soins du gouvernement, il semble aussi qu'en matière d'aménagement des forêts il est permis de dire que l'État peut seul bien faire les choses, car seul il est à l'abri de ces entraînements funestes qui arrêtent le gaspillage, et mettent en coupe réglée les forêts à des intervalles tellement rapprochés que les bois de haute futaie se changent bientôt en taillis presque improductifs.

Du reste, l'État seul est capable d'avoir une administration forestière intelligente, et le premier propriétaire venu n'est pas apte à bien aménager une forêt.

Nous le répétons, pour l'Italie, deux questions principales sont pendantes : il s'agit de conserver les bois existants et de les agrandir par le reboisement.

Les conserver, c'est proportionner les bois de haute futaie à ceux destinés au chauffage, de manière qu'ils puissent fournir à la consommation générale, quelles que soient ses demandes. Les grands arbres du Midi sont principalement renommés par leur durée dans les constructions navales ; ils sont très demandés dans ce moment surtout, et ils le seront de plus en plus à mesure du développement des relations internationales. Les pins d'Italie feront toujours d'excellentes mâtures de vaisseaux. Incontestablement, les bois du nord de l'Europe et des forêts du Nouveau-Monde leur font et leur feront une rude concurrence par leur excessif bon marché sur les lieux de provenance ; mais il y aura toujours, avec ces derniers, des frais de transport considérables, qui maintiendront les prix courants à un niveau convenable pour les essences méridionales.

C'est là une heureuse perspective qui permet de suivre les aménagements à longues périodes, aménagements incontestablement les plus productifs et les seuls que conseille une bonne économie forestière.

Quant au reboisement des montagnes, rien dans la Péninsule n'est plus urgent que cette opération :

A part le manque de combustible, il y a une considération de revenu territorial qu'il ne faut pas négliger. Sur les flancs des montagnes, l'hectare de terre vague ne produit à peu près rien ; transformé en bois, il acquerrait immédiatement de la valeur. Le sol de la plaine, lui-même, si nous en croyons quelques expériences, donnerait, planté en bois, un produit autant ou plus élevé que s'il était cultivé de toute autre manière, surtout lorsque, comme c'est possible sur beaucoup de points en Italie, on peut s'aider de l'irrigation. Mais l'urgence du reboisement est démontrée surtout par l'insalubrité de certaines parties de l'Italie. Les arbres ayant la propriété de purifier l'air, il y a nécessité de les multiplier dans ces vastes plaines des marais Pontins et des Maremmes où déjà des moines camaldules se livrent à de grandes plantations, et le long des lagunes ou près de tous les endroits d'où s'échappent, pendant les chaleurs, des miasmes délétères si funestes à la santé des hommes. Les arbres retiendraient aussi une partie des eaux pluviales, et empêcheraient la formation des torrents impétueux qui, si souvent en Toscane, mettent en péril la vie des populations rurales.

En résumé, production de combustible, revenu du sol plus grand, épuration de l'air et meilleur emploi des eaux, tels sont les avantages que doit procurer le reboisement des montagnes. — On le voit, ces résultats sont grands, mais que l'on ne s'y méprenne pas, le reboisement ne peut être, ainsi que quelques personnes le prétendent, une panacée universelle. Outre qu'il exige de forts capitaux, il est difficile à pratiquer en grand, et souvent même il est impossible par l'absence de terres végétales dans lesquelles puissent s'enraciner les semences. Que planter, par exemple, sur ces sommets décharnés qui dominent la vallée de l'Arno et qui ressemblent tant à nos *garrigues* du midi de la France?

Non, le reboisement, si utile en lui-même, ne rendra des services complets, en Italie comme chez nous, que lorsqu'on l'aura combiné avec un système de réservoirs, avec un barrage de vallées propres à retenir l'excédant des pluies qui tombent irrégulièrement sans doute, mais en plus grande abondance au sud de l'Europe que dans le Nord. Les bois retiendront la terre végétale et contribueront à augmenter la couche d'humus, mais les réservoirs utiliseront l'excédant des eaux pour l'agriculture, tandis qu'un colmatage bien entendu exhaussera les parties basses du sol, comblera les marais en rétablissant peu à peu la pente des rivières dans les limites naturelles d'où des endiguements imprudents les ont fait sortir.

C'est en effet surprenant de voir à quelles conséquences peut conduire un faux principe d'hydraulique : en Italie, on a voulu, à la suite du défrichement des montagnes, se préserver des inondations subites des fleuves, et on a essayé de les contenir dans des digues ; au premier moment on y a réussi en partie, mais comme les rivières du Midi charrient beaucoup de limon (certains torrents du Bolonais en contiennent jusqu'à 33 0/0), ces terres en suspension dans les eaux ont commencé par faire d'énormes ensablements à l'embouchure des rivières, puis elles se sont déposées peu à peu au fond du lit des fleuves qu'elles ont exhaussé, au point que le Pô coule aujourd'hui à la hauteur des toits de Ferrare, et que les digues de ce fleuve ont dû être élevées au niveau des clochers des villages de ses bords. Aussi les infiltrations qui se produisent couvrent le pays de marais. C'est à la même cause qu'on doit attribuer la transformation des meilleurs vallons de la Toscane en maremmes, où un séjour prolongé est mortel pour l'homme. Le sol de la Toscane est devenu, par ce moyen, plus bas que la mer. C'est ainsi encore que les marais Pontins, d'où la *malaria* envahit Rome même, ont pris la place du séjour fécond et salubre de la puissante nation des Volsques.

M. Mercure de Lasplanes, ancien ingénieur, dans un mémoire sur la fécondité du sol par les rivières, dit en parlant de ce qu'il a vu sur les bords de l'Adige : « Des ingénieurs vénitiens ont constaté que le fond du lit de l'Adige, entre Vérone et la mer Adriatique, est plus élevé que les campagnes environnantes, et que, dans ses grandes eaux, le fleuve porte son niveau à 6 ou 7 mètres au-dessus des terres cultivées qu'il traverse. Lorsque ce niveau atteint une ligne tracée sur une échelle métrique, on sonne le tocsin dans tous les villages : j'ai vu alors la terreur se ré-

pandre dans les campagnes et jusqu'au sein des villes ;
tous les habitants, sans exception, sont requis de se
munir d'instruments propres à remuer, transporter
des terres, fixer des fascines, enfoncer des pieux. On
les embrigade, et des ingénieurs vont avec eux bi-
vouaquer sur les digues pour prévenir les ruptures et
réparer les accidents : chacun d'eux doit rester à son
poste jusqu'à ce que le danger soit passé. »

On conçoit que ces soins soient utiles lorsque les
eaux approchent du niveau supérieur des digues ;
mais lorsqu'elles arrivent à les surmonter, nul effort
humain ne pourrait s'opposer aux désastres qu'en se
précipitant de ces hauteurs dans la plaine, elles cause-
raient sur tout le littoral, et ce fait d'hydraulique, si intéressant sur l'Adige, n'est pas le seul dans la Péninsule : presque tous les fleuves d'Italie ont eu leurs
pentes naturelles détruites, et leur lit s'est exhaussé
avec les mêmes causes et par les mêmes moyens.

Nous parlions tout à l'heure de colmater les parties
basses et marécageuses des vallées, pour leur donner
l'écoulement nécessaire ; le limonage ou le colmatage est une opération qui a déjà très heureusement réussi en Toscane. Voici en effet ce que nous
trouvons dans le remarquable ouvrage de M. Puvis,
sur l'*Emploi des eaux en agriculture* :

« Le val de la Chiana, dit cet auteur, d'une grande
fécondité avant les digues, était devenu malsain et
inhabitable par suite des marais qui s'y étaient formés depuis leur établissement. Les atterrissements
de la partie inférieure étaient montés à un niveau
plus élevé que la surface des parties supérieures ; les
digues, en outre, opposaient un obstacle infranchis-
sable aux eaux de la vallée ; on a commencé par diriger les eaux sur les parties les plus basses ; après avoir
rappelé la surface du sol à un niveau à peu près régulier, on a été forcé, pour donner de l'écoulement aux
eaux de la vallée, de leur ouvrir des passages souter-
rains sous les digues elles-mêmes ; à la suite de ces

travaux on a vu disparaître en même temps les marais et l'insalubrité.

" Ce pays s'est assaini sous l'intelligente direction du ministre d'État, Fossombroni, qui a su allier ces travaux agricoles importants à ceux de l'administration générale du pays. Cette contrée se couvre maintenant d'habitations, de vignes, de mûriers, qui vont faire de cet ancien marais l'une des contrées les plus productives de la Toscane. Cet homme habile a appliqué là un système dont il jugeait dès longtemps la puissance et l'efficacité. Consulté dans le temps par Napoléon sur les moyens de rappeler la salubrité et la fécondité dans les *Maremmes*, il lui répondit qu'il fallait en rétablir les pentes en y envoyant les cours d'eau pour combler les parties basses. — *Mais ce moyen*, dit Napoléon, *serait bien long.* — *Il serait le plus court, puisqu'il est le seul*, ajouta Fossombroni. — *Vous avez raison*, répliqua Napoléon en lui touchant familièrement sur l'épaule ; et effectivement, depuis lors, les comblements ont assaini le val de la Chiana.

" Avant les événements qui viennent d'ébranler la face entière de l'Europe, on travaillait à l'assainissement des Maremmes par les mêmes procédés ; déjà 14,000 hectares se trouvaient assainis, et leurs parties basses sont élevées à un niveau qui permet aux eaux de s'écouler librement. Avec le temps et des travaux soutenus et intelligents, on serait arrivé à amener la maremme entière à l'état prospère actuel du val de la Chiana, qui était tout aussi malsain et inféond qu'elle. "

Les dépenses ont été de 375 francs l'hectare ; chacun de ces hectares assainis vaut aujourd'hui dix fois cette somme, quand avant il n'en valait pas la moitié. Ainsi, l'utile direction des eaux et des atterrissements qu'elles forment peuvent réparer le mal qui résulte des travaux contraires aux lois naturelles.

A part le val de la Chiana, on peut citer encore,

parmi les plus belles comblées de la Toscane, celles de la plaine de Pise, qui sont l'ouvrage d'un couvent de chartreux ; enfin, celles du marquis Ferroni, dans le val de la Nievole, près du marais de Fucecchio.

Que l'on nous pardonne ces considérations générales à propos de l'art forestier italien ; mais les journaux parlent si souvent des débordements des torrents de la partie centrale de la Péninsule, et de l'influence du mauvais air sur les populations, que nous n'avons pas cru devoir les négliger. Un seul fait, à part tant de motifs puissants, sera notre excuse : Le choléra asiatique a fait périr l'année dernière dans les provinces lombardo-vénitiennes, et sur une population de cinq millions d'habitants, 90,000 personnes; le duché de Modène en a perdu 6,500 ; la province de Bologne, 10,000 ; la Toscane, 26,000, et le nombre total des victimes dans un pays comme l'Italie, dont l'air était autrefois si renommé pour sa pureté, ne s'élève pas à moins de 200,000. — Ces chiffres-là dispensent de tout commentaire.

Le compartiment forestier toscan était superbe ; l'Institut I. et R. technique de Florence avait formé une collection des bois de la contrée, y compris ceux qui sont propres à l'ébénisterie, ainsi que ceux qui servent dans les constructions civiles. Les échantillons étaient coupés longitudinalement et même polis d'un côté pour montrer le parti que l'industrie peut tirer de ces diverses essences forestières.

A son tour, l'administration du domaine privé du grand-duc, dans le Casentino, n'était pas restée en défaut dans le choix des échantillons de bois, et l'on peut dire qu'aucun des autres royaumes d'Italie, n'avait des produits similaires qui les égalassent en beauté. C'est M. Charles Siemoni, administrateur de ce domaine, qui avait formé cette seconde collection. On y remarquait un grand disque de sapin, de 2 mètres 19 centimètres de diamètre : un grand disque de hêtre, de 3 mètres 50 centimètres, et un énorme cylindre creux, d'érable, de 7 mètres 18 centimètres de circonférence, puis des poutres de chêne, des rondins d'if, d'aubépine et de lierre ; des planches de sapin plus longues et plus larges les unes que les autres.

M. G. Ponticelli, administrateur des domaines privés dans les Maremmes, fournissait une exposition forestière considérable, comprenant des glands dont on nourrit des troupeaux de porcs, des châtaignes très grosses et d'excellent goût, qui donnent une farine des plus estimées ; des noix à coques très fine, des échantillons de bois pour la tonnellerie et la boissellerie ; des écorces de chêne, employées par les tanneurs, du liége, du charbon de bois, ainsi que des pommes de pin, dont l'amande au goût si agréable sert beaucoup à la confiserie. Le pin à pignon est, du reste, par son large parasol et son port gigantesque, un des arbres qui donnent l'aspect le plus singulier à la campagne toscane. On a distingué dans cette collection les produits bruts du chêne-liége, naturellement associé à l'olivier dans le climat méditerranéen, mais plus méridional que lui. On sait que le chêne-liége doit avoir au moins quarante ans avant de fournir un produit commercial, mais dès cet âge on l'exploite de dix ans en dix ans, et chaque arbre donne en moyenne 60 kil. de liége à quarante ans, et 100 kil à cent ans. En Italie, la Toscane partage avec les États sardes le commerce des liéges, que nos possessions d'Afrique fourniront quelque jour en grande abondance.

Ces diverses collections forestières ont été honorées des distinctions les plus flatteuses par le Jury des récompenses et elles les méritaient sous tous les rapports. Pour compléter ce qu'il y a à dire sur cette classe des produits du sol obtenus sans culture, rappelons des bocaux de manne en larmes et de *libo* recueillis par M. le docteur Bersotti à Rocca Strade.

La manne est un suc concret qui découle de quelques espèces de frênes, sur l'écorce desquels on pratique des incisions en juin et juillet ; cette substance est en Italie l'objet d'un commerce important ; il y en a de trois qualités, distinguées par les noms suivants : la manne *en larmes, en sorte* et *grasse*. La manne en larmes du docteur Bersotti est en morceaux allongés, prismatiques, blancs ; elle est plus sucrée que les autres, et elle servirait de friandise à des enfants. La manne *en sorte* est poisseuse ; la manne *grasse* contient des substances étrangères. En général, les médecins italiens l'emploient comme substance légèrement purgative.

TROISIÈME CLASSE.

Agriculture (y compris toutes les cultures de végétaux et d'animaux).

La campagne de l'Italie du centre a un aspect tout différent de celui du Piémont et de la Lombardie. Au lieu de se développer en une immense plaine, le sol est coupé à son milieu par une longue chaîne de montagnes qui divisent cette partie de la Péninsule en deux versants très accidentés par les ramifications des Apennins : l'un, celui de l'est, couvert de prairies, de forêts, de terres incultes ; l'autre, celui de l'ouest, riche de ses produits et de sa civilisation. Ici, point de sources nombreuses et intarissables, comme en Lombardie ; les Apennins sont arides : tout au plus les plaines de Pescia et de Lucques sont-elles arrosées, et encore avec beaucoup de difficulté, car la côte est si haute et la plaine si basse qu'il faut extrêmement ménager les pentes. Partout ailleurs, c'est le climat, à quelques exceptions près, de la Provence, et l'agriculture, pour répondre aux besoins du sol, a dû porter ses efforts vers les cultures arbustives, dont les fortes racines, pénétrant bien avant dans la terre, défient les ardeurs du soleil.

La Toscane a peu de prairies naturelles. Ses prairies artificielles, en sainfoin et en luzerne, y donnent la majeure partie de la nourriture des animaux de labour. Les céréales s'y cultivent beaucoup, mais elles manquent souvent, par suite de la sécheresse sur les hauteurs et de la trop grande humidité dans les plaines. Les arbres qui réussissent le plus sont l'olivier, l'amandier, le figuier, le mûrier, la vigne, et les habitants, pour suffire à toutes ces plantations, vont chercher, dans leur industrieuse activité, toutes les terres cultivables, transformant, à force de travail, les pentes des montagnes en terrasses, les soutenant par des murs de gazon, et, sur ces montagnes mêmes, plantant le châtaignier, arbre qui se développe vite et donne un fruit très nourrissant. Aussi ce mélange de cultures arbustives et de céréales, les soins que l'on prend des terres, qu'on traite comme de véritables jardins, et qui, dans les vallons fertiles, donnent habituellement deux récoltes par an, les rangées d'arbres qui sillonnent les champs, portant sur leurs rameaux la vigne aux longues guirlandes couvertes de fruits en automne, la beauté du climat, l'urbanité des habitants, tout fait de la Toscane un centre agricole admirable, et qui frappe d'autant plus le voyageur que, pour arriver à ce beau pays, il n'a rencontré sur ses pas que des plaines stériles ou des campagnes mal cultivées et des maremmes solitaires.

« Cependant, dit M. de Sismondi, cette beauté célèbre des collines toscanes n'est pas générale, et les coteaux de Florence, malgré l'industrie avec laquelle ils sont cultivés, ont quelque chose de sec et de stérile. Ceux de Pise sont trop escarpés, ceux de Prato trop nus, ceux de Sienne ou de Volterre presque déserts. Quant à ceux de Pistoie et de Lucques, ils ne diffèrent des collines de Pescia qu'en ce qu'ils sont un peu plus froids et visités quelquefois par la neige. »

Le développement remarquable de l'agriculture toscane, qui n'est cependant pas encore parvenue à sa perfection, peut être attribué en partie à l'ancienne richesse des grands propriétaires du pays, et surtout au système de fermage adopté dans la contrée. Le métayage, dans sa plus complète expression, est ici depuis longtemps en vigueur, et cette habitude qu'ont les familles des agriculteurs de se perpétuer de génération en génération sur les mêmes terres, leur a donné une connaissance profonde des aptitudes du sol. Le métayage est un contrat par lequel le tenancier s'oblige à cultiver une terre dont il perçoit une part déterminée de produit (ordinairement la moitié) pour son salaire, tandis que l'autre moitié revient au propriétaire. « Les deux contractants, dit M. de Gasparin, étant également intéressés au succès de la culture, il en résulte entre eux une association intime et la nécessité du consentement mutuel pour toutes les opérations et le droit de surveillance du propriétaire. Cet accord est maintenu et se perpétue du côté du tenancier par la crainte de voir résilier son contrat, qui n'existe souvent plus que par tacite reconduction ; du côté du propriétaire, qui ne veut pas cultiver en personne, par l'impossibilité de trouver des conditions meilleures, celles du métayage étant générales et invariables dans toutes les contrées environnantes. »

Mais si le métayage donne plus de stabilité que le fermage aux familles des tenanciers, il a moins d'avantages quand on examine le côté des améliorations agricoles ; car le fermier, se substituant complètement au propriétaire, tente les innovations qui lui semblent avantageuses et ne recule pas devant une avance de capitaux, tandis que le métayer, ordinairement peu instruit, assez pauvre, et n'ayant qu'un demi-intérêt dans l'entreprise, est peu disposé à faire des avances : l'essentiel pour lui est de vivre avec sa famille sur le bien du maître du sol et de tirer un salaire convenable de son travail. Or, cette existence est facile quand il s'agit de cultiver de bonnes terres où les frais de culture sont minimes ; mais si les terres sont médiocres, le tenancier est obligé de vivre sur la part du maître, qui ne retire alors presque pas de rente du sol.

Ce côté faible du métayage n'a pas échappé à l'observation des agronomes sérieux, et, de nos jours, malgré le beau développement auquel est parvenue l'agriculture du Grand-Duché, on commence à sentir les inconvénients du métayage, par suite de la multiplication des familles des tenanciers sur les fermes trop petites pour occuper les bras de tout le monde.

Le journal d'agriculture de Florence a retenti naguère des plaintes des propriétaires, réduits, par suite des mauvaises récoltes successives de ces dernières années, à une véritable disette, tandis que l'existence des métayers n'a presque pas été contrariée. Alors on a proposé, et ce conseil vient d'un des premiers agriculteurs de l'Italie, de M. le marquis Ridolfi, de retrancher les métayers et d'y substituer des valets de ferme. Nous ne savons si ce changement sera accueilli favorablement par le pays, mais nous pouvons affirmer que, dans le midi de la France, où le métayage était très en vigueur autrefois, on s'est aperçu qu'il était plus avantageux pour le propriétaire de prendre des valets de ferme et de les diriger lui-même, ou bien de les faire surveiller par un homme d'affaires, un autre lui-même, qui a le gouvernement de l'entreprise agricole, et auquel tout le monde obéit dans la ferme. Si ce système prenait faveur, une partie du trop plein du personnel des *poderi* (métairies toscanes) pourrait être utilement employée dans les industries du Grand-Duché, qui acquièrent de nos jours une extension très considérable, et l'autre partie trouverait facilement du travail par suite des améliorations agricoles que les propriétaires seraient portés à faire une fois qu'ils exploiteraient eux-mêmes leurs domaines. Ainsi l'on arriverait presque sans secousse à un changement désirable sous tous les rapports.

Mais occupons-nous du compartiment de la Toscane, dont l'exposition agricole considérable, la seule complète, du reste, de toute l'Italie, est digne de notre plus sérieuse attention. Nous avons vu le Grand-

Duché tenir un des premiers rangs dans le mouvement industriel de l'Italie, nous allons reconnaître qu'il n'est pas moins avancé en agriculture.

Voici d'abord l'Académie des géorgophiles de Florence avec la collection des produits du sol toscan rassemblés par les soins de MM. Louis Ridolfi et le docteur Salvagnoli; puis M. Siemoni, M. Nicolas Cherici avec les produits de la vallée Tibérine toscane et du Casentino. Sous ces vitrines sont rassemblées toutes les cultures du pays, placées méthodiquement par familles ou par classes : céréales, froment aux grains gros, rebondis et un peu opaques, comme sont les bons blés toscans; légumes farineux, haricots, fèves, et surtout lupins qu'on enterre en vert au pied des vignes; plantes oléagineuses, des graines de colza et de navette qui ne doivent pas donner de grands produits, ici le climat ne les favorisant pas trop : puis, des graines de cucurbitacées, courges et melons, dont les énormes baies conservent une grande abondance de liquide sucré, et deviennent l'objet d'une consommation de plus en plus grande à mesure qu'on avance vers le Midi; des têtes de cardère ou de chardon à foulon, plante que nous cultivons en Languedoc et en Provence, et qui demande des terres de qualité inférieure; des échantillons de racine de garance que les sols meubles de la Toscane doivent donner en abondance; des graines de chanvre et de lin, ces plantes textiles que le cultivateur appelle épuisantes et qui ne le sont pas en réalité, car l'eau des routoirs constitue un bon engrais généralement perdu; de la luzerne qui produit jusqu'à 6,000 kilogrammes de fourrage sec par hectare, à M. le marquis Ridolfi; du sainfoin, cette providence des pays arides, qui nourrit nos animaux de labour et féconde nos champs, etc., etc.

Mais à quoi bon poursuivre cette énumération! Contentons-nous de dire que ce sont les produits les plus beaux qu'il se puisse voir, et qu'ils ont eu la faveur du public comme des appréciateurs les plus compétents. Afin de ne pas nous répéter en éloges, nous laisserons ces produits du sol pour nous occuper des instruments d'agriculture que M. le comte Cambray-Digny, M. le marquis Côme Ridolfi et M. l'abbé Raphaël Lambruschini ont exposés.

Les noms qui précèdent sont européens dans la science agricole : on connaissait déjà de M. Ridolfi, à part de nombreux articles publiés dans le journal agricole de la Toscane, un excellent travail sur la théorie des versoirs. M. l'abbé Lambruschini a, le premier, écrit sur cette matière. Dès lors on a été bien aise de voir ces agriculteurs mettre en pratique leurs excellentes idées, qui ont fait révolution dans la confection des instruments de labour.

Pendant longtemps, le versoir ne fut autre chose qu'un plan oblique agissant à la manière du coin, c'est-à-dire écartant la tranche de terre coupée par le coutre de la charrue, mais ne la renversant pas complètement. Aujourd'hui, grâce aux indications des agronomes toscans, les bonnes charrues à versoirs hélicoïdes ramènent à la surface du sol les tranches de terre les plus profondes, qui ont besoin d'être exposées à l'influence de l'air et de la lumière; ainsi, la culture à la charrue se rapproche mieux du travail de la bêche, et le tirage dans le labour est diminué. Comme seule critique que nous ayons à en faire, nous dirons que les charrues pour les terres légères, de M. Lambruschini, sont bien chères à 90 fr. chacune.

La herse rhomboïdale de M. Ridolfi est excellente : c'est la herse Valcourt élevée à sa plus haute puissance. Elle est rendue d'un facile maniement au moyen d'un mancheron qui facilite son dégorgement; elle est du prix de 65 fr.

On a aussi très remarqué le coutre toscan, du même exposant, pour les labourages profonds dans des terrains tenaces.

La charrue exposée par M. le marquis Côme Ridolfi, de Florence, est fondée sur les principes de M. Lambruschini ; elle convient aux terres compactes. M. Luigi Ridolfi fils, qui a écrit plusieurs mémoires intéressants sur la théorie géométrique des charrues, et qui a déterminé, par l'analyse, les conditions et la nature de la courbe selon lesquelles doit être établi le versoir, a aidé M. le marquis Côme Ridolfi dans les perfectionnements que ce dernier a introduits avec succès dans sa charrue.

La charrue à deux versoirs de M. le comte Cambray-Digny, de Florence, pour disposer la terre en billons et recouvrir les semis sous raies, a eu, comme au reste les instruments précédents, les honneurs des expériences faites à Trappes.

Il est d'un usage général, en Toscane, de répandre le blé à la volée, et de diviser ensuite le champ en sillons d'environ 75 centimètres de large, séparés par des rigoles de 25 centimètres de profondeur. Des araires pareils à ceux dont on se sert dans le midi de la France tracent ces rigoles, que des ouvriers façonnent ensuite à la main : il faut dix à douze ouvriers pour suivre un araire. C'est afin d'éviter l'emploi de ces ouvriers que M. Cambray-Digny a exposé son araire à semaille, sorte de buttoir en bois et en fonte, qui prouve chez cet exposant une profonde science de la mécanique agricole.

Parmi les produits spéciaux du Grand-Duché se trouvent les plantes textiles brutes et travaillées réunies par M. Ch. Siemoni, administrateur du domaine privé dans le Casentino. Les temps de guerre au milieu desquels nous vivons donnent une actualité bien importante à tous les produits de cette espèce, et M. Siemoni, dont la réputation comme agronome est solidement établie, a été bien inspiré en les faisant figurer à ce concours, où l'on n'a pas vu avec moins d'intérêt l'échantillon de blé *marzuolo* de M. Pastorelli, d'Arcidosso, déjà honoré d'un prix à l'Exposition universelle de Londres.

La section de l'élève des animaux renferme ici de

nombreuses toisons de béliers mérinos à la laine fine, souple et forte à la fois, exposées soit par M. Collachioni, de San-Sepolcro, qui entretient un troupeau de 4,000 moutons mérinos ou métis, soit par les administrateurs du domaine privé ou des possessions royales du Grand-Duché, au nombre desquels nous distinguerons spécialement M. G. Ponticelli. Les six toisons de béliers mérinos envoyées par ce dernier exposant sont prises du troupeau qui paît sur les terres du domaine de la Badiola. Elles sont d'une finesse moyenne qui trahit cependant son origine saxonne. A l'heure qu'il est, les mérinos élevés sur les domaines royaux sont à peu près au nombre de 6,000. Ils se mêleront utilement avec les races indigènes.

En général, l'Italie n'entretient pas un nombre de têtes de race ovine en rapport avec sa population et son étendue territoriale; aussi, la production de la laine y est fort bornée. La statistique accuse à peu près 600,000 moutons pour la Toscane : c'est peu. « Du reste, dit M. le docteur Maestri, ce n'est pas seulement la quantité qui nous fait défaut; la qualité de l'espèce ovine chez nous laisse beaucoup à désirer. En Toscane, les troupeaux de race du pays n'ont que des laines assez communes, comme en Provence. La plupart vivent de transhumance : l'hiver dans les Maremmes, l'été sur les Apennins. »

On se souvient de l'étonnement du célèbre Lullin de Châteauvieux en voyant ce beau chemin que le grand-duc Léopold a fait tracer sur les flancs de la montagne et que suivent les troupeaux du pays dans leurs pérégrinations. Mais il n'y a que des races robustes qui puissent supporter ces changements d'atmosphère. Les mérinos espagnols de M. Collachioni ou ceux des propriétés du grand-duc mourraient dans les Maremmes ou avec l'existence un peu rude de la montagne.

Si la nouvelle race de métis qui se forme dans la Toscane est un peu soignée, elle relèvera la production des laines du Grand-Duché, bien déchues sous tous les rapports de leur ancienne réputation.

Des échantillons de crin et des cordes de crin, présentés aussi par M. Ponticelli, constituaient dans leur genre de très bons produits.

La suite de cette revue nous conduit devant les huiles et les vins de la Toscane. Qu'on nous permette, avant d'étudier ces produits, de consacrer quelques lignes à l'olivier, cet arbre au pâle et gracieux feuillage, un des plus doux du paysage italien, et que l'on aime à voir sur les coteaux.

Comme assaisonnement de la nourriture presque exclusivement végétale des pays méridionaux, comme substance entrant dans la fabrication des savons, des vernis, ou s'employant de mille autres manières en industrie, l'huile d'olive, car celle que l'on extrait des plantes oléagineuses y est peu récoltée, est un des premiers produits de la Toscane, l'arbre qui la porte est exclusivement créé pour les pays chauds. La feuille de l'olivier, en effet, est lustrée et n'a qu'une exhalaison très restreinte, ce qui prouve qu'il lui faut peu d'eau. Ses racines, naturellement pivotantes, savent s'enfoncer dans le sol pour y braver la chaleur. Il vient dans tous les terrains, même les moins bons, comme dans les fissures des rochers. Un peu de soin lui fait donner un revenu supérieur à toutes les plantes placées dans les meilleures conditions. Une fois en plein rapport, il dure des siècles sans cesser de produire; enfin il est d'une multiplication si facile qu'il vient non-seulement par semis, mais que chaque morceau de son écorce placé en terre suffit pour le reproduire. Pour signaler les défauts à côté de tant de qualités, on doit avouer que l'olivier reste plusieurs années sans donner un revenu convenable; qu'il faut beaucoup de chaleur pour mûrir son fruit, et que les gelées le font périr; aussi sa culture ne dépasse-t-elle pas une certaine latitude qui trace la limite d'une région agricole appelée région de l'olivier, après laquelle l'olive ne mûrissant plus, la culture de cet arbre cesse. La Toscane est placée presque à la limite septentrionale de cette région. Cependant, comme l'hiver y est moins âpre que dans le midi de la France, les oliviers n'y meurent à peu près jamais.

Arthur Young, comparant les terrains consacrés en Angleterre à la culture de l'orge pour la fabrication des boissons fermentées avec ceux qu'occupe la vigne, qui, même plantée sur des terres médiocres, donne de si grands revenus et une boisson très agréable, Arthur Young a dit : « Que doit-on penser d'un arbre qui tire tous les ans des terres inférieures une production égale à celle du froment? Posséder un pareil élément, c'est sans doute posséder une supériorité incontestable. » Ces paroles de l'illustre fermier anglais peuvent s'appliquer non-seulement à la vigne, mais encore à l'olivier, et il est certain que lorsque les contrées méridionales de l'Europe, et la Toscane est du nombre, voudront donner à ces arbres les soins indiqués par une intelligente culture, elles tiendront sans partage le marché des huiles du continent ; car l'agriculture du Nord, avec ses graines oléagineuses obtenues à grands frais, ne saurait lutter avantageusement contre l'huile d'olive, plus comestible que ses rivales.

On ne s'étonnera pas de voir l'exposition toscane présenter jusqu'à onze producteurs d'huiles d'olive. Généralement, ces échantillons, comme goût, limpidité, couleur, épuration, méritent tous éloges. Dans l'impossibilité où nous sommes d'énumérer leur plus ou moins de bonté, les nuances presque insaisissables qui les distinguent, nous nous contenterons de citer les noms de ces exposants, appartenant, quelques-uns, aux plus grandes familles de la Toscane. Ce sont MM. N. Bracci, de Cambini-Pigliu, à Castel-di-Nocco, près de Pise ; le prince Corsini, de Florence ; Ferdinand Filippi, à Buti ; le marquis J. Garzoni, à Florence ; le comte Orsetti, à Lucques ; Pacini, à Buti ;

G. Ponticelli, M. Prini, à Pise ; le baron Bettino Ricasoli, à Florence ; F. Ruschi, à Pise ; le chevalier Toscanelli, à Pise.

Toutefois, il est juste de faire remarquer que, sur la liste du Jury des récompenses, les huiles du prince Corsini, du comte Orsetti et du chevalier Prini figurent avec des médailles de deuxième classe, tandis que celles de M. Ruschi ont remporté seulement une mention honorable.

Terminons cet exposé agricole par l'étude de quelques vins toscans qui ont pris part au concours.

L'Italie, si renommée anciennement pour la production des vins, a perdu en grande partie sa réputation. Le massique, le falerne, le vin de Pucinum, ne sont plus que des noms historiques que les vers d'Horace ont consacrés. Mais il s'est élevé d'autres cépages qui donnent aujourd'hui des vins d'une qualité supérieure, quoiqu'ils n'aient plus une grande célébrité. Tels sont le nasco de Sardaigne, l'aleatico de Toscane, le vino-santo, le lacryma-christi, etc. Ces vins tirent leurs noms en grande partie des cépages qui les produisent, et ils seraient encore meilleurs si l'habitude de cultiver la vigne en hautains ne contribuait à produire un raisin trop aqueux, car généralement, dans toute récolte, la grande abondance nuit à la qualité.

Parmi les bons cépages de la Toscane, on cite le *trebbiano bianco* (clarette), à grains ronds, blancs, quelquefois roses et clairsemés, dont le vin est vif, brillant, spiritueux et ressemble au vin blanc de Limoux ; puis le *nebbiolo bianco*, à grappe composée de grappillons, qui donne un vin sec, délicat, généreux. Au nombre des autres bons cépages sont encore l'*uva regina*, le *santo-colombaro*, et enfin la *barbarossa*, qui sont tous trois des raisins de table ; puis l'*aleatico nero*, le muscat noir du midi de la France.

Parmi les meilleurs échantillons de vin de la Toscane présentés à l'Exposition et les plus appréciés des œnophiles, on peut compter l'*acqua di pacciana*, vin blanc préparé par M. J. Ciardi, à Prato ; puis vingt bouteilles de vin rouge de différentes qualités, des bouteilles d'excellent *malvoisie* et d'*aleatico*, produits du domaine de Brolio, appartenant à M. le baron Bettino Ricasoli, de Florence. Les vins blancs et rouges de *Groppoli*, de M. Léopold Tesi, ont obtenu une mention honorable. Nommons aussi avec éloges le *moscadello* mousseux de M. J. Anghirelli, de Montalcino, le *vino-santo*, l'*aleatico*, le *sangiovese*, du comte J. Campi, à Dovadola, et les vins blancs et rouges, si agréables à boire, de l'*île du Giglio*, envoyés par M. L. Giamboni.

QUATRIÈME ET CINQUIÈME CLASSES.

Mécanique générale appliquée à l'industrie : Mécanique spéciale et Matér et des chemins de fer et autres modes de transport.

Si le célèbre Watt avait vécu de nos jours et qu'il eût pu contempler, dans cette longue galerie de l'Annexe, toute remplie de machines en mouvement, les admirables services que rend à l'industrie l'emploi de la vapeur, et les perfectionnements que l'on a fait subir successivement aux machines qu'il nous a laissés, il eût été frappé de cette logique de l'esprit humain, qui, dès qu'il a été mis sur une bonne voie, marche sans cesse vers un progrès dont la limite échappe à la pensée.

Les travaux les plus pénibles ou les plus délicats sont aujourd'hui exécutés avec une extrême facilité par cette force indomptable de l'eau chauffée dans une chaudière, et la vapeur, non contente d'effacer les distances pour l'homme en donnant l'impulsion à la locomotive, se substitue à lui pour diminuer ses fatigues, ne laissant à sa nature intelligente que le soin de diriger d'infatigables mais aveugles efforts.

Presque tous les peuples civilisés ont compté dans leur exposition des machines à vapeur ; les unes étaient des machines fixes, les autres étaient tantôt des locomotives, tantôt des machines locomobiles. La Toscane a paru avec une machine fixe construite par M. Edmond Barnes, directeur des ateliers du chemin de fer *Maria-Antonia ;* car il n'est pas inutile de rappeler que le Grand-Duché possède deux voies ferrées en activité : l'une, la Léopolda, qui va de Florence à Livourne, avec embranchement sur Sienne, et l'autre, la Maria-Antonia, qui dessert Lucques et Pistoie.

La machine de M. Barnes est remarquable par sa simplicité, le peu d'espace qu'elle occupe, l'emploi utile de toute sa force et sa facile application à une foule de petites industries ; elle est à piston horizontal.

Les ouvriers des ateliers du chemin de fer Léopold, tant dant la section des locomotives que dans celle des voitures, ont confectionné tout le matériel roulant de cette ligne. Ils ont, eux aussi, pris part à l'Exposition avec un grand nombre d'outils et d'objets qui servent à la construction des voitures. Ces travaux démontrent irrécusablement l'habileté des ouvriers toscans, et un *binda* pour les locomotives, des grappins pour le tender et un sifflet d'un genre nouveau prouvent que ces ateliers ne se contentent pas de copier ce qui se fait ailleurs, mais qu'ils savent utilement innover.

On trouvait aussi, dans ce compartiment de l'Annexe, une selle royale magnifique, en veau chamoisé, piquée à dessins, ouvrage extrêmement soigné qui a valu à MM. Santi-Talamucci, de Florence, une honorable mention de la part du Jury.

SIXIÈME CLASSE.

Mécanique spéciale et Matériel des ateliers industriels.

Un des plus remarquables objets de cette classe était un tour en fer avec support fixe construit par M. Edmond Barnes. Cet instrument ingénieux est réglé par un pas de vis, disposition qui permet à l'ouvrier de faire un travail parfaitement suivi.

On y voyait aussi un modèle de machine à couper circulairement le bois de placage, construit avec beaucoup de soin par M. G. Pasquini, de Florence. Les échantillons de bois de placage obtenus avec cet appareil ont paru fort intéressants.

Citons encore de superbes moules en cuivre pour fabriquer ces pâtes qui ont figuré avec tant d'éclat dans le compartiment toscan. Ces moules appartiennent à M. Nelli, de Pistoie. On a été étonné de la perfection et de la régularité des dessins qui étaient tracés à jour dans la plaque de métal.

Une machine fort simple pour la fonte des caractères d'imprimerie, de M. A. Borghesi, de Florence, et une machine à boucher les bouteilles constituaient également de bonnes inventions ; mais les récipients à faire le beurre, de M. R. Turchini, tiennent la plus large place de cette exposition. La baratte Turchini est composée d'un baril en porcelaine qui remplace avec toute supériorité, au point de vue de la propreté, le bois ou le zinc, généralement employés dans la construction des instruments de ce genre. Le mécanisme intérieur est horizontal avec des palettes verticales posées sur l'axe. Le tout se meut avec une manivelle dont l'engrenage à pignon imprime à l'appareil plongé dans le lait un mouvement de rotation très rapide qui détermine la formation du beurre. Cette application de la porcelaine a été fort approuvée, et quoique les barattes de M. Turchini coûtent de 50 à 80 fr., ce qui en fait des appareils de luxe, elles ont été vues d'un œil très favorable par le Jury agricole.

N'oublions pas, dans l'énumération des objets de cette classe, un très bel assortiment de formes à mécanisme de correction pour chaussures d'homme et de femme. Des formes pour pieds mal conformés et des embouchoirs mécaniques à bottes avec manche à vis et manivelle en laiton, sont réellement des objets extrêmement utiles et dont la disposition simple et le prix peu élevé ont été appréciés de tout le monde. C'est M. J. Baldi, de Florence, qui en est l'inventeur.

HUITIÈME CLASSE.

Arts de précision, Industries se rattachant aux sciences et à l'enseignement.

Rien de plus beau que la collection des instruments de physique sortie des ateliers de l'Institut technique impérial et royal de Florence; mais, avant de dire de quels appareils elle était composée, donnons des éloges à la belle boussole de Sinus, construite par M. Marien Pierrucci, à Pistoie. Une boussole de Sinus est un galvanomètre destiné à mesurer les courants électriques intenses. Avec le secours de la boussole, on est dispensé d'avoir recours à une table de graduation, car on juge de l'intensité du courant par l'angle de déviation qui existe entre l'aiguille aimantée et l'aiguille indicatrice.

Le plus remarquable des appareils offerts par l'Institut était une magnifique machine d'Atwood, ainsi nommée du nom de son inventeur, professeur de chimie à Cambridge, à la fin du siècle dernier. Elle se composait d'une colonne en bois portant à son sommet une cage de verre sous laquelle est placée une poulie autour de laquelle s'enroule le fil de soie qui sert à démontrer les lois de la chute des corps. Sur la colonne est un mouvement d'horlogerie qui règle un pendule à secondes, au moyen d'un échappement à ancre. La construction de cet appareil fait le plus grand honneur à M. Pierucci, de Pistoie.

La pile électrique est, après le soleil, la source de lumière la plus intense que l'on connaisse. L'éclat produit par l'incandescence des deux cônes de charbon brûlant dans le vide à une petite distance l'un de l'autre, ainsi que l'a démontré l'expérience de Davy,

est magnifique, et c'est à obtenir des phénomènes de
ce genre qu'est destiné le grand appareil pour la production de la lumière électrique dans l'air et dans le
vide, qu'on voyait dans l'exposition toscane. Rappelons encore une belle machine de Kemp et trois rhéo-
mètres construits par M. Jean Cararesi, de Florence,
ainsi qu'un superbe galvanomètre multiplicateur, appareil extrêmement sensible, qui sert à constater
l'existence, le sens et l'intensité des courants magné-
tiques : cet instrument a été fait d'après les principes
de Nobili, par M. Jean Caselli, de Florence.

Nous n'insisterons pas sur l'utilité scientifique de
ces appareils, qui eussent composé entre eux tous un
grand cabinet de physique. Mais ce que nous tenons
à faire ressortir, c'est la perfection, la précision de
ces instruments, dont toutes les pièces portent le cachet d'une grande habileté d'exécution, jointe à une
connaissance profonde des lois de la physique.

NEUVIÈME CLASSE.

Industries concernant l'emploi économique de la chaleur, de la lumière et de l'électricité.

Dans le compartiment toscan de l'Annexe du bord
de l'eau, on avait placé un grand fourneau pour la
coupellation, sorti de la manufacture de terres cuites
appartenant à M. le chevalier marquis Laurent Ginori, de Florence. La coupellation est une opération qui a pour but de séparer dans des vases poreux
appelés *coupelles* les métaux étrangers qui peuvent
être contenus dans l'or ou l'argent. On opère cette
purification en mêlant du plomb à ces derniers métaux, et en séparant par la calcination l'alliage qui
en résulte.

Ce fourneau était très bien réussi. Mais le poêle
du même exposant, en terre cuite, avec soubasse-
ment en forme de cheminée, portant un pilastre surmonté d'une coupe, constituait une œuvre d'art aux

formes très élégantes qui attirait bien davantage l'attention de la foule.

Le lot de M. Villoresi, de Florence, était encore un poêle en terre cuite, avec ornements rococos très remarquables par ses grandes dimensions et la beauté de ses ornements.

Dans une autre section de cette classe, nous devons accorder un souvenir à plusieurs échantillons de savon d'acide oléique obtenus par la saponification de l'oléine, un des principes immédiats qui constituent les huiles grasses et les graisses solides. Ces savons sont très appréciés dans l'industrie ; mais le principal produit de l'établissement de MM. Jacques Martinetti et Cⁱᵉ, de Florence, qui les exposent, est une sorte de bougie fine, blanche, transparente, fabriquée avec l'acide stéarique, produit en chauffant le suif avec du lait de chaux, et en décomposant le résidu avec l'acide sulfurique.

On soumet à la presse l'acide gras, pour en séparer l'acide oléique liquide. C'est avec cet acide gras, dont la découverte est due à un Français, M. Chevreul, et qui permet d'utiliser d'une manière aussi utile qu'agréable le suif des animaux, qu'on fait les bougies stéariques. Elles tendent aujourd'hui à remplacer partout les bougies de cire, presque exclusivement réservées aux églises.

Comme en Italie et principalement en Toscane, l'apiculture est très entendue et qu'il se produit beaucoup de cire, il était naturel de penser qu'on en présenterait des échantillons à l'Exposition, ce qui n'a pas manqué d'arriver.

La cire, cette substance dont sont composés les rayons dans lesquels l'abeille conserve le miel qui doit lui servir de nourriture pendant l'hiver, et où elle dépose aussi ses œufs, la cire est une production de tous les climats. Celle qui n'a reçu aucune préparation est jaune et d'une odeur aromatique.

L'art de blanchir la cire constitue un métier spé-

cial dans lequel les Toscans excellent. Il est vrai de
dire que les cires d'Italie ont la propriété de blanchir
plus promptement et d'être plus transparentes que
les autres. La cire jaune sert, en se combinant avec la
potasse, à former l'encaustique, et celle qui a été pu-
rifiée s'emploie à fabriquer des cierges et des bougies;
l'industrie la fait entrer dans le vernissage des objets
en carton, et la pharmacie la transforme en cérat.

Les cires présentées par deux exposants toscans,
M. le chevalier Prini Julien, de Pise, et M. Soldaini,
de la même ville, étaient ou en copeaux ou travaillées
en cierges et en bougies. Ces échantillons, d'une éclatante blancheur et ayant perdu toute odeur dans le
blanchîment, étaient magnifiques. Les bougies de
table surtout, faites à la cuiller, paraissaient extrêmement soignées, ce que l'on reconnaissait à leur transparence et à la manière dont avaient été faites les mè-
ches, qui, lorsqu'elles sont bien tressées, dispensent
de moucher les bougies.

DIXIÈME CLASSE.

Arts chimiques, Teintures et Impressions, Tanneries, etc.

En fait de produits chimiques, le Grand-Duché
contenait principalement des potasses, car nous ne
reviendrons pas ici sur les acides boriques et les autres
substances cristallisées fournies par les lagoni boracifères des Maremmes toscanes, qui ont figuré dans
l'exhibition particulière de M. le comte de Larderell.

La potasse est une substance résultant de la calcination des végétaux et de la lixiviation des cendres;
elle est employée en grande quantité à la fabrication
des produits chimiques et dans les arts, la teinture,
le blanchissage, l'art du verrier, la savonnerie, etc.
On en distingue de diverses sortes; parmi elles, on
cite la *potasse de Toscane*, que le commerce appelle
potasse blanche, *grise* ou *bleue*, suivant la valeur alca-

limétrique de ces diverses qualités et leur plus ou moins de pureté.

En général, les potasses de Toscane sont en petites masses irrégulières, quelquefois en poudre mêlée de morceaux compactes. Cette compacité est le résultat de la calcination. Lorsque la potasse est de bonne qualité, elle ne contient point de parties charbonneuses ou des portions de salin non calcinées.

Trois exposants figuraient dans les galeries de l'Annexe du bord de l'eau avec des échantillons de potasse. C'étaient d'abord M. Jean Caputi, de Livourne, dont les produits de sa fabrique de Saint-Vincent, près Campiglia, semblaient préférables à tous les autres ; puis M. le chevalier A. Gondi Carretani, de Florence, avec du bicarbonate de potasse en poudre et du bicarbonate de potasse cristallisé ; enfin de la potasse fabriquée sur le domaine royal de l'Albeerèse, par M. Ponticelli. Ces diverses substances étaient parfaitement purifiées.

Il est à regretter de ne pas avoir vu paraître dans le concours universel un plus grand nombre de fabricants de produits chimiques toscans. Mais beaucoup ont fait défaut. C'est ainsi que nous avons cherché vainement les potasses de M. Ristori, de Livourne, propriétaire d'une grande usine à Stibugliano, dans les Maremmes ; les nitrates de potasse (salpêtres) qu'on fabrique librement dans le Grand-Duché ; les sulfates d'antimoine tirés de Montalto et de Pireta ; les crèmes de tartre de MM. Michelotti et Averini, de Lucques et d'Empoli. Cependant la Toscane, dans ce dernier article seul, fait un commerce de près de 200,000 fr.

Où sont encore les terres jaunes de Porto, de Ferrajo et de Sienne, la terre rouge de Longone, les admirables couleurs pour la peinture à l'huile, fabriquées à Florence, les laques préparées par M. Ridolfi, de Lucques?

Dans la deuxième section des articles de cette classe figurait une belle exposition de toiles cirées, toiles

de lin, de chanvre et même de tissus de laine imprimés à différents dessins et présentés par Mme Gualtie-
rotti et MM. Taccioni, Cianferoni et Tantini, de
Florence.

La toile cirée est un tissu imperméable, enduit d'une
composition ordinairement lisse et luisante, formée
d'huile de lin rendue siccative par l'oxyde de plomb et
de caoutchouc, de goudron, etc. La toile cirée est propre à divers usages domestiques, par exemple à recouvrir des tables sur lesquelles elle remplace avec beaucoup d'avantage les nappes ; elle sert encore comme tapis de pied, comme couverture de bâches, de hangars ;
généralement ces produits de l'industrie toscane sont
assez bons, et si les couleurs de ces toiles imprimées
à la planche ont semblé un peu ternes, il faut peut-être
l'attribuer à ce qu'elles avaient été placées sous les
galeries de l'Annexe du bord de l'eau où elles étaient
peu en évidence. Cinq pièces de toile cirée, imprimées
ou peintes des deux côtés, de MM. Taccioni et Cianferoni, formaient sans contredit le meilleur lot de cette
exhibition.

A côté de ce compartiment étaient quelques cuirs
tannés et corroyés à l'anglaise par MM. Jacques Ca-
tani, de Florence, et A. Stichling, à Livourne.

La différence qui existe en tannerie entre la méthode anglaise et la méthode française, c'est qu'en
France on abreuve peu les fosses à ciel ouvert dans
lesquelles les peaux, après avoir été gonflées dans des
cuves contenant de l'acide sulfurique, sont mises en
contact direct avec le tan, tandis qu'en Angleterre on
y ajoute tant d'eau qu'on peut dire que les cuirs sont
constamment plongés dans un bain de tan. Ce dernier procédé donne de bons cuirs, mais d'une couleur
foncée que le commerce français n'aime pas. Les tanneries sont nombreuses en Toscane, on en trouve non-
seulement à Florence, à Livourne, mais à Empoli, à
Pescia. La préparation des peaux de vache et de veau
est surtout très ancienne. On a remarqué dans l'ex-

position de M. Auguste Stichling, une vachette cha-
grinée à la française et un cuir de cheval tanné et cor-
royé à la manière du cuir de Russie.

Le cuir de Russie est coloré en rouge avec du bois
aromatique, ce qui l'empêche de moisir à l'humidité
et le met à l'épreuve des insectes. Pour teindre et cor-
royer ce cuir une fois qu'il a reçu les préparations pré-
liminaires indispensables, on passe à sa surface une
forte couche d'huile empyreumatique d'écorce de bouleau, substance qui, en s'imbibant dans les pores de la
peau, lui donne les qualités particulières qui distinguent les cuirs de Russie.

Les cuirs vernis de Toscane sont aussi très beaux.

ONZIÈME CLASSE.

Préparation et conservation des substances alimentaires.

Les perturbations fréquentes que le manque de récoltes amène depuis quelque temps dans l'économie
sociale des États les plus civilisés de l'Europe, qui
parviennent à peine et à force de sacrifices à nourrir
leurs populations sans cesse croissantes, rendent une
des plus intéressantes de l'Exposition la classe des
substances alimentaires. On ne saurait trop, en effet,
encourager toutes les tentatives faites pour donner
aux viandes, aux fruits, aux liquides destinés à l'u-
sage de l'homme, des qualités durables qui les rendent imputrescibles et permettent de rapporter sur
les années de disette l'excédant des années d'abondance ou de faire profiter une contrée des produits des
autres climats.

Chaque nation a formé son exposition alimentaire
des substances qu'elle peut fournir en plus grande
quantité et avec lesquelles elle est à même d'entretenir un commerce d'exportation. Pour la Toscane, elle
a présenté avant tout des échantillons de ces pâtes
renommées faites avec ces belles céréales qu'on ne

trouve qu'en Italie, avec des alcools et des conserves de fruits. Passons en revue chacune de ces substances.

Vermicelles et pâtes. — On donne ces noms à des pâtes de farine et d'eau habituellement colorées au safran, consistantes, refoulées en fils, en cylindres creux ou en lanières cannelées ou découpées, que l'on conserve sèches et qui s'emploient surtout dans la confection des potages et des macaronis.

Les farines de blés durs qui contiennent le plus de gluten sont préférables pour obtenir ces produits susceptibles, comme dit M. Dumas, d'être gonflés et hydratés sans se désagréger par l'eau, le bouillon ou le lait chauffés même à ébullition. C'est ce qui explique la grande vogue des pâtes d'Italie dont les blés sont si riches en gluten. Voici comment ces pâtes sèches se préparent, surtout en Toscane.

On prend la farine ordinaire, que l'on pétrit avec de l'eau bouillante ; cette pâte ainsi préparée est coulée dans un cylindre vertical en bronze ou en laiton, muni d'un fond épais de même alliage ; ce fond est percé de trous dont le diamètre correspond à la grosseur du vermicelle qu'on veut obtenir ; un piston plein, mu par une vis en fer, s'enfonce dans la pâte et la force à sortir en se moulant en tubes pleins ou creux, unis ou cannelés, suivant la forme donnée aux trous du fond du cylindre : lorsque les tubes ont la longueur voulue, on les coupe et on les fait sécher.

Les pâtes coupées en disques ou lamelles minces, circulaires, elliptiques, unis, étoilés, ondulés, se préparent de même, si ce n'est que le cylindre-presse est posé horizontalement. A mesure que la pâte en sort, un couteau tournant autour de l'axe du cylindre la coupe en parcelles plus ou moins minces suivant qu'il tourne plus ou moins vite. La pâte a été moulée par son passage forcé à travers les trous du fond.

Les pâtes les plus belles, les plus fines, les mieux préparées qui aient paru à l'Exposition, appartiennent sans contredit à la Toscane. On ne saurait croire, à moins de l'avoir vu, à quel degré de perfection MM. Paoletti, de Pontedera, ont porté cette fabrication. Leurs assortiments étaient contenus dans deux petites caisses qui n'avaient pas plus de 1 mètre carré de superficie, mais quelle variété d'échantillons, quelle délicatesse de préparation ! M. Ferdinand Paoletti est sans rival pour les pâtes un peu grosses, comme les lassagnes, les macaronis, les taglionis, les nouilles, les vermicelles, etc. M. Joseph Paoletti s'occupe davantage des produits les plus fins ; ainsi il fabrique des fils de pâte de l'épaisseur d'un cheveu, des neiges d'une admirable blancheur, puis des fleurs, des ramifications d'arbres, des couronnes, des étoiles, des étoilettes, etc.

A côté de ces deux exposants étaient les assortiments, un peu moins beaux sans doute, de MM. Joseph Bulli et J. Dolfi, de Florence, et de MM. J. Filippi, de Livourne, et Jacomelli, de Pistoie ; mais ces assortiments avaient en eux-mêmes une grande valeur et expliquaient la renommée proverbiale des pâtes d'Italie.

Nous aurions bien voulu voir à la suite de ces substances alimentaires des échantillons de ces farines de châtaignes avec lesquelles on fait de si excellents gâteaux sur les montagnes de la Toscane. Comme compensation, nous avons examiné dans ce compartiment une farine fossile fort curieuse. C'est une substance terreuse minérale en poudre impalpable, semblable à la farine du froment. On en fait en Toscane des briques assez légères pour surnager sur l'eau. On dit que c'est une sorte de sable formé des dépouilles d'animaux infusoires et qu'elle peut s'introduire utilement dans l'alimentation. En Suède et en Finlande, les indigènes la mêlent aux farines dont ils font leur pain et s'en trouvent très bien.

Dans la section des liqueurs ou des produits de la distillation, la Toscane comptait surtout des alcools extraits de diverses plantes et nés de la disette des esprits de vin occasionnée par la maladie de la vigne. Ces alcools provenaient des fruits de l'arbousier distillés sur les possessions royales de Toscane et des tubercules de l'asphodèle sauvage ou cultivé. Ces derniers échantillons ont été présentés par M. J. Abrial, d'Orbetello, et une société franco-italienne établie à Florence.

L'asphodèle croît spontanément en Toscane, et on le trouve tout le long de la chaîne des Apennins dans les terrains de plaine ou de montagnes, qu'ils soient secs ou marécageux, même salés, au soleil ou à l'ombre des bois, dans les sols profonds et au milieu des rochers ; sa production artificielle peut s'obtenir par semis ou par la plantation de caïeux ou drageons. Avec cette plante, on peut retirer de 20 à 25 hectolitres d'alcool par hectare.

M. Clerget, dans un rapport présenté à l'Académie des sciences, dit que l'asphodèle donne en alcool 8 0/0 de son volume absolu, ce qui est au moins le double de ce que l'on recueille en fabrique en traitant le jus de betteraves. D'après l'appréciation du savant M. Dumas, l'alcool d'asphodèle, considéré en lui-même, est limpide et incolore ; son odeur franche est celle de l'alcool même ; mélangé avec deux fois son volume d'eau, il forme un liquide dont l'odeur offre quelque analogie avec celle que l'alcool de vin donne en pareille circonstance. Il ne contient ni acide, ni sel, ni matière huileuse ; il brûle sans résidu, et sa flamme est parfaitement identique avec celle de l'alcool pur. En résumé, l'alcool d'asphodèle est d'une qualité très marchande, d'un titre élevé et d'une pureté qui ne laisse rien à désirer. La Société franco-italienne exposait, avec des échantillons d'asphodèle à tous ses états de préparation, non-seulement des alcools bon goût, mais encore des résidus bruts des tubercules employés à fabriquer du carton et du papier. Nous avons admiré combien une seule plante presque sauvage pouvait offrir de ressources à un industriel habile. Le papier, second produit de l'asphodèle, est très bon et la grande quantité de gomme qu'il contient l'empêche de boire l'encre. Quant au carton, sa surface est luisante, et l'eau coule dessus sans le ramollir. Ces nouveaux produits de papeterie obtenus presque sans frais, car les résidus des distilleries n'ont point de valeur, seraient rendus parfaits avec un mélange de chiffons.

Nous féliciterons la Société franco-italienne sur la beauté de ses produits : grâce à la publicité donnée dans l'Exposition à cette industrie naissante, l'asphodèle prendra bientôt une place importante parmi les plantes industrielles.

Le midi de la France pourrait le cultiver utilement, car on trouve l'asphodèle en abondance sur les montagnes du Languedoc.

Le compartiment du Grand-Duché renfermait aussi une belle collection d'eaux de senteur, d'huiles essentielles, de pommades sorties du laboratoire pharmaceutique des révérends pères de Santa-Maria-Novella, à Florence. La plupart de ces articles de parfumerie sont très estimés ; mais, parmi tous, le fameux alkermès, dont la préparation appartient à cette maison religieuse, a eu les honneurs du concours ; n'oublions pas aussi de bonnes bouteilles de crème.

L'alkermès tire son nom de kermès (*végétal*), mot arabe qui signifie une petite excroissance de couleur rouge qu'on trouve sur le chêne. Cette sorte de pustule est occasionnée par la piqûre d'un insecte qui fait extravaser le suc de l'arbre, qui se coagule et sert pour teindre en écarlate. L'alkermès est une liqueur de table d'une belle couleur rouge, agréable, mais chaude et excitante. Les ingrédients qui composent l'alkermès, généralement vendu fort cher, sont la cannelle, le girofle, le macis, la muscade. On recommande cette liqueur avant et après le repas, à la dose d'une cuiller à bouche ou même d'un petit verre.

N'oublions pas aussi des bouteilles de crème, des

sirops délicieux de MM. Castelmur, Perini et Cᵉ, à Florence, et des échantillons de conserves alimentaires, préparées d'après la méthode Appert, par un Français, M. Gaspard Donney, établi à Florence. Ces préparations alimentaires sont parfaites, et l'on n'a qu'à bénir la méthode du savant qui, par son application de la chimie à l'art culinaire, est parvenu à conserver dans leur saveur première et leur intégrité toutes les substances végétales et animales propres à la nourriture de l'homme. L'invention d'Appert consiste, dit M. Payen, à éliminer ou plutôt à annihiler l'influence si énergique de l'oxygène de l'air sans exclure la totalité de ce gaz. En effet, cette exclusion complète est à peu près impossible, et une seule bulle peut suffire pour déterminer la fermentation dans une masse de substance alimentaire.

Appert a tourné la difficulté qu'il ne pouvait vaincre. Il enferme les substances alimentaires dans des vases en verre, en grès ou en ferblanc, qu'il remplit le plus possible avec ces substances et avec le liquide interposé; puis il ferme hermétiquement le vase à l'aide de bouchons assouplis ou d'une soudure à l'étain.

Un ou plusieurs vases remplis de cette manière sont alors placés dans l'eau que contient une chaudière; on élève graduellement jusqu'à 100° la température de cette espèce de bain-marie, dans lequel on entretient une légère ébullition pendant une demi-heure ou une heure, suivant que le volume des vases est plus petit ou plus grand.

Le peu d'oxygène resté libre dans l'air enfermé avec les substances alimentaires se combine avec les matières organiques, sous l'influence de la chaleur communiquée jusqu'au centre des parois, et il ne peut plus ensuite agir pour exciter la fermentation. Ces provisions de viandes, de fruits ou de légumes, ainsi préparées, se conservent saines une vingtaine d'années.

DOUZIÈME CLASSE.

Hygiène, Pharmacie, Médecine et Chirurgie.

Dès le début de cette classe, nous tenons à constater l'absence d'échantillons d'eaux minérales qui ont non-seulement une grande réputation en Toscane mais encore dans toute l'Italie. Ces eaux absentes sont : les eaux de Lucques, si bonnes pour les maladies nerveuses : elles ont fait recouvrer la santé à Montaigne ; les eaux minérales de Montecatini, qui sourdent entre Lucques et Pistoie, dans la vallée de la Nievole, une des contrées les plus fertiles et les mieux cultivées de la Toscane.

Les eaux de la Porretta appartiennent aux États romains, car elles se trouvent aux frontières de ces États, sur la route de Pistoie à Bologne ; nous les citons ici à cause d'une particularité fort curieuse ; ces eaux dégagent beaucoup d'hydrogène carboné, qui, convenablement recueilli, sert à l'éclairage de l'établissement thermal et même de la ville, qui utilise ainsi un gazomètre naturel, inépuisable.

Certaines parties de la Toscane, la Maremme par exemple, immense plaine de 175 kilomètres de long, sont tellement dangereuses à habiter à cause du mauvais air, qu'on a dû prendre toutes les précautions pour se préserver de ces miasmes délétères qui s'élèvent chaque jour du sol, où les eaux croupissent et se décomposent, mêlées aux débris des végétaux en fermentation.

Des savants anglais ont conclu, de faits recueillis récemment sur la côte d'Afrique où règne la *malaria*, que ces effets funestes étaient produits par le mélange des eaux douces dans les flaques et les marécages salés.

Quoi qu'il en soit des causes qui produisent les miasmes délétères, ces corpuscules disséminés dans l'air sec n'ont aucune influence sur les organes de l'homme ; mais il en est autrement quand l'air est refroidi par le rayonnement du soir et par celui de la nuit. Alors, l'humidité entraîne avec elle un grand nombre de ces atomes qui, engloutis en assez grande quantité par la respiration, par la déglutition, et absorbés par les pores, manifestent leurs effets délétères. Le même danger est à craindre le matin lorsque la rosée se vaporise de nouveau aux rayons du soleil et soulève ces mêmes miasmes dans son mouvement ascensionnel. Les vents qui poussent ces miasmes rendent dangereux aussi un séjour prolongé non loin des lieux marécageux. « C'est dans ces circonstances dit M. Rigaud de l'Ille, qu'on a observé des positions en Italie, où l'interposition d'un rideau d'arbres préservait tout ce qu'il abritait, tandis que les parties découvertes étaient sujettes aux fièvres. Ceci s'explique par ce fait : On rapporte que les moines de Franquevaux, en se tenant constamment sous de doubles enveloppes de canevas, pouvaient prendre impunément la fraîcheur du soir et du matin qui frappait de fièvres tous ceux qui avaient l'audace de le respirer à découvert. Probablement, dès lors, que l'interposition du rideau d'arbres joue le rôle du canevas. Les feuillages tamisent l'air et le purifient. »

Parmi les préservatifs conseillés par une bonne hygiène pour se défendre contre les effets du mauvais air, on recommande les chlorures. « Un vieux garde des marais Pontins, dit M. de Gasparin dans son *Cours d'agriculture*, faisait détoner chaque soir une pincée de poudre à canon dans sa cabane et dégageait ainsi un gaz que la tradition lui faisait regarder comme salutaire. » C'est en ce sens que les bouteilles d'eau méphitique alcaline de M. Orsi, de Montalcino, sont très précieuses et dignes de l'attention de tous ceux qui habitent des contrées marécageuses.

M. E. Pollaci, de Sienne, a présenté un masque destiné probablement plutôt aux laboratoires de chimie ou aux amphithéâtres d'école de médecine. Le masque, rembourré sur les bords, s'applique sur la figure, qu'il emboîte hermétiquement, et la préserve totalement de toute atteinte, ne laissant de libre que le conduit des fosses nazales auquel l'air arrive en traversant des toiles métalliques très fines.

Mais la partie la plus considérable des produits de cette classe est une collection de bocaux contenant des échantillons d'iris à différents degrés de travail, présentée par M. le marquis Charles Strozzi, à Pontassieve, près Florence.

Les iris sont des plantes vivaces et herbacées, aux racines en général munies d'un rhizôme horizontal, tubéreux et charnu; leurs feuilles, aiguës et allongées, sont tranchantes par leurs bords, tandis que les fleurs ont toutes les nuances de l'arc-en-ciel; on en distingue plusieurs sortes: parmi ces dernières est l'iris de Florence, cultivé dans nos jardins. Cet iris croît naturellement dans les parties méridionales de l'Europe; sa racine, noueuse et odorante, supporte une tige de 34 centimètres environ, et dont les fleurs largement épanouies, blanches et striées de jaune, ont une odeur extrêmement suave. La racine de l'iris de Florence, réduite en poudre et prise à l'intérieur, est légèrement émétique, d'une saveur âcre et amère; tournée en petites boules et introduite dans le derme, elle détermine ces petites suppurations locales que les médecins appellent *exutoires*; renfermée dans un sachet, elle exhale une odeur qui se distingue difficilement de la violette; elle communique au vin cette odeur.

Les échantillons de M. le marquis Strozzi, ses chapelets d'iris, ses copeaux, ses poudres, sont très fins, très odorants, et soutiennent la réputation de cette sorte de produit du sol toscan.

Puisque nous nous occupons de ce qui regarde la pharmacie, nommons en ce lieu deux jambes artificielles composées par M. D. Angiolini, à Florence, et M. le docteur J. Mori, à Pontedera; l'apppareil du premier de ces exposants est le plus parfait, et se distingue surtout par un mécanisme très ingénieux et par beaucoup de légèreté.

QUATORZIÈME CLASSE.

Constructions civiles.

Il n'est peut-être pas de classe dans toute l'exposition toscane qui renferme moins d'exposants; mais il n'en est aucune, en retour, qui offre dans son genre des travaux plus remarquables.

A mesure que l'aisance s'est répandue dans la vie civile et que les lois de l'hygiène ont été mieux connues, on a amélioré l'intérieur des habitations et l'on a surtout pris soin des rez-de-chaussée ; les dalles anciennement en usage ont été bannies, et l'on a recouvert le sol de tapis ou de parquets. Le parquet est un assemblage de pièces de bois assez étroites, clouées sur des lambourdes et assez fortes pour que l'humidité qui monte de la terre par les fondements des maisons, ou que la chaleur que l'on entretient dans les appartements, ne puisse les faire déjeter en aucune saison. Habituellement ils sont en bois de chêne ; les plus riches sont en ébénisterie. Le frottement que l'on exerce sur la surface de ces planches avec de la cire leur donne un aspect brillant, un vernis très agréable à voir et qui facilite le nettoyage.

Si dans le compartiment des États sardes nous avons pu signaler les parquets à pièces curvilignes de M. Zora, de Turin, on peut dire ici que les parquets en marqueterie de MM. Chalon et Estienne, de Florence, étaient sans rivaux par la nouveauté et l'élégance du dessin. Un, entre autres, au milieu des sept échantillons fournis par ces exposants, fixait les regards du public. Ce modèle avait pour bordure des chaînes entrelacées, et le milieu était formé de cubes de bois ombrés et reliés par des traverses blanches ; cette mosaïque est de l'effet le plus original et d'une perspective très riche ; aussi nous n'avons pas été surpris qu'elle ait valu à MM. Chalon et Estienne une médaille ; c'est une récompense bien méritée.

QUINZIÈME CLASSE.

Industries des aciers bruts et ouvrés.

On appelle acier une substance métallique formée de fer pur et d'une très petite quantité de carbone variant de 1 à 2 centièmes. Le fer, sous cette forme, acquiert des propriétés nouvelles ; ainsi, lorsque, après l'avoir fait rougir, on le refroidit brusquement en le replongeant dans l'eau, l'acier devient très élastique, plus dur et très cassant à froid. Dans cet état, on l'appelle acier trempé. L'acier fondu s'obtient par la fusion des autres aciers ; il prend le plus beau poli, et acquiert par la trempe une ténacité et une dureté excessivement grandes : c'est ainsi que l'on peut confectionner des burins et des ciseaux capables de couper la fonte, le fer et même les autres aciers.

M. Louis Tonti, de Florence, exposait cinq barres d'acier fondu fabriquées avec de la fonte brute de l'île d'Elbe. Cet acier est très fin, a la cassure fort vive et est susceptible d'acquérir une trempe très dure qui lui permet de travailler le porphyre sans s'émousser. Cette qualité extrêmement précieuse que lui ont reconnue tour à tour les jurys des diverses expositions auxquelles M. Tonti a pris part, a valu à cet honorable Toscan plusieurs prix successifs.

Dans la section de la coutellerie, on trouvait, pour Florence, les bons couteaux de poche de M. Buffi, de Scarperia, et surtout des ciseaux pour le jardinage de M. Tortelli, de Gagliano, qui travaille l'acier du pays avec une remarquable habileté. Ses ciseaux, comme bonne qualité et confection, tiennent la première place parmi les produits de la coutellerie italienne. Rappelons aussi un grappin de timon en acier et des chaînes, des mousquetons et un mors aussi en acier de M. Blaise Ceru, de Florence, travaux remarquables

11.

par la perfection de leur exécution et l'élégance des
formes.

SEIZIÈME CLASSE.

Fabrication des ouvrages en métaux d'un travail ordinaire.

Plusieurs robinets et soupapes en laiton parfaitement tournés, de MM. Bacci frères, de Florence, ont
paru dans l'Annexe à côté d'objets en cuivre fabriqués
par le martelage, de M. Joachim Bracci. Mais un des
meilleurs travaux de cette classe était un ornement
en fer fait au marteau par M. Robert Lorenzetti, à
Pistoie ; les contours de cette branche de fer aux
feuillages habilement découpés sont fort gracieux.

Des échantillons d'objets en fer vernis à chaud, de
M. Cosimini, de Pistoie, ont ensuite fixé l'attention
par leur brillant et leur transparence.

On appelle vernis une solution liquide, épaisse et
visqueuse de substances résineuses fondues dans l'alcool, les huiles essentielles, etc., dont se servent
beaucoup d'ouvriers pour donner du lustre à leurs travaux ou pour les défendre contre l'action de l'atmosphère, de la poussière, et en général de tout ce qui
pourrait les altérer. Il faut que le choix des substances
qui ont une tendance à s'écailler soit balancé par
d'autres substances qui n'aient pas cette tendance, afin
d'arriver à un mélange satisfaisant. On connaît aussi,
sous le nom de *laques*, des vernis formés de gomme
de résine et de quelques huiles essentielles ou d'huile
ordinaire, mais de première qualité, qu'on applique
d'une manière durable sur les métaux. C'est ainsi que
sont les laques préparées par M. Ridolfi, de Lucques.

A côté des vernis de M. Cosimini, nous avons examiné avec plaisir un grand étau parallèle en fer très
ingénieusement construit par M. J. Giovagnoli, de
San-Sepolcro. Cet excellent instrument nous a même
semblé mériter plus d'éloges par son utilité pratique
que le fameux casque en fer embouti, fait au marteau

d'une seule pièce, par M. T. Ignesti, de Florence, et présenté par l'Institut impérial et royal. Ce n'était là, à la rigueur, qu'un tour de force.

Le chef-d'œuvre de la serrurerie italienne est, sans contredit, une grande serrure à coffre-fort de M. Gaspard Ciani, de Fusignano, composée de six pènes dont les combinaisons, variées à l'infini, sont autant de secrets qui permettent au propriétaire de fermer sa caisse, sans que l'ouvrier qui a inventé cet ingénieux mécanisme puisse trouver le moyen de l'ouvrir.

Rappelons encore de bonnes serrures ordinaires de M. Masini, de Florence, et nous en aurons fini avec tout ce qui représentait la serrurerie du Grand-Duché.

DIX-SEPTIÈME CLASSE.

Orfévrerie, Bijouterie, Industrie des bronzes d'art.

Si les articles d'orfévrerie et de bijouterie toscanes n'ont point paru à l'Exposition, ce qui prouve combien, dans Florence, l'art de Benvenuto Cellini est déchu de son ancienne splendeur, il nous a été permis cependant de contempler les œuvres d'un homme dont le talent dans les bronzes d'art est incontestablement, à l'heure où nous écrivons, un des plus remarquables de l'Europe. On veut parler ici des travaux de M. Clément Papi. Rien de plus admirable, en effet, comme pureté de fonte, beauté d'expression, réussite, en un mot, que la copie de la tête du *David* de Michel-Ange, cette œuvre si hautement expressive, où respire le génie du grand sculpteur. Quelle belle chose encore que la réduction du fameux *Persée* de Benvenuto, qui coûta tant d'efforts et de peines à l'artiste florentin dont il est resté un des chefs-d'œuvre! La copie de M. Papi a été achetée par la reine d'Angleterre lors de son voyage à Paris. Elle est digne de faire l'ornement d'un musée.

Mais parmi les envois de M. Papi, ce qui a surtout

frappé la foule des visiteurs, c'est une plante d'*aloès frutescens* moulée sur nature et étonnamment réussie, objet d'art que, dans sa modestie, M. Papi appelle un badinage, et devant lequel on s'arrêtait frappé d'étonnement, car il est impossible de voir la nature aussi bien prise sur le fait. Le badinage du fondeur toscan a surpris plus d'un artiste parisien, et l'on s'est difficilement expliqué par quel procédé on avait pu mouler un objet aussi compliqué et où l'on n'aperçoit cependant aucune retouche. M. Papi peut être satisfait du triomphe qu'il a remporté dans ce concours comme dans tous ceux, du reste, où il s'est présenté : ses œuvres ont eu un succès de vogue.

DIX-HUITIÈME CLASSE.

Industries de la Verrerie et de la Céramique.

Si les verreries de Sidon et d'Alexandrie étaient célèbres dans l'antiquité, celles de Venise ne le furent pas moins dans le moyen-âge. Tout le monde a entendu parler des belles glaces qui se fabriquaient dans cette dernière ville. Mais aujourd'hui, la plupart des peuples du globe travaillent le verre aussi bien, pour ne pas dire mieux, qu'en Italie. Nous n'avons, pour nous en convaincre, qu'à jeter les yeux sur les produits des cristalleries française, anglaise, autrichienne présents à l'Exposition. Cependant les verriers de la Péninsule ont conservé certains de leurs anciens procédés qui donnent à leur fabrication un nous ne savons quoi qu'on ne trouve pas ailleurs.

Le verre est un composé de silice, de potasse ou de soude, de chaux, ou d'oxyde de plomb, formant par la fusion une masse amorphe et transparente qui ne se dissout ni dans l'eau ni dans les acides. Suivant les doses de ces substances premières employées, on communique au verre des qualités différentes.

On distingue trois sortes de verre : le verre commun ou pour bouteilles, le verre blanc ou verre à vitres, et le cristal. Ce dernier se compose de sable, de potasse et de plomb.

L'assortiment de bouteilles en verre noir de MM. Doveri et Gamucci, de Livourne, et Marconi, de Pise, renfermait des bouteilles irréprochables comme composition de la matière, mais dont la forme eût pu souvent être plus élégante. Les flacons de verre blanc de différentes grandeurs et ornés de diverses manières de MM. Doveri et Gamucci sont plus recommandables sous tous les rapports. Le transport des eaux minérales de Montecatini entretient en Toscane une grande consommation de bouteilles en verre noir.

M. Schmid, de Colle, a fourni l'exposition de cristaux, la plus considérable du Grand-Duché. Quoique ses pièces manquent en général d'un peu de légèreté, elles ont un beau cachet artistique, ainsi qu'on a pu le voir avec une corbeille en cristal blanc très épaisse, écussons tout autour, comme avec un plateau doré sur le bord : ces morceaux sont d'une large facture. Nous citerons aussi des cuvettes blanc et or, de délicieuses assiettes taillées en cristal blanc, qui ne sont pas moins remarquables.

Les objets de gobeleterie fine de M. Giampasquini, des Fornacette, avaient encore beaucoup de valeur. On trouvait dans le compartiment de cet exposant un compotier en cristal taillé à double diamant, des huiliers forme étrusque, une carafe à trois cordons taillés à côte plate qui étaient de la plus grande beauté. Une collection de verres blancs et unis se faisait distinguer surtout par son extrême bon marché. Quant à plusieurs échantillons de vitres pour appartements, soit en verre commun, soit en verre de glace, ils ont paru généralement d'une grande pureté de verre.

Le Catalogue de l'exposition toscane avait compris dans la classe de la céramique quelques moulages de terre cuite, des briques et des tuiles qui, par leur destination, ressortissent moins à cette classe qu'à tout ce qui a trait aux constructions civiles. Mais puisque nous les rencontrons à cette place, examinons quelle est la valeur de ces produits.

Les briques toscanes se divisent en deux catégories principales : celles qui sont réfractaires et celles qui ne le sont pas. Parmi ces dernières, nous mentionnerons des briques de différentes formes, des tuiles, des carreaux de M. Martin Boretti, à Lastra de Signa ; de M. D. Capecchi, à la Rota ; de M. Gai, à Pistoie ; de M. A. Pini, à Empoli. Tous ces échantillons ne renferment que des briques pleines, mais d'une excellente fabrication, nullement fendillées dans la masse, comme cela arrive souvent, et sans aucun de ces désordres que l'aptitude excessive au retrait des argiles produit pendant le séchage et la cuisson.

Les autres spécimens de céramique grossière se composaient de briques *flottantes* blanches ou rouges extrêmement légères, fabriquées avec cette farine fossile de Castel-del-Piano dont il a été déjà question. MM. Santi et Anghirelli avaient exposé de bonnes briques flottantes ; mais il manquait à cette exposition des briques creuses, si répandues aujourd'hui en France et en Angleterre.

Quant aux objets en terre cuite réfractaire, les meilleurs appartenaient à M. L. Felici, à Figline, près Prato, qui jouit d'une réputation bien méritée avec ses briques à foyers de chaudières, ou ses briques à coin pour couronne ou voûte de four.

Les frères Renzoni et MM. Joseph et Sébastien Palme, de Pise, s'étaient fait représenter par un bel assortiment d'objets de terraille blanche et vernissée de plusieurs façons très appréciés des ménagères. La faïence est d'origine italienne : ce genre de poterie tire son nom de la ville de Faenza.

Les collections de ces exposants étaient composées de services de table coloriés, de vases, de coupes imprimées en bleu, très belles et d'un prix peu élevé. Nous avons remarqué dans la collection de M. Palme des vases coloriés et dorés du meilleur style. Quant aux frères Renzoni, leurs terrailles sont d'une pâte fine et bien vernissée. Rappelons encore au souvenir quelques cruches vernissées au dedans et au dehors et fabriquées à la manufacture de Pelago, appartenant à M. le docteur Puliti, de Florence. Ces vases servent, dans les métairies toscanes, à conserver l'huile d'olive.

Mais, parmi les produits de la classe qui nous occupe, la magnifique collection de porcelaines sorties de la manufacture de la Doccia, près Florence, et appartenant à M. le marquis Laurent Ginori, tenait assurément le premier rang. M. le marquis L. Ginori est un des hommes qui auront le plus d'influence sur l'avenir de la Toscane : on l'a déjà vu exploitant la mine de cuivre de Querceto, dans le val de la Cecina ; le voici propriétaire de la manufacture de la Doccia, et formant de ses produits un des plus splendides assortiments céramiques de l'Exposition universelle. Nous aimons l'esprit d'initiative intelligente unie à une grande fortune ; mais quand à ces qualités si rares on allie de hautes vertus, on ne peut qu'illustrer encore un nom, fût-il des plus nobles.

Les principales œuvres de cette exposition de porcelaine, aussi complète que possible, ont vivement frappé l'attention du public ; elles avaient toutes un cachet artistique remarquable. C'étaient tantôt des demi-miniatures sur porcelaine peinte, comme la *Vierge à la chaise*, délicieuse copie de Raphaël, et l'*Ève pécheresse*, d'après M. Bezzuoli, de Florence ; tantôt un vase étrusque avec figures en bas-relief ; puis de belles imitations de porcelaines de Chine et du Japon, et surtout un grand nombre de pièces en porcelaine historiée, parmi lesquelles on regarde comme de vrais chefs-d'œuvre la Guerre des Titans, la Danse des Heures, etc.

Nous citerons enfin de délicieuses tasses en porcelaine, avec figures en relief d'un goût exquis, puis des portraits en biscuit, ainsi que le buste de Napoléon à la bataille de Marengo et les statuettes de Galilée et de Michel-Ange. Tous ces divers objets étaient admirablement travaillés.

Nous venons de nous servir de certains termes de céramique qui peuvent ne pas être suffisamment clairs pour tous nos lecteurs. Qu'on nous permette donc quelques explications sur la fabrication de la porcelaine. Il y en a de deux genres : la porcelaine dure et la porcelaine tendre. La porcelaine dure a pour base le kaolin et le feldspath, qu'on remplace quelquefois par un mélange de craie, de sable et de feldspath. On réduit ces matières en une pâte homogène que l'on façonne ensuite au tour, soit avec le moule ou le scalpel de l'artiste. Les pièces, unies et séchées, sans vernis, ayant subi une première cuisson, s'appellent du *biscuit*.

Les couleurs s'appliquent sur la pâte ou sur la couverte, et on les incorpore à la porcelaine en les soumettant à une forte température.

La porcelaine tendre diffère de la précédente en ce qu'elle est plus abondante en feldspath, ce qui la rend plus fusible, et qu'on mêle beaucoup d'oxyde de plomb dans son émail.

Protecteur éclairé des arts, M. le marquis Ginori a essayé dans sa manufacture la reproduction des anciennes faïences italiennes, appelées maïoliques, sorties des ateliers de Luca della Robia ou de Bernard de Palissy. Ces vieilles poteries, plats, vases, assiettes, avec figurines ou non, ont pour cachet caractéristique une teinte métallique, un reflet doré que depuis longtemps on avait perdu le secret de donner aux faïences.

Placée à quelque distance de l'œil et vue dans un certain sens, la faïence maïolique a des nuances irisées, miroitantes, où l'or domine ; que l'on ajoute à ces qualités matérielles des peintures tantôt naïves ou gracieuses, tantôt badines; des figures soit à teintes plates, soit en relief, un peu gauchement faites, mais qui n'en ont pas moins leur charme, et puis une grande rareté, une haute valeur commerciale, et l'on comprendra que l'on ait été tenté de reproduire des pièces si estimées. Il y avait, du reste, au point de vue des arts céramiques, une difficulté à vaincre, un problème à résoudre, qui devait séduire l'esprit entreprenant du propriétaire de la manufacture de la Doccia. Après de longues recherches et d'infructueuses tentatives, M. le marquis Ginori, associant le concours de M. Freppa (célèbre collectionneur de poteries) aux lumières du savant chimiste de sa manufacture, dont nous regrettons beaucoup de ne pas savoir le nom, est parvenu à fabriquer des maïoliques qui imitent les anciennes faïences à tromper l'œil du connaisseur.

La plupart de ces copies, qui ont paru à Paris, ont eu un succès de vogue; elles étaient toutes vendues dès les premiers jours de l'Exposition, et, à l'heure où nous écrivons, elles sont dispersées dans une foule de mains, ce qui est le plus grand éloge que nous puissions en faire.

Pour notre part, nous nous souviendrons toujours des vases ou des plats ancien style, bleus ou coloriés, qui figuraient dans cette exposition, ainsi que d'un délicieux coffret en porcelaine et de certaines assiettes à fruit, parmi lesquelles celle qui représente un triomphe d'empereur romain a un émail d'un reflet étonnant. Nous rappellerons encore un magnifique vase avec figures en relief empruntées à la mythologie grecque : c'est Neptune, qui va visiter Amphitrite, entouré des Tritons et des monstres marins.

M. le marquis Ginori a permis à M. Freppa de reproduire pour son compte et à ses frais les plus belles maïoliques que ce dernier possède dans ses collections. L'exposition particulière de M. Freppa ressemblait à un musée de céramique. On y admirait des vases superbes où sont peintes des scènes tirées d'ordinaire de la Bible ou de l'Évangile. Les anses de ces vases sont formées de serpents entrelacés et d'animaux vivants d'un grand effet. Nous avons aussi remarqué avec intérêt de vieux plats avec des légendes, des images, des saints ou des portraits de dames du moyen-âge dans leurs poses charmantes et naïves. Quelquefois aussi ces poteries représentaient des vues de châteaux, des paysages, des scènes de mœurs étrangement rendues, témoin ce plat maïolique festonné aux bords par une ronde d'enfants.

Vraiment c'est bien là du Bernard de Palissy tout pur. Ce sont les œuvres de cet homme extraordinaire que ses contemporains traitèrent de fou, et qui poussait si loin l'amour de son art, qu'un jour, n'ayant plus de bois pour chauffer le four où cuisaient ses poteries, il alla jusqu'à brûler l'un après l'autre tous les meubles de sa maison, afin de ne pas compromettre la réussite de quelques-unes de ces faïences que l'on recherche tant aujourd'hui et que l'on paye si cher.

DIX-NEUVIÈME ET VINGTIÈME CLASSES.

Industrie des laines et des cotons.

Nous sommes loin du temps où l'art de la laine comptait 136 grandes manufactures dans Florence et formait un des corps politiques de la république, où cette industrie livrait chaque année, selon Villani, plus de 80,000 pièces de drap au commerce et donnait du travail à trente mille ouvriers. L'époque des Médicis est passée, et le tissage de la laine, comme tant d'autres arts auxquels la capitale de la Toscane a dû sa grandeur et sa force, est presque nul dans le Grand-Duché. C'est à peine si aujourd'hui un seul fabricant de draps, M. Marc Ricci, de Stia, a pu paraître convenablement à l'Exposition universelle avec quelques pièces en différentes couleurs de draps casimirs, de

draps lisses et sans envers, de draps *pilot* assez bons
du reste comme tissage, teinture et apprêt.

. Le public a remarqué dans la vitrine de cet exposant
des flanelles qui étaient loin d'être très fines et d'un
prix modéré. Mais, à dire vrai, les matières premières,
les laines fournies par les petites races ovines du
grand-duché de Toscane, sont dures, sèches, sans
suint et ne permettent pas de rivaliser aves les contrées de l'Europe qui travaillent les lainages d'Aus-
tralie ou de la Saxe.

L'importation des mérinos saxons et leur mélange intime avec les races du pays, modifieront dans
quelque temps les produits de la manufacture des
draps, ici un peu en arrière si on la compare avec ce
qu'elle a été et ce qui se fait ailleurs.

A part les fabriques de draps de Stia, on compte
en Toscane une foule d'autres établissements de ce
genre qui, tous, jouissent sur les marchés italiens
d'une grande réputation. Ainsi les draps d'Arezzo, de
Prato, de Lucques sont connus en France.

La Toscane entretient aussi un grand commerce de
bonnets rouges avec l'Orient.

Quant à ce qui regarde l'industrie des cotons, il
faut avouer qu'elle semble plus avancée que celle
des laines. Le Brésil, les États-Unis, l'Égypte, l'Asie,
envoient chaque année à l'Europe d'immenses quantités de coton, et l'emploi de cette matière entre dans
la confection de tant de tissus si variés et si économi-
ques, que la culture de cette plante enrichit les pays où
elle peut s'établir. On a dès lors tenté de l'introduire
dans nos climats. Mais la température de notre ciel lui
est si contraire, que, malgré les prix élevés du coton
pendant le blocus continental, les cultivateurs renon-
cèrent à continuer de ruineux essais. Cependant le
royaume de Naples, grâce à des droits protecteurs élevés, entretient encore quelques plantations de cotonnier
dans la province de Bari. Mais l'hectare de terre, par
suite du petit nombre de capsules qui viennent en ma-

turité dans le midi de l'Italie, n'y donne tout au plus que 200 kil. de coton, et en comparant les prix relatifs des cotons de la Guyane et des cotons napolitains, on trouve un rapport de 2 fr. 20 à 1 fr. 20 c. par kil. Ce qui fait que, dans ces conditions, toute lutte sérieuse est impossible. Les autres contrées de l'Italie, la Toscane est du nombre, n'ont pas de plantation de cotonnier et s'en tiennent aux matières premières que leur fournit l'importation et qu'elles travaillent, du reste, d'une façon remarquable.

Ainsi l'exposition des cotonnades de M. Manetti, de Navacchio, près Pise, offrait des tissus d'étoffes pour carrosses en lin, coton, laine et laine et coton, des valentias, des pièces de mérinos écossais qui ne laissaient rien à désirer tant pour la bonté que pour le prix.

Nous en dirons autant des produits sortis de la fabrique de M. Padreddi, de Pise, qui le premier a introduit la filature à vapeur en Toscane ; on a admiré comme travail et teinture plusieurs paquets de coton filé et teint envoyé par cet honorable exposant, dont les tissus en coton sont irréprochables et doivent faire de bonnes toiles pour le ménage ou pour tout ce qui regarde les vêtements. Sans contredit, l'industrie cotonnière toscane est la plus avancée de l'Italie.

VINGT-ET-UNIÈME CLASSE.

Industrie des Soies.

Après que le roi Roger eut introduit l'usage de la culture du mûrier en Sicile, l'industrie de la soie se répandit vite en Calabre et arriva bientôt jusqu'à Florence, où, dès l'année 1400, de nombreuses fabriques de tissus de soie étaient en pleine activité.

Sous les Médicis, cette branche de la fabrication des tissus ne fut pas négligée, et une sorte d'étoffe de soie inventée en Toscane porte encore le nom de *florence*, en souvenir de la ville où elle a pris naissance. La culture du mûrier, favorisée par un climat doux et un sol d'alluvion des plus fertiles, pourrait prendre une extension considérable dans le Grand-Duché, si les qualités du terrain n'étaient en quelque sorte souvent rendues inutiles par un excès d'humidité qui pourrit les racines de l'arbre et réduit son existence à une période assez courte. Les cultivateurs obvient à ces inconvénients en plantant le mûrier sur des terres un peu sèches, mais dans ces conditions le rendement en feuilles se trouve sensiblement diminué. La culture du mûrier a subi ici des fluctuations fréquentes. Aujourd'hui, s'il faut en juger par les nombreux échantillons de cocons et de soies gréges présentés par l'exposition qui nous occupe, beaucoup de propriétaires se livrent à l'élève des vers à soie, et c'est une tendance qu'on ne saurait trop encourager, car il y a là, pour la population nombreuse des *poderi*, une occasion excellente d'occuper bien des bras inutiles. Or, peu d'industries exigent en un temps donné, non pas plus de force, mais plus de bras que l'éducation des vers à soie. Chaque hectare planté en mûriers demande en effet au moins deux personnes.

Quelle que soit la beauté souvent remarquable des échantillons de la soie toscane, nous avons cru nous apercevoir, dans la forme générale des cocons et dans la composition des organsins, d'un vice radical qui, si l'on n'y prenait garde, finirait par compromettre cette belle industrie. Du reste, l'observation que nous allons faire peut s'étendre à presque tous les éducateurs de vers à soie de la Péninsule.

Par suite de l'inintelligence et de la négligence de la grande majorité des éducateurs et surtout des petits producteurs, les races de vers à soie sont arrivées aujourd'hui à un état de décadence à peu près général. L'avidité des spéculateurs sur la graine des vers à soie a aussi contribué à augmenter le désordre.

« L'abâtardissement des races, a dit M. E. Robert, dont le savoir en sériciculture est si connu, produit fatalement les deux plus grands inconvénients qui peuvent frapper une aussi belle industrie, savoir : la plupart des maladies qui désolent les magnaneries et qui coûtent annuellement au moins la moitié de la récolte ; l'infériorité de la qualité des soies, dont la régularité parfaite avec des produits, des cocons si variés de formes, de couleurs, de brins, devient d'une difficulté excessive lorsqu'elle n'est pas tout à fait impossible. »

Il faut donc que les éducateurs toscans se montrent plus difficiles sur le choix des graines de vers à soie, et ils doivent refuser rigoureusement toutes les variétés qui seront reconnues ne pouvoir fournir le plus grand produit possible en soie d'une quantité de feuilles de mûriers donnée ; par ce seul moyen, ils peuvent espérer de maintenir au premier rang cette fructueuse industrie.

Si, eu égard à l'importance de production des soies gréges, la Toscane vient après la Lombardie et le Piémont, les États romains et le royaume des Deux-Siciles, elle fournit encore beaucoup de soie. La statistique relève en effet, pour le Grand-Duché, un chiffre annuel de 2 millions de kilogr. de cocons ayant une valeur de 8 millions de francs. Ces chiffres sont encore faibles, mais tout tend à prouver qu'ils arriveront bientôt à dépasser ces limites, car les propriétaires du pays plantent beaucoup de mûriers. Plus de trente magnaniers, filateurs ou éleveurs propriétaires avaient pris part au concours, et dans ce nombre il faut comprendre les plus grands noms de l'aristocratie du pays. Voici, parmi tant d'exposants, ceux dont les produits ont paru les plus remarquables.

Nous citerons en tête les magnifiques écheveaux de la filature de M. Th. Lepori, à Modigliana ; les soies gréges du domaine royal de l'Alberese et de la filature de Rigutino, présentées par M. G. Ponticelli ; celles de M. le marquis F. Bartolommei, à Florence ; de M. Bolognini-Rimediotti, à Pistoie ; de la filature de Maradi, appartenant à M. Paul Ravagli, et de celle de Palazzuolo, que dirige M. P. Zavagli, dont les écheveaux remportent les premiers prix dans tous les concours.

Enfin rappelons, pour leur brillant et leur élasticité, les soies du chev. Petrucci et du comte J. Pieri Pecci, de Sienne, ainsi que les gréges de M. Franceschini, de Prato, de M. Della Ripa, de Florence ; des frères Baldesi, de Maradi ; de MM. Mazzotti et Ciaranfi, de Modigliana ; de M. Tani, de Figline, etc., etc. La plupart de ces exposants, et nous en omettons encore beaucoup, ont obtenu des médailles ou des mentions honorables dans les Expositions universelles de Londres et de Paris.

Après les échantillons de soie grége, venaient les tissus ; cinq à six fabricants en avaient formé un compartiment séparé qui renfermait quelques étoffes fort remarquables. L'exposition principale de cette vitrine était sans contredit celle de MM. Borgogni, et Borgognini, de Florence, dont quelques pièces, entre autres des gros de Naples, des moirés, des pièces de foulard étaient superbes, et souvent d'une disposition de dessin, d'une vivacité de couleur à rivaliser avec les meilleurs produits de nos manufactures françaises.

Les florences de M. Fiorentino étaient très avantageuses pour le prix et la qualité, quoique les autres tissus parussent laisser un peu à désirer sous le rapport des couleurs. On a trouvé de la sécheresse dans les taffetas de MM. Fossi et Bruscoli. Il est vivement à regretter que les brocarts en or et en argent de plusieurs nuances, de MM. Maffei et Riva, de Florence, ou de M. Bevilacqua, de Lucques, ainsi que les couvertures pour lit, soie et coton ou toutes soie, de MM. Franceschini, de Prato, n'aient pas été envoyés au concours ; ces tissus sont généralement estimés, et ils n'auraient pas manqué d'être appréciés par le Jury parisien. La Toscane exporte annuellement pour 1,500,000 francs en soie et en soieries.

VINGT-DEUXIÈME CLASSE.

Industrie des Lins et des Chanvres.

Les divers échantillons de matières textiles présentés par MM. les administrateurs des domaines royaux de la Toscane nous ont édifié sur la diversité et l'importance de cette culture dans le Grand-Duché, importance que le temps de guerre pendant lequel nous avons vécu n'a fait qu'accroître. Parmi ces spécimens, on a remarqué les produits du genêt d'Espagne, dont on utilise la filasse dans certaines localités du midi de la France ; du *phormium tenax*, plante de la Nouvelle-Zélande, qui réussit sur les sables des bords de la Méditerranée, et qu'on emploie plus spécialement pour les cordages, parce que les lessives fréquentes décomposent trop vite son fil une fois qu'il est converti en toile.

Mais parmi ces diverses matières, le chanvre et le lin tenaient la première place. Nous avons parlé en détail de la culture de ces deux plantes à propos des produits de la Romagne et du Bolonais ; nous n'y reviendrons pas. Constatons seulement que les terrains des plaines toscanes doivent favoriser la culture de ces plantes. En général, les échantillons qui étaient exposés se composaient de chanvre de moyenne grandeur, moins beau que ceux des États romains, mais aussi propre à la fabrication de la toile. Les lins paraissaient fort beaux ; il y en avait de ramés, d'une grande finesse. Ce qu'il nous a été donné d'apercevoir de mieux dans ce compartiment, c'étaient quelques pièces de toile à voile, soit en chanvre, soit en chanvre et coton, sorties de la fabrique de M. J. Ferrigny, de Livourne.

On a aussi admiré, du même exposant, un énorme bout de câble pour vaisseau.

La marine toscane comprend environ 1,000 bâtiments, tant de long cours que de cabotage.

VINGT-TROISIÈME CLASSE.

Passementerie et Broderie.

L'industrie de la passementerie était représentée par M. L. de Beccaro, de Pescia, dont des houppes et différents ouvrages en soie paraissaient exécutés avec beaucoup d'habileté ; on a distingué dans ce compartiment un assortiment d'agréments en soie et laine, et surtout des échantillons d'*archime* et d'ouvrages faits en cette matière. L'archime est un fil de métal employé à des travaux de passementerie.

Dans la section des ouvrages de broderie, nous avons remarqué deux tableaux brodés, signés Hersilie Parlanti, de Borgo, à Buggiano. Ces deux œuvres, que l'Exposition de Londres a déjà honorées d'une médaille de prix, ont encore obtenu à Paris une médaille de deuxième classe.

VINGT-QUATRIÈME CLASSE.

Industrie concernant l'ameublement et la décoration.

De beaux échantillons des marbres de la Toscane, en grandes tables rectangulaires, frappaient d'abord le regard dans ce compartiment. On distinguait une table en marbre rouge, dit marbre des comtes de la Gherardesca, présentée par un membre de cette famille, M. le comte Ugolin ; puis venait une table rectangulaire en beau serpentin, des carrières de Montferrato, envoyée par M. le chev. G. de Pazzi, de Florence.

M. le marquis F. Panciatichi, de Florence, exposait une table en lumachelle ; en dehors d'un devant de cheminée en marbre jaune de Sienne, qui, s'il était précieux sous le rapport de la matière, laissait à désirer au point de vue de l'exécution, car la forme en est un peu massive, et nous savons que M. J. Montorselli, de Sienne, peut faire mieux, les objets principaux de ce compartiment se composaient d'ouvrages en mosaïque.

La mosaïque de pierres dures de Florence a été pratiquée pendant les premiers temps de la république; mais elle a pris tout son développement sous la période des Médicis. Ces grands protecteurs des arts établirent une fabrique de mosaïque (*fabrica degli uffici*) pour travailler à la décoration de l'église de Saint-Laurent de Florence, où rien n'égale la magnificence de la chapelle Médicée, chapelle qui, du reste, n'est pas encore achevée.

Après différents changements d'organisation intérieure, cette manufacture, qui s'est perpétuée jusqu'à nos jours, forme un vaste atelier appartenant à S. A. le Grand-Duc de Toscane, qui l'entretient sur sa cassette particulière, sous la direction de M. Ch. Siries. Les produits, les œuvres d'art qui sortent de cet établissement royal sont connus et appréciés du monde entier pour leur somptuosité et leur perfection. Ils ont paru à l'Exposition sous forme de tables couvertes de mosaïques dignes chacune d'un examen et d'un éloge spéciaux.

Auparavant, qu'on nous permette de donner quelques explications sur ce qu'on appelle mosaïque en pierre dure de Florence. Cette mosaïque se compose de pierres taillées dans des formes diverses, assemblées selon leur nuance et leurs contours pour peindre les ombres, les lumières et les couleurs. On y emploie toutes les matières naturelles plus ou moins dures, mais susceptibles de recevoir un poli, principalement les jaspes, les agates; on choisit la couleur que l'on veut imiter, et l'on taille la pierre suivant la forme de l'objet.

Le chef-d'œuvre de la manufacture royale de Florence avait été placé par exception dans la rotonde qui renfermait les œuvres les plus splendides de nos manufactures de France. C'est une table ronde en néphrétite d'Égypte, avec mosaïque en pierres dures;

au centre est une couronne d'un goût, d'une richesse et d'une valeur artistique rares. On porte le prix de cette table à plusieurs centaines de mille francs.

Une autre table qui a plu généralement beaucoup, quoique la mosaïque ne soit pas aussi parfaite que dans les ouvrages précédents, est une dalle rectangulaire de porphyre. On y voit représentées une guirlande de fleurs et de lauriers, une flûte et une lyre, le tout entrelacé avec art et faisant ombre sur le marbre. C'est un travail délicieux et que nous avons longtemps admiré. Pour donner une idée de la quantité et de la rareté des pierres qu'il faut réunir pour composer de pareils dessins, il n'y a qu'à dire que la lyre est en bois pétrifié et en jaspe jaune de Volterre, la flûte en calcédoine romaine, les fleurs, les guirlandes, en agates, cornalines orientales, jaspe de Sicile, et que les ombres portées sont en granit du Simplon, etc., etc.

La manufacture royale exposait encore quatre tables de mosaïque sur fond de lazulite, destinées à orner l'autel qu'on va construire dans la chapelle Médicée de l'église Saint-Laurent, à Florence. Ce sont des dalles de différentes grandeurs, représentant des vases sacrés d'un admirable travail et sur lesquels on voit les images des apôtres qu'on dirait ciselées; ce sont des gerbes de blé et des entrelacements de pampres, images du pain et du vin du sacrifice; de doubles couronnes d'olivier et de laurier en jaspe jaune de Volterre, sur fond en porphyre rouge. A côté de ces mosaïques à surfaces planes, étaient des bas-reliefs de fleurs et de fruits en pierre dure qui attiraient moins l'attention que les ouvrages précédents, véritablement magnifiques, et à propos desquels on épuiserait vainement toutes les formules de l'éloge.

Après les produits de la manufacture royale et les égalant presque par la pureté des lignes, la beauté du dessin et l'art qui a présidé à la composition des sujets, quoique les matières premières ne soient pas aussi précieuses, nous citerons les tables rondes en mosaïque de M. Gaëtan Bianchini, de Florence. La plus grande, et aussi la plus belle, représentait une colombe à moitié cachée par une feuille d'olivier ; c'était délicieux à voir. Une autre table en mosaïque sur fond noir en pierre de touche, ayant au centre des fleurs et des fruits, était encore fort remarquable : rien de plus délicat et de plus charmant que la manière dont M. Bianchini sait contourner les pampres autour de ses tables. Les grappes transparentes et les feuilles de vigne prennent chez cet artiste des finesses de nuances, des teintes automnales vraiment superbes. On peut même dire que si la manufacture royale a un style plus sévère, les ouvrages de M. Bianchini l'emportent par la légèreté.

Un guéridon couvert de fleurs, exposé par un autre mosaïste florentin, M. Betti, a fait sensation par la fermeté du dessin, la gracieuse composition du bouquet, la beauté des fleurs, la fraîcheur des corolles ; aussi a-t-il été honoré des suffrages les plus élevés et les plus précieux. Nous avons vu S. A. I. le prince Napoléon accoudé sur cette table, et ravi dans la contemplation de cette mosaïque, où M. Betti a déployé un talent d'exécution hors ligne.

Rappelons encore au souvenir un riche guéridon mosaïque des frères Bouinsegni, de Florence, sur fond noir en pierre de touche, ayant au centre un bouquet de roses et des bouquets détachés autour. Le pied de ce petit meuble est en bois sculpté et doré. On pourrait reprocher à cette mosaïque quelques imperfections qui s'aperçoivent dans la juxtaposition des pierres.

A part une table octogone en ébène, avec figures et ornements en marqueterie, par M. Polli, de Florence, dont la belle vue de Venise a fixé l'attention des connaisseurs, les ouvrages de mosaïque sur bois sont ici moins nombreux et moins parfaits que dans les États sardes. Cependant, quant à ce qui touche l'ébénisterie, nous citerons avec éloges un remarquable fauteuil en noyer sculpté, de M. Mazzinghi, de Florence, qui avait présenté encore un beau coffret orné de filets dorés, un autre petit meuble en poirier délicieusement travaillé, ainsi qu'un grand dressoir à étagère d'un style très large.

Plusieurs ouvages en bois plaqué méritaient de fixer l'attention. La machine de M. Pasquini, dont il a été fait mention dans la première partie de cette étude, a fourni de magnifiques feuilles de noyer au bureau-piano confectionné dans l'établissement des Pauvres de Florence, dont les ouvrages sont si appréciés pour leur élégance et leur solidité.

Comme meuble très original et qui dénote une grande habileté de main, on peut nommer une étagère tournée et plaquée en partie, par M. B. Romagnani, de Pistoie; c'est un meuble tout à fait gracieux. Le bureau acajou, de M. Parri, de Livourne, a des ornements de sculpture très bien exécutés. Pour l'encadrement en noyer sculpté en bas-reliefs avec figures et ornements, de M. Rossi, de Sienne, il a semblé généralement un peu lourd, ainsi que plusieurs autres ornements en bois de l'ébénisterie toscane, inférieure à ce point de vue aux nations de l'Italie dont nous avons déjà examiné les ouvrages.

La grande étagère sculptée de M. Lombardi, de Sienne, est un peu massive; cependant elle a des détails d'un vrai mérite.

Ce n'est que rendre justice à M. L. Zampini, de Florence, que de constater ici combien ses imitations de laque de Chine ont été trouvées belles et dignes des distinctions flatteuses que les diverses expositions de la Toscane leur ont successivement accordées.

Un guéridon en bois verni en noir avec pièces rapportées en verre et en poterie vernissée, imitant les marbres et les pierres dures, représentait une tentative assez heureuse et qui peut avoir de l'avenir. Du reste, à part la mosaïque en pierres dures, on fabrique à Florence un autre genre de mosaïque appelé *scagliola*.

Ce mot indique la sélénite employée avec des pâtes de couleur qui lui donnent l'apparence des marbres les plus précieux. M. Picchianti est le seul Florentin qui nous ait fourni des spécimens de ces sortes d'ouvrages. Nous rappellerons, entre autres, un de ses vases étrusques et une table rectangulaire. Mais, d'après les connaisseurs, les échantillons de M. Picchianti n'étaient pas tout ce qu'en Italie on peut faire de mieux avec la mosaïque et la peinture réunies.

Quoique les ouvrages de MM. Visconti, Bracci et Scheggi eussent pu être compris dans la vingt-sixième classe du Catalogue général, nous les examinerons ici pour nous conformer au catalogue de la Toscane. Et d'abord, qu'on nous permette d'exprimer notre admiration sans réserve, pour la belle coupe en serpentin de Prato, sculptée par MM. Scheggi, de Florence, et pour une autre coupe en albâtre agate des carrières de Volterre, merveilleux ouvrages imités de l'antique et taillés avec un goût, une perfection rares.

Cette dernière coupe est sortie des ateliers de MM. Visconti et Bracci, de Florence, dont le ciseau correct et toujours élégant a créé deux grands vases en serpentin de Prato qui n'avaient pas de rivaux dans l'exposition artistique d'aucun autre peuple. Nous devons aussi de grands éloges à ces Messieurs pour leur imitation de l'*Enlèvement des Sabines* et du *Mercure*, d'après Jean de Bologne. Ces travaux en serpentin ont été l'objet d'une admiration générale.

VINGT-CINQUIÈME CLASSE.

Confection des articles de vêtement ; fabrication des objets de mode et de fantaisie.

Dans le compartiment de la Toscane, on trouvait pour cette classe les chaussures communes de M. del Lungo, de Florence, qui réunissent de bonnes formes à beaucoup de solidité. M. Scoti, de Livourne, avait une exposition plus élégante : les bottes vernies et le soulier de satin y dominaient. Les bottines pour dames étaient irréprochables.

Mmes Borbottoni, de Florence, exposaient des bouquets de fleurs en cire, délicieusement réussies; les petites fleurs du bouquet étaient d'un naturel charmant.

Peu d'objets fabriqués au tour paraissaient dans l'exposition d'Italie, mais ce qui s'y rencontrait était tourné avec une patience de Chinois. Ainsi le public s'arrêtait avec curiosité devant trois sphères percées de six trous, toutes trois renfermées l'une dans l'autre, avec une chaîne à l'extérieur de trente et un chaînons faits au tour dans un seul morceau d'ivoire, par M. Coselski, de Florence, qui exposait aussi deux candélabres d'une ténuité excessive.

Mais ce qui caractérisait surtout les Toscans dans les industries de mode et de fantaisie, c'était leur grande exposition d'objets en paille de riz, dans lesquels ils ont une supériorité universellement reconnue.

Nous n'en voulons pour preuve que le grand assortiment de tresses et de chapeaux de paille présentés par M. Agnès Nannucci, de Florence. Il y avait là un chapeau de 420 fr. qui était prodigieux de finesse, et qui eût été enlevé dès le premier jour si l'on avait voulu le vendre. A côté cependant paraissaient d'autres formes de chapeaux de paille d'un travail moins extraordinaire, mais remarquables néanmoins par la beauté des pailles et la perfection des tresses. On y trouvait même des chapeaux pour hommes ou enfants à 7 fr., qui étaient très confortables.

A côté des produits Nannucci, nous signalerons ceux de M. César Conti, pour la prodigieuse finesse de ses tresses. La vitrine de ce Florentin, contenait, par exemple, une forme de chapeau inachevée et marquée n° 31, qui était peut-être ce qu'il y avait de plus fin dans l'exposition toscane. Nous avons remarqué aussi un gracieux chapeau d'enfant à calotte ronde, d'élégants portefeuilles en paille, des porte-cigares et des sacs à ouvrage très jolis.

MM. Vyse et fils, à Prato, avaient encore là un assortiment de tresses et de chapeaux dignes de la médaille de prix qu'ils ont remportée à l'Exposition de Londres.

Les échantillons de M. Masini, de Florence, et de M. Gonin, du Pignone, n'étaient pas moins beaux ; de M. Gonin on distinguait un chapeau d'enfant avec une couronne d'épis qui faisait beaucoup d'effet. Nous signalerons encore des coupes, des bonnets grecs, des pantoufles, et surtout des bottines en paille, chaussures de fée sorties des ateliers de cet habile exposant.

L'industrie de la vannerie et de la sparterie fine est portée en Toscane à une perfection qu'on ne saurait dépasser. Ce sont les femmes de la campagne qui forment ces tresses étroites qu'on réunit ensemble en fabrique et qui servent à la confection des chapeaux pour hommes et pour dames. La matière première de ces tissus, d'une finesse extraordinaire, provient des tiges de froment et de seigle qui se récoltent aux environs de Florence, dans les vallons qu'arrose l'Arno. On évalue à 10 millions de francs le produit de ces ouvrages de paille, qui n'occupent pas moins de 30 à 35,000 ouvriers.

VINGT-SIXIÈME CLASSE.

Dessin et plastique appliqués à l'industrie; Imprimerie en caractères et en taille-douce; Photographie.

La première section de cette classe comprenait deux dessins à la plume : l'un, la Danse des heures, par M. François Biagi, de Pescia ; l'autre, une Sainte Cécile de M. Marini, de Modigliana. A part la finesse du trait dans les deux œuvres, la dernière, la Sainte Cécile, se distinguait de la précédente par plus d'inspiration dans la composition et une extrême ressemblance avec une gravure véritable.

Nous exprimerons ici le regret et l'étonnement que nous a causé l'absence complète de toutes les industries artistiques de Lucques ; car les Lucquois ont le monopole de ces petites reproductions en plâtre et en argile des chefs-d'œuvre de la sculpture ancienne et moderne que l'on aperçoit étalées sur les quais de nos grandes villes. On compte plus de 2,000 Lucquois adonnés à cette industrie artistique et faisant eux-mêmes le colportage de leurs produits.

Les ouvrages de la photographie étaient extrêmement nombreux dans l'exposition toscane, et nous devons avouer que pas un autre peuple de l'Italie n'a présenté des œuvres plus remarquables.

MM. Forcella, Funch et Merlini, de Florence, avaient exposé quatre vues des monuments de leur ville natale, des portraits et deux images de statues. Les frères Alinari avaient fourni un lot de dix vues photographiques des principaux monuments de Florence et de Pise, et M. Alphonse Bernoud des essais de photographie contenant des reproductions d'animaux vivants.

Quel que soit le mérite des études de MM. Forcella, Funch et Merlini, on leur préférait les vues exposées par les frères Alinari : celles du Campo-Santo, du Baptistère et de la Tour penchée de Pise, ainsi que celles des Portes de Ghiberti et de la Fontaine de Jean de Bologne à Florence : ces admirables résultats de la science de Daguerre n'ont que l'inconvénient d'être trop chers, chaque plaque étant vendue 6 fr. pièce.

Nous avons dit ailleurs en quoi la photographie diffère de la daguerréotypie ; il est inutile d'y revenir. Il est plus que juste cependant de ne pas oublier de constater combien un Attelage de bœufs et un Chien boule-dogue de M. Bernoud ont été appréciés par les connaisseurs en daguerréotypie.

La gravure florentine laissait un peu à désirer. Les gravures de M. Campagnano n'étaient pas à la hauteur de ce que les autres peuples d'Italie ont offert en ce genre.

Quant aux impressions de la typographie galiléenne, appartenant à MM. Mariano et Ce, de Florence, elles étaient d'une très grande beauté, et dignes des mentions honorables qu'elles ont obtenues lors de la distribution des récompenses.

VINGT-SEPTIÈME CLASSE.

Fabrication des instruments de musique.

Deux violons de forme différente et faits de deux bois différents, par M. Léonard Giovanetti, de Lucques, sont les seuls ouvrages de ce genre qui parussent dans cette classe.

Aujourd'hui, on fait beaucoup de violons d'une même sorte de bois. Anciennement, cet instrument était toujours composé de deux tables contournées; celle de dessous était en hêtre, et celle de dessus de sapin ou de cèdre, les deux tables étant jointes par des bandes de bois appelées *éclisses*. Les instruments de M. Giovanetti ont reçu l'approbation des professeurs du Conservatoire de Paris.

VINGT-HUITIÈME CLASSE.

Peinture et Sculpture.

Si l'on avait à juger les arts toscans par les spécimens si peu nombreux qui ont paru à l'Exposition, on serait tenté de dire que la patrie par excellence des artistes, que Florence n'a plus de goût pour la peinture ou la sculpture, car vraiment on ne saurait réduire à moins la part qu'elle a prise au concours universel des beaux-arts. Pourtant, au moment même où cette magnifique lutte entre tous les penseurs de la terre s'établissait aux Champs-Élysées, une exposition plus particulière, formée sur des proportions moins colossales, avait lieu en Toscane, et réunissait plus de cent trente toiles et une quinzaine de groupes ou de statues, preuve évidente que la vieille Étrurie n'a pas laissé s'éteindre en elle le feu sacré de l'inspiration.

Mais pourquoi donc alors cette abstention si complète, presque systématique de la part de ses peintres ou de ses sculpteurs, lorsque le côté agricole et industriel du Grand-Duché était si admirablement et si victorieusement représenté ?

Il faudrait en chercher la cause, non dans une affaiblissement quelconque du génie créateur de Florence, car on va voir tout à l'heure que cet affaiblissement n'existe pas, mais dans la crainte qu'avaient ses artistes de s'engager dans une lutte où ils pouvaient rencontrer des rivaux dont les forces leur étaient inconnues. Comment, en effet, avec un concours universel, qui réunit en un point donné, et pour la première fois, toutes les forces intellectuelles de la terre, ne pas avoir une certaine appréhension de se trouver en face de concurrents trop supérieurs ! — Maintenant que le niveau général de l'art au dix-neuvième siècle a été déterminé par l'Exposition française, maintenant qu'on a pu apprécier ce qui se faisait ailleurs, nous ne doutons plus de voir accourir en foule les Toscans au prochain concours.

Du reste, ils auraient tort de se laisser guider par un amour-propre exagéré, car, sur les deux ou trois œuvres d'art qu'ils ont envoyées, il n'en est aucune qui n'ait fixé l'attention sérieuse du public, et le Jury, en leur accordant une médaille de première classe, n'a fait que rendre justice à leur mérite.

Parmi ces œuvres, deux appartenaient à la peinture. Nous citerons d'abord l'*Ève pécheresse*, de M. le chevalier J. Bezzuoli, professeur de peinture à l'académie des beaux-arts de Florence.

Ève est couchée sous le pommier d'Éden, et, tandis que les magnifiques fruits de l'arbre de la science du bien et du mal s'inclinent vers elle, le serpent, descendu du haut de l'arbre pour la tenter, lui persuade de transgresser la défense que lui a imposée son créateur. Comment résister à cette double séduction? Ève étend le bras et cueille le fruit défendu.

Il y a de la grâce dans la pose d'Ève écoutant le serpent; le feu du désir qui s'allume dans les yeux de notre première mère, la curiosité peinte sur ses traits, la crainte des suites de son péché, tout est parfaitement rendu; quant au coloris, il est admirable. Seules, quelques parties du dessin laissent un peu à désirer; mais en somme, cette toile captive et on en garde une bonne, une durable impression.

M. Bezzuoli a fait un grand nombre d'élèves, mais aucun n'a jamais égalé son talent.

On peut citer encore, parmi les œuvres toscanes, une bonne copie du *Paradis* de Fra-Angelico de Fiesole, par M. A. Sasso, de Florence, et un dessin de Madone de M. Burlamacchi, de Lucques.

En sculpture, M. le professeur J. Dupré a été le seul, parmi tous les sculpteurs toscans, qui se soit hasardé à tenter le concours; il en est sorti victorieux. Son *Abel mourant*, statue en plâtre, est superbe.

Le fils d'Adam est représenté au moment où il vient de recevoir le coup mortel; la vie semble à peine l'avoir abandonné. On dirait que sa poitrine s'élève et s'abaisse par un reste d'impulsion dans le jeu des organes; les traits du visage expriment cependant la mort, mais une mort douce, calme, la mort de l'innocent.

L'anatomie de tout le corps est admirable; l'affaissement des membres est complet, chaque détail parfaitement rendu; les attaches des mains, du cou, d'une réalité étonnante. C'est bien là le cadavre à sa première heure, quelque chose qui n'est plus la vie, mais qui n'est pas encore la décomposition et la poussière.

La médaille obtenue par M. Dupré lui était due sous tous les rapports.

CONCLUSION.

—

Cette revue, quoique bien imparfaite sans doute,
est terminée ; maintenant l'on doit se demander quels
moyens la Péninsule peut mettre en œuvre pour tirer
le meilleur parti possible de toutes ses ressources, et
quel est l'avenir qu'elle se créera ainsi elle-même ; en
un mot, il reste à faire la synthèse de cette longue
analyse. — Consacrons à cette tâche les quelques pages qui suivent.

Fidèle au plan adopté dès le commencement de ce
travail, nous nous abstiendrons de toute réflexion sur
les différends purement politiques qui agitent en ce
moment l'Italie.

Mais comme, en dehors des domaines de la diplo-
matie, il existe dans l'ordre économique des faits dont
l'appréciation rentre dans le cercle de ces études, nous
allons les exposer à nos lecteurs.

Disons-le tout d'abord, l'Italie, malgré les nombreuses ressources qu'elle possède tant sous le rapport
de sa supériorité climatérique qu'au point de vue de
ses richesses minérales, l'Italie n'a pas encore atteint
cette prospérité puissante que l'on a l'occasion de remarquer chez plusieurs des grandes nations de l'Europe lancées sur la voie du progrès avec toute la rapidité d'impulsion que peuvent produire une agriculture
large, approfondie, rationnelle ; une industrie sans

cesse appliquée à profiter de toutes les découvertes de la science et des institutions financières ou commerciales aussi sagement conçues qu'habilement dirigées.

S'il nous fallait résumer en quelques mots l'impression définitive que nous a laissée l'ensemble de nos observations sur l'Exposition, nous dirions que la physionomie des produits ou des œuvres venus d'audelà des Alpes ressemblait d'une manière frappante au caractère que la plupart des voyageurs attribuent aux habitants de cette contrée, caractère composé d'un rare mélange d'énergie et d'abattement, d'indifférence ou d'intelligence ardente. Avec l'Italie, en effet, les extrêmes se touchent à chaque pas; tantôt vous trouvez une abondance extraordinaire de production, tantôt des lacunes, des vides qui étonnent.

Si, au point de vue de l'art agricole, certaines parties du territoire paraissent supérieurement cultivées, et les produits qu'elles ont présentés au Palais de l'Industrie le prouvaient d'une manière incontestable, il en est d'autres qui sont moins bien soignées, ou ne le sont presque pas; du milieu d'une série de procédés basés sur de vieilles habitudes locales, souvent incohérentes, on voit surgir des pratiques savantes, des tentatives hardies et dignes par leur haute portée de la plus sérieuse approbation, car nulle part sur notre continent on n'en pourrait citer de pareilles (1). Généralement les instruments ruraux qui servent dans la campagne italienne paraissent lourds, incommodes; ce sont l'araire des anciens Romains, le véhicule de la Sabine, etc., et l'on serait tenté de proscrire en

(1) Les besoins de la grande culture ont introduit dans la campagne de Rome plusieurs usages dont un surtout m'a frappé : je veux parler des confédérations agricoles. Autour des villages où les propriétés sont morcelées, une convention écrite ou tacite considère les divers domaines comme une seule et même propriété divisée en assolements réguliers et forcés. Chaque propriétaire partiel est contraint d'ensemencer sa portion à l'époque prescrite à tous et à l'abandonner, après la récolte, à la dépaissance commune. Il va sans dire que toutes clôtures disparaissent : cent petits champs n'en font plus qu'un grand.

(Campagne de Rome, par C. Didier.)

bloc toute cette mécanique agricole défectueuse, on accuserait même volontiers les possesseurs du sol de se soucier bien peu de leurs propres intérêts, si un Ridolfi, un Lambruschini, un Cambray-Digny, un Aventi, un Morelli, ne nous présentaient leurs herses, leurs charrues, leurs râteaux, leurs machines aussi simples qu'ingénieuses. La fertilité du sol est ici presque proverbiale, et elle ne suffit pas toujours cependant à nourrir les bras qui travaillent la terre ; dans le nord de l'Italie, les fourrages obtenus par le plus beau système d'hydraulique agricole qu'il y ait au monde sont plantureux, extrêmement riches, mais les animaux que l'on y élève ne sont pas toujours choisis à un degré suffisant ; ces irrigations elles-mêmes se détachent sur un fonds de marécages, de lagunes pénible à voir, et si l'on admire cette multitude de cours d'eau, de torrents que la main de l'homme a su approprier à son usage, on ne peut s'empêcher de songer que ces rivières, qui répandent partout la fertilité, peuvent semer aussi le désespoir, qu'elles coulent en relief sur la plaine, et qu'il doit arriver un moment où par une de ces crues subites auxquelles nos fleuves de France ne sont que trop fatalement sujets, leurs eaux, renversant les digues qui les tiennent en respect, se précipiteront dans les campagnes pour y causer les plus épouvantables catastrophes ; enfin, comme si le climat lui-même devait être soumis à ces contrastes, sous le ciel le plus beau de ce continent, la *malaria*, dont les effets diminuent chaque jour, grâce à l'esprit d'amélioration qui caractérise les gouvernements de Rome et de Toscane, exerce encore ses ravages.

Que si de l'agriculture on porte son attention sur tout ce qui se réfère aux arts industriels, les mêmes lacunes frappent l'observateur : une extraction de métaux insuffisante, une mécanique industrielle incomplète, accompagnent cette florissante préparation du chanvre, cet admirable moulinage de la soie, dont nous avons eu l'occasion de faire ressortir la supériorité. Mais le tissage de la laine, et de cette soie si bien travaillée en organsins laisse trop souvent à désirer, et cependant, la fabrication des velours de Turin est parfaite.

Avec les ouvrages purement artistiques on peut constater aussi de pareilles inégalités, et ici notre jugement porte sur les nombreux spécimens de peinture ou de sculpture que l'Italie a exposés au Palais des Beaux-Arts. Ces ouvrages brillaient presque tous sous le rapport de l'exécution matérielle. Ainsi, de patientes et superbes mosaïques, des tours de force de sculpture, de grandes difficultés vaincues avec le ciseau, des toiles remarquables par le dessin, le coloris, n'étaient pas rares à rencontrer; mais certaines de ces œuvres manquaient de cette inspiration, ou plutôt de cette élaboration intime qui est comme le fruit des longues études, de ce quelque chose qui complète le talent et commence le génie, de ce quelque chose que possédaient les grands hommes de la Renaissance, qui savaient à la fois fortifier Florence, peindre le *Jugement dernier*, tailler *Moïse* dans le marbre, élever la coupole de Saint-Pierre et chanter leurs amours en des sonnets magnifiques, grands cœurs, vastes cerveaux dont les productions les plus sublimes ne semblent que l'expansion involontaire de quelques-unes des pensées qui agitaient leur intelligence si admirablement cultivée.

Cependant, ces inégalités, ces contrastes remarqués dans toutes les branchesde la production, dans l'industrie comme dans l'art, peuvent-ils être tous attribués à la nature inconstante du caractère italien, et ne serait-il pas peut-être plus logique d'en rechercher la cause dans les précédents historiques et dans les situations diverses de ces populations?

Quoi qu'il en soit, l'Italie n'a pas beaucoup à faire pour tirer parti de toutes ses ressources, compléter sa production agricole et industrielle, ranimer ses arts, utiliser toutes ses forces morales, intellectuelles et physiques, se mettre enfin au niveau des peuples les plus civilisés de notre époque.

D'abord, on doit dire qu'une instruction générale bien dirigée et de plus en plus répandue peut avoir ici des effets très salutaires.

Eu égard à la culture du sol, un enseignement agronomique populaire, des fermes-modèles, des concours régionaux sont indispensables, même pour la Toscane et quelques-unes des provinces de la Lombardie et de la Vénétie. On aimerait aussi à voir au centre de la Péninsule un système de voies de communication plus étendu et mieux entretenu, car les produits du sol n'y trouvent pas des débouchés suffisants. L'attention des Italiens doit se porter encore sur les avantages que peut leur procurer l'amélioration des espèces chevalines et des bêtes à cornes qui errent dans les Maremmes ou les Marais-Pontins. On connaît l'énorme influence qu'a sur la fortune territoriale d'une contrée le perfectionnement d'une des races d'animaux domestiques qu'elle nourrit. Les procédés du fermier anglais Backwell, ses choix judicieux des reproducteurs (*the selection*), appliqués sur les bœufs des comtés de Durham ou d'Angus, sur les moutons de Dhisley, Leicester, Cheviot, South-Down, ont doublé le revenu du sol anglais.

Nous avons déjà eu l'occasion de constater qu'en Italie l'espèce ovine, insuffisante d'abord en nombre, ne fournit ensuite qu'une laine inférieure dont souffrent les manufactures de draps. Qu'on améliore ces races indigènes par des croisements avec les mérinos d'Espagne ou de Saxe, mais que cette tentative ne se fasse pas sur un rayon extrêmement borné. Qu'elle soit large, générale, étendue à toutes les provinces. Pour encourager chacun dans cette voie, nous ferons remarquer que les troupeaux du midi de la France, croisés avec les mérinos de race pure, ont produit des métis dont nous sommes très satisfaits. La viande de ces moutons est plus estimée, la laine en est infiniment plus fine, et cependant ces animaux sont peu coûteux à entretenir, car ils paissent la plus grande partie de l'année sur nos montagnes arides.

L'analogie du climat de la Péninsule avec celui du midi de la France porterait aussi à désirer de voir les cultivateurs adopter pour le travail des terres quelques-unes de nos espèces bovines de France. En descendant d'une zone l'échelle des climats, le Durham s'accoutume aisément dans les départements du Nord et du Centre, et nos éleveurs en obtiennent les meilleurs produits. Dès lors, est-ce que les propriétaires d'Italie, tout en perfectionnant leurs races indigènes, ne trouveraient pas un certain avantage à adopter les bœufs charolais, les garonnais, les bazadais et les agenais, qui remplaceraient incontestablement avec profit les buffles des Marais-Pontins.

Quant aux chevaux indigènes, ne pourraient-ils pas être suppléés par des chevaux de race andalouse ou de la race de Tarbes? Peut-être ceux de nos lecteurs dont l'esprit embrasse le côté utile des choses trouveront-ils que l'élève du mulet serait encore préférable, à cause du grand nombre de points montagneux du sol, et parce que le mulet résiste davantage aux ardeurs du climat méridional. Le mulet est généralement aussi robuste que le cheval, mais plus sobre, moins sujet aux maladies, et comme animal de trait, il fournit une somme de travail plus élevée.

En poursuivant ces observations d'économie agricole, il serait sans doute utile d'engager les possesseurs du sol italien à concentrer leurs cultures, à les spécialiser : avec les idées générales qui règnent présentement en Europe, idées que le temps, nous l'espérons, transformera en faits, la solidarité reconnue entre tous les États s'étendra au marché européen; la loi des climats sera de mieux en mieux observée dans la production des biens de la terre, et, grâce au libre échange, qui s'impose partout, une nation donnée, sous le prétexte de produire par elle-même tout ce qui est nécessaire à sa propre existence, ne se ruinera plus à lutter contre des éléments contraires. Pourquoi le royaume des Deux-Siciles persisterait-il à vouloir produire un coton, dont les frais de culture élèvent le prix au double de ce que cette matière est vendue par les Américains?

L'égoïsme entre les nations ne sera plus toléré; les voies de fer, les télégraphes électriques, qui unissent tous les points du continent dans un réseau de relations quotidiennes presque forcées, permettent de supposer aussi que, si une guerre survenait, elle ne saurait être de longue durée. Les immenses armements auxquels elle entraînerait feraient bientôt voir qu'il y a folie à se ruiner pour un différend toujours possible à arranger à l'amiable.

Dès lors, l'Italie doit chercher à tirer le plus grand revenu de ses terres, en utilisant les aptitudes spéciales de son sol. Après tout, qu'importe la plante que l'on cultive, primeurs, arbustes, céréales ou prairies, pourvu qu'en définitive la rente du sol soit plus élevée. L'Italie obtiendra facilement par l'échange ce qu'elle ne produira pas directement. Qu'elle vise donc à fournir au commerce de l'Europe une plus grande quantité d'huile, de vin et de soie; qu'elle perfectionne son élève des animaux partout où, l'irrigation étant possible, elle recueille des masses de fourrage; que ses plantes textiles qu'elle affectionne, que ses chanvres si beaux, que ses magnifiques céréales se multiplient sous l'effort d'une culture savante, forte, poussant la terre à son maximum de fertilité; car c'est là le secret des cultures vraiment productives. Un choix meilleur d'instruments agricoles lui est nécessaire; qu'elle y songe; mais qu'elle cherche aussi à conserver à son climat toute sa pureté; qu'elle attaque les maremmes par le colmatage et les plantations d'arbres; surtout qu'elle restreigne de plus en plus ses cultures de riz, cette herbe fatale, minotaure végétal qui dévore chaque année dee milliers de victimes humaines.

Mais comme toutes ces diverses améliorations ne sauraient s'obtenir qu'avec beaucoup de capitaux, il faut, autant que possible, procéder à la création de ces grandes forces nées de l'économie, fleuves formés goutte à goutte, montagnes accumulées grain à grain, mais qui n'en sont pas moins des fleuves et des montagnes. Or, des institutions de caisses d'épargne, des banques mêlées à des fermes écoles et à un enseignement professionnel de l'agriculture, ainsi qu'à un choix raisonné des instruments ruraux qui conviennent le mieux à l'Italie, peuvent faire arriver cette contrée à une prospérité territoriale puissante.

A ces diverses améliorations, toutefois, ne devraient pas se borner les réformes.

Il est évident que les hommes qui s'occupent d'industrie auraient besoin ici d'une instruction plus étendue ; beaucoup de procédés manufacturiers usités chez les autres peuples leur sont inconnus. Les écoles d'arts et métiers qui existent en France rendent de très grands services et popularisent les applications des sciences mathématiques et les découvertes de la physique et de la chimie. Il est de toute probabilité qu'elles auraient la même influence au-delà des monts.

Rien de plus fructueux encore pour perfectionner les produits de l'industrie que de les soumettre à la discussion publique des concours. Les expositions mettent en jeu mille amours-propres, et quand l'émulation fait faire de si généreux efforts à de simples particuliers, pourquoi n'aurait-elle pas la même influence sur les peuples ?

A ce propos, nous exprimerons le regret que nous avons éprouvé de voir la plupart des chefs d'ateliers et des contre-maîtres des manufactures italiennes se tenir éloignés du concours universel, non-seulement de leurs produits, mais encore de leurs personnes. C'est cependant au milieu de ces innovations de tout genre, de ces multitudes de machines et de produits, que l'esprit des hommes spéciaux, des hommes pratiques, peut se perfectionner rapidement et apprécier réellement la différence qui distingue un genre de fabrication d'une autre fabrication étrangère.

Si nous avions eu l'honneur d'avoir la moindre influence l'année dernière dans les conseils des souverains d'Italie, nous aurions demandé que deux cents ouvriers, choisis entre les plus intelligents parmi ceux qui travaillent dans les industries spéciales à chaque Etat, fussent envoyés à l'Exposition universelle de Paris; ces hommes auraient certainement importé dans leurs pays respectifs une foule de connaissances usuelles qui n'y existeront peut-être pas de longtemps, et les frais de ces voyages n'eussent pas été très considérables, quinze jours de séjour à Paris étant suffisants.

L'extraction des métaux, l'exploitation des mines est en retard dans la Péninsule, parce que l'association des capitaux a été jusqu'ici peu mise en usage. Cependant déjà les ressources qu'offre la *commandite* commencent à être mieux comprises; des sociétés anonymes se fondent de toutes parts; elles feront de grandes choses si on leur vient en aide; mais il ne faut pas se contenter de leur accorder quelques encouragements, il faut les appuyer énergiquement. En dehors de l'assistance réelle de l'Etat, il y a une assistance morale que tout gouvernement a en main ; que les capitaux étrangers qui la rechercheront la trouvent toujours quand ils invoqueront son appui. Voilà les vrais moyens de communiquer à l'industrie italienne une impulsion toute nouvelle.

Ces efforts seraient encore inutiles, si un inextricable enchevêtrement de douanes pouvait arrêter à tout moment l'essor du commerce péninsulaire ; car un tel état de choses tend à éloigner les spéculateurs, qui seraient, toutefois, bien désireux de profiter des richesses minérales de la contrée. Dès lors, une sorte de Zollverein italien ne serait-il pas possible, ainsi que quelques personnes le croient?

En ce moment, il se passe un fait qui peut avoir l'influence la plus radicale sur l'avenir de l'Italie. Le percement de l'isthme de Suez est à la veille de transformer la Péninsule en un vaste entrepôt des productions des grandes Indes; tirer parti de cette circonstance exceptionnelle est donc le plus pressant devoir des divers royaumes d'Italie, qui profiteront tous de ce nouvel état des choses. Nous savons bien que certains esprits supposent que les frais de transbordement et de déchargement des marchandises absorberont une partie de l'économie du fret, réalisée par un voyage dont la durée est ainsi réduite de six mois à trois mois, et que dès lors la route du Cap de Bonne-Espérance ne sera pas abandonnée; mais nous ne partageons pas cette opinion, et il est évident que, comme le passage par le Cap a tué Gênes et Venise, le percement de l'isthme de Suez les ressuscitera. Du reste, c'est ce que l'on comprend fort bien au-delà des Alpes, où chacun cherche à profiter des avantages du transit, et la lutte est ouverte entre Turin, Venise, Naples, Rome : lutte pacifique, intelligente, lutte que M. Paléoccopa appuie de son autorité scientifique et de sa position officielle près de la cour de Turin; Venise, de ses millions et de sa situation à l'entrée de l'Allemagne, et le roi des Deux-Siciles, de son chemin de Bari à Naples ou de Bari à Civita-Vecchia, à travers les États romains.

Enfin, pour aller jusqu'au bout de ces considérations générales, trop sommaires peut-être, mais dont le développement exigerait un gros volume, si, au point de vue artistique, l'Italie est à même d'avoir le monopole des chefs-d'œuvre, il faut qu'elle veuille faire des efforts pour arriver au premier rang et s'y maintenir, car elle trouvera de nos jours bien des rivaux qui lui disputeront la palme.

L'Italie entrera toujours dans la lice avec des conditions exceptionnellement favorables, à savoir : son soleil inspirateur, ses traditions artistiques, ses ressources matérielles en marbres de toute espèce. Ce sont là de sérieux éléments de réussite, mais qui ne pourraient pas sans cesse assurer le succès. Car, pour cela, il faut l'étude non servile, mais raisonnée, des anciens maîtres. Les modèles du beau qu'ils nous ont laissés doivent trouver parmi les artistes modernes des admirateurs et non des copistes, ces modèles appartiennent exclusivement à la Grèce, à Rome ancienne, à la Renaissance, et l'art contemporain doit appartenir à notre temps.

Comme la peinture, la sculpture et l'architecture grecques furent l'expression de l'époque de Périclès ; comme le génie de l'empire romain se manifesta dans les monuments qu'il nous a laissés, tels que le Colisée, les immenses aqueducs et les voies qui, partant du Forum, sillonnaient le monde connu ; comme l'art byzantin prit le reflet des mœurs de l'Orient ; comme l'art roman porte l'empreinte de mœurs barbares ; comme l'art gothique s'identifia à une époque de foi religieuse ; comme le siècle de Léon X vit la peinture, la sculpture résumer en des toiles admirables, en des marbres splendides, en des monuments prodigieux, toute l'effervescence, la grandeur des idées de la Renaissance, l'élévation de caractère de cette époque ; hé bien ! le dix-neuvième siècle, lui aussi, a besoin d'arts qui le représentent dignement, grandement, et ce n'est pas dans l'unique restauration des écoles romaines qu'il rencontrera son expression, sa formule définitive.

L'art, aujourd'hui, ne peut être ni français, ni anglais, ni allemand, ni italien ; l'art doit tendre et tend en effet à être européen. Dès lors, les artistes de la Péninsule doivent diriger leurs efforts hors de leur pays qui, n'ayant plus ses richesses d'autrefois, ne peut leur offrir une perspective d'existence assez grande. Il se présente à eux une occasion naturelle d'utiliser leurs talents ; cette occasion, c'est le concours universel ; qu'ils ne le désertent donc plus sous un prétexte ou sous un autre, car lui seul peut sauver cet art italien, sur lequel on a droit de fonder de si légitimes espérances.

Quant à nous, nous avons, pour le moment, achevé notre tâche, et il ne nous resterait, en finissant, qu'à répéter ces mots que les compagnons d'Énée adressaient à l'antique Ausonie : « *Italiam læto socii clamore salutant* », mots qui servent d'épigraphe à ce livre, si, auparavant, nous ne voulions nous féliciter comme homme et comme Français du magnifique succès de l'Exposition de Paris en 1855.

L'appel de la France aux nations a été entendu : d'un bout du monde à l'autre, les producteurs de tous les climats ont envoyé à la fois les fruits de leur sol, les chefs-d'œuvre de leurs industries et les créations de leur pensée ou de leur génie au palais des Champs-Élysées. Cette réunion d'œuvres si diverses que la guerre, les temps difficiles, les embarras d'un transport éloigné devaient arrêter, ou du moins paralyser, cette vaste encyclopédie de tout ce qui pense et vit s'est formée avec un étonnant ensemble, présentant à l'admiration d'une foule de visiteurs, accourus de chaque point du globe, un des plus beaux spectacles qui furent jamais, distançant l'Exposition de Londres de tout le progrès que cinq années d'efforts continus et de perfectionnements ont dû apporter dans les diverses branches du travail humain.

Aujourd'hui, ces étrangers accourus à Paris sont rentrés dans leurs foyers en emportant le souvenir de notre hospitalité nationale et des merveilles qu'ils ont admirées sous ces immenses voûtes de fer et de verre, véritable temple de l'industrie, et, nous en avons la conviction, il n'en est aucun qui ne soit rempli de respect pour la France, et qui, frappé de sa grandeur, n'ait souhaité de voir son pays arriver en toutes choses à un pareil degré de prospérité et de gloire.

ESSAI

SUR

· LES PRODUITS ET LES ŒUVRES

PRÉSENTÉS PAR

LE ROYAUME DE PORTUGAL

A L'EXPOSITION UNIVERSELLE DE PARIS.

1855.

OBSERVATION.

—

Cet essai sur l'exposition générale du royaume de Portugal était destiné à paraître dans un journal, en un seul article. On comprendra dès lors le peu d'étendue qu'il comporte et que les exigences de la presse nous avaient obligé de lui donner. Cependant, malgré ce cadre rétréci, nous nous sommes efforcé d'indiquer d'une manière suffisante tout ce que les œuvres et les productions de cette contrée contenaient de sérieux, d'utile et de nouveau, afin que le commerce et la spéculation en tirent quelque profit. Du reste, cet essai n'a jamais eu pour but que de rendre hommage aux mérites d'une nation naguère si agitée et maintenant si calme, si résolue aux innovations, si avide de chaque sorte de progrès; d'une nation dont le gouvernement, par ses efforts à doter le pays de voies de communication qui lui manquaient, par ses réformes douanières et financières, vient de prouver à l'Europe combien il est digne des sympathies de tous les peuples civilisés.

Nous laisserons donc à notre travail sa forme primitive, en prévenant nos lecteurs que le catalogue des récompenses obtenues par les exposants portugais se trouve à la fin de ce volume, joint à la liste des prix remportés par les divers États d'Italie.

Commissaire général du royaume de Portugal à l'Exposition universelle.

M. J. d'Avila, ministre de Sa Majesté Très Fidèle.

EXPOSITION PORTUGAISE.

Paris, 25 octobre 1855.

Au moment où le Palais de l'Industrie se ferme pour toujours aux visiteurs, il est bon de recueillir ses impressions avec ses souvenirs et de se demander quel rôle, parmi une telle foule, ont joué, depuis ces six derniers mois, certaines nations qui, pour n'occuper pas le premier rang de la civilisation européenne, n'en sont pas moins dignes de l'attention de l'observateur ; nations naissantes encore au progrès, mais qui marchent cependant et agrandissent chaque jour le cercle de leur influence, entraînées dans le mouvement prodigieux dont le commencement de ce siècle offre l'étonnant spectacle ; nations un peu effacées par les immenses exhibitions particulières de quelques peuples, mais intéressantes cependant, si l'on y regarde de près, à cause des mœurs qu'elles révèlent et remarquables par des produits spéciaux à leurs sols et à leurs climats. C'est ce qui nous porte aujourd'hui à parler du Portugal.

Ce royaume, qui s'étend le long de l'océan Atlantique et n'occupe qu'une langue de terre sur notre continent, ce pays de plaines et de montagnes, sans cesse bouleversé par des tremblements de terre qui ont détruit quinze fois Lisbonne, sa capitale ; cet État si empressé de répondre à l'appel de la France conviant les nations, et qui paraît au concours universel avec les productions de deux hémisphères réunies à celles de la métropole, ce Portugal enfin, colonies et possessions continentales, le voici sous toutes ses faces productives.

Peu de fer, mais assez de cuivre : l'un compensant l'autre ; puis des tourbes et des houilles à blocs. Quel bon signe pour une nation quand elle sait apprécier ces combustibles minéraux, qui noircissent les mains, mais donnent l'élan à l'industrie, changent la nuit en jour et font marcher la locomotive, cette puissance des temps modernes et l'un des éléments les plus actifs de la civilisation, par les relations incessantes qu'elle établit entre les peuples !

Ce qui surtout nous a été agréable à constater, c'est que cette houille, exploitée à Gondomar (département de Porto), à part la qualité supérieure qui la distingue, a été exposée par M. le comte de Farobo, de Lisbonne. Nous avons vu dans ce fait de l'aristocratie portugaise s'occupant d'industrie et imitant en cela les grands noms de l'Angleterre, un heureux présage de prospérité future pour le Portugal. L'exemple des grands noms et des grandes fortunes agit puissamment sur l'esprit des populations de tous les pays.

Les lignites de MM. Croft et Lacerda ; les ocres, les minerais de plomb viennent après, en quantité faible encore, les associations de capitaux et l'institution des compagnies manufacturières étant ici toutes récentes. En revanche, voici de très beaux marbres de toutes les nuances et des plus rares ; c'est du rose, du jaune de Sienne, qu'on ne trouve plus ailleurs ; du jaune et du vert antiques, du marbre agate ; échantillons précieux, envoyés de toutes les provinces du royaume, et formant une collection qui témoigne sous ce rapport de la grande richesse du pays.

Commissions et particuliers, chacun a voulu apporter son lot à cette belle exposition : ainsi, les commissions *filiales* d'Estremoz, de Coïmbre, de Borba, et surtout la commission centrale portugaise ; ainsi, M. Figueiredo de Vianna, de l'Alentejo,

M. Braga, de Miranda, et MM. Bonnet et Dejeante, de Lisbonne.

A propos de ces deux derniers exposants, dont la collection de marbres est la plus riche du Portugal, un mot à leur adresse : il y avait dans le compartiment affecté à leurs produits une magnifique table de marbre, objet d'admiration et d'envie ; ils l'ont offerte généreusement à nos blessés de l'armée d'Orient. — Merci, messieurs.

A côté de ces marbres, que le Jury a distingués, comme le commerce et l'industrie l'ont déjà fait, sont les produits naturels de tout le royaume ; ce n'est pas encore de l'agriculture, mais ce qui lui ressemble le plus : de magnifiques collections de bois du pays pour la construction et l'ébénisterie réunies par l'arsenal de la marine de Lisbonne, du goudron, de l'essence de térébenthine envoyés par l'administration générale des forêts ; puis de l'amadou, des glands énormes récoltés à Evora et à Souzel ; des liéges, soit pour filets et à bon marché, soif pour bouchons, et d'une incroyable légèreté, tirés de dix contrées différentes ; enfin des fruits de caroubier, des châtaignes, et surtout de la soie végétale, composée des filaments de l'agave, et exposée par M. de Sa Nogueira, de Lisbonne. Ces fibres de l'agave servent à faire de bonnes cordes et des objets de vannerie très curieux. M. le docteur Barral a exposé une remarquable collection des bois de l'île de Madère, avec leur nomenclature scientifique.

L'agriculture portugaise proprement dite a une exposition qui, malgré toute son importance, n'exprime pas encore complètement la physionomie productive de cette contrée ; on y distingue cependant, en première ligne, de beaux blés tendres et durs, des *touzelles* et des *saisettes*, des blés noirs. (Privilége rare à notre époque, les céréales du Portugal suffisent à la consommation de ses habitants.) Voici encore des orges et des seigles de première qualité, d'énormes épis de maïs, du riz excellent et de superbes légumineuses, pois chiches, lentilles, haricots, fèves de marais, fèves des jardins, gesces, etc. Ce n'est pas encore tout; les huiles abondent : huile d'olive, claire, dorée, parfaitement dépouillée; huiles d'arachides, de sésame, d'amandes, de noix, de ricin et même d'écorces d'oranges : soixante échantillons et vingt producteurs.

Au lieu de citer les noms de ces divers exposants, constatons plutôt, dans l'intérêt du commerce, la supériorité des fruits secs et des fruits confits du Portugal; les amandes et les figues y sont aussi belles que celles de la Provence; quant aux olives, elles n'ont pas d'égales au monde en grosseur : on dirait des noix.

Mais ce en quoi brille la contrée qui nous occupe, c'est dans la partie œnologique. Est-ce étonnant! Quel climat est plus favorable à la vigne que le sien?

Derrière cette vitrine, un autre dirait cette bibliothèque, plus de soixante vins de diverses provenances rient dans leurs flacons de cristal. Ce sont des vins rouges, des vins blancs, vieux ou de l'année dernière; vins muscats ou vins mousseux; le fameux porto, si connu outre-Manche; le folgosa, le ribaldeira, etc., etc.; les vins de l'Estramadure, un peu froids et qu'on ne connaît pas assez, car ils rappellent à s'y méprendre le vin de Bordeaux.

Ces vins ont été l'objet de distinctions nombreuses de la part du Jury lorsqu'il a distribué ses récompenses.

Puisque nous en sommes à parler des vins du Portugal, disons un mot de ce pressoir venu du haut Douro, et qu'expose M. W. Forrester, de Porto.

Nous connaissions de l'appareil de M. W. Forrester, ce modèle de pressoir placé haut, avec les tonneaux se remplissant de moût par un simple conduit. Si l'idée est originaire du Portugal, M. de Lasteyrie, un de nos voyageurs intelligents, l'a importée en France; mais nous l'avons débaptisée parce que nous l'avons transformée. Tout en faisant nos compliments à M. Forrester sur ses supports de tonneaux qui économisent beaucoup de place dans les caves, nous sommes bien aise de lui dire, parce que cela peut être utile à son pays, quels perfectionnements on a introduits chez nous dans les divers appareils de l'industrie vinicole.

Nos bonnes caves du midi de la France sont ainsi construites : une voûte ou un plancher sur lequel passe sans danger une charrette traînée à quatre colliers ; un *fouloir* ou machine à moudre le raisin, qu'un seul homme fait tourner et qui écrase, chaque jour, le raisin cueilli par cinquante vendangeuses ; un foudre ou une cuve au-dessous pour recevoir le moût du raisin mêlé avec le marc ; plus bas des tonneaux qui se remplissent seuls quand, la fermentation ayant fait son cours, le moment est venu de décuver, car le liquide coule à volonté soit dans nos tonneaux, soit dans les chaudières de nos distilleries ; enfin, entre les cuves et les tonneaux, sur le terre-plein des caves, non pas un pressoir primitif à simple levier, qui ne force pas assez et n'extraira jamais le jus de la grappe, mais un arbre en fer, avec pas de vis et une grande roue à percussion, serrant au point de dessécher le marc sous le manteau du pressoir. Ce pressoir est encore locomobile, c'est-à-dire monté sur quatre roues, il peut courir d'un bout de cave à l'autre, et même aller chez le voisin, en faisant le service d'une localité entière, avec grande économie de main-d'œuvre et de frais de transport.

Nous laissons au jugement de M. W. Forrester, si désireux d'arriver à tout ce qui est bien, le soin d'apprécier lui-même ces raisons de préférence en faveur de nos procédés vinicoles.

Il convient de nommer encore, en ce qui regarde la partie œnologique, les cartes topographiques qui représentent les différentes sortes de cépages cultivés sur le cours du haut Douro et les maladies dont ils ont été atteints depuis quelques années ; pour ce seul fait, M. J.-J. Forrester méritait la mention dont il a été honoré ; car, après tout, il faut combattre sans relâche ce funeste oïdium qui cause tant de ravages sur tous les vignobles de l'Europe.

La classe des substances alimentaires, en ce qui touche à l'agriculture, a été tant soit peu ébréchée dans notre rapide analyse des produits du sol portugais ; il reste cependant beaucoup à glaner dans les compartiments de l'Annexe. On a admiré principalement des fruits confits en bocal, en caisse et en boîtes : ces fruits, admirablement conservés, ont obtenu une médaille dans la galerie des *objets à bon marché*.

Le Portugal a beaucoup de prairies, et on y fait des fromages qui ont été honorés de la haute approbation du Jury. Neuf exposants se sont présentés avec ce produit, dont il est utile d'encourager la fabrication, au point de vue de l'économie rurale.

Nous appellerons l'attention de nos lecteurs sur les excellents miels de ce pays ; quant à ses vermicelles et à ses pâtes, presque aussi beaux que ceux d'Italie, ils sont très nourrissants et se ressentent de la qualité supérieure des blés, qualité inhérente, du reste, à toutes les céréales récoltées dans les pays chauds.

Les eaux-de-vie sont fabriquées ici sur une grande échelle et rivalisent avec les produits similaires de France ; comme nouveauté dans cette classe, on peut recommander, pour leur excellent goût, les eaux-de-vie fabriquées avec le fruit de l'arbousier, arbre qui croît sans culture sur les montagnes du pays des Algarves.

Il ne serait pas permis, dans cette nomenclature des produits du sol, d'oublier les tabacs de la manufacture royale de Lisbonne : leur renommée est bien acquise, à en juger par la satisfaction expressive de bon nombre de visiteurs qui les dégustaient ; de magnifiques paquets de cigares du Brésil resteront longtemps dans le souvenir des fumeurs de notre pays.

Les industries ayant pour objet l'emploi des forces

mécaniques paraissent encore en retard. Il y a cependant une exception à faire en faveur de la machine à carder le coton de la fabrique royale de Thomar, et des navettes de MM. Larcher et neveux, de Portalègre.

Quant à la sellerie, elle est dans une voie de progrès avancé : qu'on examine la selle piquée de M. Pereira, de Porto, ou les brides et harnais de M. Vincent, de Lisbonne, on ne peut les trouver que de très beaux et très bons ouvrages. Il n'est pas jusqu'à un équipement pour l'infanterie portugaise et des harnais et des selles pour la cavalerie, qui n'appellent l'attention par leur singularité très caractérisée. C'est l'arsenal de l'armée qui a envoyé tous ces objets ; nous leur préférons nos effets d'équipement français, qui nous semblent aussi solides, quoique bien plus légers.

Sous une vitrine, s'étalent des bougies ordinaires et des cierges venus de Lisbonne et de Portimao. Ces cierges sont ouvragés, sculptés et surtout coloriés avec une telle profusion qu'ils témoignent bien de ce goût inné des peuples méridionaux pour les nuances éclatantes. A côté de ces bougies, des cires vierges, qui constituent un produit très pur et très avantageux, sont présentées par M. Teixeira de Mello, à Lisbonne.

En poursuivant cette étude des produits de l'industrie portugaise, on trouve M. le commandeur Baretto, qui expose un excellent papier à écrire, et MM. d'Oliveira et da Cunha, dont les rames de papier à imprimer attirent les regards par leur bon marché, tandis que, comme nouveauté de fabrication, et en raison aussi de sa force indéchirable, le papier d'agave, d'aloès, de M. Oliveira, de Pimentel, fait songer aux ressources que les plantes grasses, si communes dans le Midi, offrent aux papeteries qui manquent de chiffons.

Il est à regretter que la tannerie soit un peu en

arrière; les peaux de bœuf tannées pour semelles pourraient être mieux préparées; ainsi dirons-nous à propos des cuirs corroyés blancs. Afin de satisfaire la curiosité, nous indiquerons des peaux *licha* (de chien de mer) fort dures au toucher, et dont la menuiserie se servirait utilement quand elle s'occupe de polir le bois.

Mais passons à des objets plus communs qui nous dessinent la vie portugaise dans toutes les classes et nous initient à ses goûts, à ses besoins, à ses habitudes. Voilà les poteries de grès fabriquées sur une vaste échelle, poteries noires, à bon marché et d'une grande légèreté spécifique; voilà les vases, les jarres de la commission centrale portugaise, vases énormes quelquefois, et qui, dit-on, dépouillent parfaitement l'huile ou le vin; les pots pour tenir l'eau fraîche et qu'en Espagne on nomme *algazaras*, et puis les cruchons à fin goulot dont on se sert pour boire dans les campagnes, ont aussi arrêté notre attention; tout cela nous rappelle les mœurs des campagnes du midi de la France.

MM. Joseph et Joachim Ferreira, Pinto Basto et Cᵉ, ont une exposition de céramique autrement remarquable. Ce ne sont plus des ouvrages de grossière argile, mais des porcelaines unies ou décorées et d'une exécution parfaite. Ainsi, des assiettes vraiment belles et des statuettes en biscuit qui arrêtent l'œil de l'amateur. A côté d'elles s'aperçoivent quelques grandes pièces, encore à l'état d'essai, dont deux entre autres sont assez bien réussies pour promettre et assurer à la fabrique de ces porcelaines un avenir de plus en plus prospère. Témoin déjà un grand vase avec fleurs gracieusement peintes, et un autre, genre étrusque, dont les personnages, finement et correctement dessinés, ont obtenu la faveur des connaisseurs les plus sévères; témoin encore un énorme vase bleu en porcelaine monté sur un pied en bois d'ébène sculpté.

La poterie ordinaire de M. Basto, celle qui est de fabrication courante, est des plus satifaisantes, tant sous le rapport du prix que pour sa parfaite exécution. En terminant ce qui a trait aux objets de céramique, donnons des éloges à M. Damazio, qui expose un bon appareil de Woolf de l'invention de M. Betamio, d'Almeida.

L'industrie du caoutchouc est arrivée jusqu'à Lisbonne, si l'on en juge par des bretelles, des jarretières et autres objets de tissu et caoutchouc, présentés par M. Stellflug, dont la fabrication prend chaque jour une plus grande extension. On ne saurait voir des produits plus parfaits.

M. Azevedo Bobone, de Lisbonne, a une hache et des platines et des garde-platine de canon bien travaillées. A côté, une collection d'instruments de chirurgie exposés par M. A. Polycarpo, de Lisbonne, arrête avec intérêt les regards. Ces objets sont bien confectionnés; bons rasoirs, bons instruments pour la bouche ou pour faire des opérations; acier fin, bien trempé, bien poli. Il y a sans doute encore des perfectionnements à poursuivre; mais ce qui a été exposé témoigne de beaucoup de mérite, surtout si l'on réfléchit que la division du travail ne saurait être appliquée sur une aussi petite échelle, et que M. Polycarpo a tout fait de ses mains, transformant un morceau d'acier en ces instruments que Paris et Londres ne désavoueraient pas.

Les plombs de chasse de tout calibre et les feuilles d'or et d'argent pour dorer et argenter, de MM. Cardozo, de Porto (Porto), étaient bien dignes du suffrage qu'ils ont reçu.

Les tabatières d'or et de vermeil qui sortent des ateliers de M. d'Aranha, de Porto, plaisent beaucoup, en ce qu'elles révèlent une habileté d'orfévrerie et de ciselure qui, sans être développée comme en d'autres pays plus avancés dans les arts, a droit à être remarquée.

Nous devons toute sorte d'éloges aux bijoux d'or et aux pierres fines de M. Moitas, de Porto, ainsi qu'à la broche émaillée, avec brillants, topazes et perles de M. Pinto e Souza, de Lisbonne. Ces magnifiques parures sont montées avec un art et un goût rares, et elles ont eu le privilége, pendant six mois, d'attirer beaucoup l'attention des dames les plus distinguées.

L'industrie portugaise des tissus de coton, de laine et de soie se maintient à une certaine hauteur ; c'est même la fabrication la plus importante de la contrée.

D'abord, pour les cotons, voici les fils simples et retors présentés par la Société de filature de la Rivière Vizella, à Négrellos (Porto). Les produits de cette manufacture sont remarquables par la perfection du filé ; mêmes éloges sont dus aux cotons exposés par la Compagnie lisbonnaise. Les tissus de M. Da Luz, ses cotons imprimés, ses indiennes, ses schalls, ses mouchoirs sont excellents : dessins soignés, couleurs bon teint, bas prix, rien ne dépare cette belle industrie. Nous citerons aussi les coutils de coton de Porto, et la soutache de la fabrique royale de Thomar.

Quant aux tissus de laine, leur supériorité se dessine mieux encore : les draps de casimirs de MM. Campos Mello et frères, à Covilha, y tiennent le premier rang pour leur irréprochable préparation. Après eux viennent les draps de MM. Larcher beaux-frères, à Portalègre et à Lisbonne, supérieurs comme confection aux mêmes étoffes de MM. Larcher et neveux, qui font cependant de bons draps de troupe à 4 fr. 50 c. le mètre avec les laines du pays. Il ne faut point passer sous silence les casimirs et les bourlines de la Compagnie de filature et tissage de Lordello à Porto ; draps burels de M. Correa et couvertures de lit de M. Corsino, de Guarda.

En poursuivant cette revue, on s'aperçoit que les produits se perfectionnent et le tissage devient supérieur à mesure que la matière première a plus de valeur. Ainsi, les taffetas, les gros de Naples et autres soieries pour robes de M. de Bétencourt, de Lisbonne, semblent sortis de la fabrique de Lyon. Les soies ouvrées de Bragance forment de bons produits. Comme matières premières, nous citons spécialement les cocons de M. le duc de Palmella et les organsins de M. de Mello et du comte de Semodaes. M. Pimentel, à Porto, a des gros de Naples, des satins et des velours du meilleur travail. Les couleurs de ses tissus de soie ont cependant quelque chose qui révèle une fabrication étrangère et inférieure à la nôtre. Peut-être doit-on, au surplus, attribuer les nuances qui paraissent ternes à ce fait, que ces tissus sont restés trop longtemps exposés au soleil qui a longtemps inondé le palais de Cristal. Car les tissus écossais de ce dernier exposant sont d'excellentes étoffes brochant bien sur toute la vitrine.

Quoique passant rapidement devant ces soieries, nous ne saurions ne pas distinguer les mouchoirs de soie de M. da Silva, de Porto.

Il est une chose qui ne surprend pas du tout dans l'Exposition portugaise. Un peuple qui a un pied à la terre et l'autre dans l'Océan doit soigner sa fabrication des cordages et des toiles à voile, et c'est du reste de tradition au pays des Vasco de Gama et des Barthélemy Diaz. Comment auraient-ils fait, effectivement, ces fiers navigateurs, si les agrès de leurs caravelles avaient cédé au premier coup de vent !

Donc, il leur fallait de bonnes toiles à voile, et nous les avons rencontrées dans celles qui sont exposées par la compagnie de Torres-Novas et la corderie royale de la Junqueira à Lisbonne. Il va de soi que si la toile est excellente, c'est que la matière première ne laisse rien à désirer. On a vu de beaux chanvres rouis et en étoupes du Conseil municipal de Lisbonne; de MM. de Sa Nogueira et d'Oliveira Pimentel. Le lin de Riga réussira toujours en Portugal, sauf à renouveler souvent la semence.

Nous devrions citer encore avec éloges des toiles

de ménage et des nappes de linge damassé de la manufacture de M. Guimaraës, à Silva de Porto, si les coutils de Lisbonne ne nous semblaient encore meilleurs.

Les boîtes avec fil à coudre de Mme Viera d'Abreu, aux couvercles étonnamment historiés, nous serviront de transition pour passer aux dentelles portugaises et surtout aux broderies de fil, dentelles faites au fuseau, broderies au passé.

Cette industrie est encore peu avancée, un seul dessin est d'un goût irréprochable.

Cependant les guipures et les broderies, entièrement à la main, des religieuses portugaises de l'Amérique du Sud font exception et plaisent infiniment, de même que les dentelles de Mme Tavarés, de Péniche.

Quant aux bas en fil à jour de M. Vasconcellos, de Lisbonne, une mention honorable leur est due.

Qu'on nous permette de nous arrêter, comme beaucoup l'ont fait avec nous, devant une garniture de dais faite de plumes d'oiseaux : elle vient de l'Amérique du Sud. Que d'aras et de cacatoès ont dû laisser là leurs dépouilles! Rien de plus riche que cette garniture, rien de plus original surtout. Ce sont les religieuses de l'Amérique du Sud qui ont encore fait ce gracieux travail.

Parmi les objets destinés à l'ameublement, nous n'avons à signaler comme réellement remarquable, qu'une table d'ébène et de marbre et une autre en marqueterie de bois, dont le piédestal est d'ébène, exposées par M. B. Dejeante, de Lisbonne. Une jardinière d'acajou, palissandre et tacula, venue du Portugal, est un ouvrage qui a figuré avec avantage parmi les travaux d'ébénisterie réunis à l'Exposition.

Les Portugais ont aussi envoyé beaucoup de nattes de jonc et de feuilles de palmier, la plupart fort jolies, surtout celles de M. d'Almeida. Ils tressent le palmier et l'agave de toutes les manières et suivant les caprices de leur fantaisie. Ils font des sacs à ouvrage, des corbeilles et même des sabots, de ces matières qui servent encore à confectionner de la tapisserie.

En dehors de ces articles de vannerie, la chaussure et la chapellerie ont été bien représentées au Palais de l'Industrie. Les bottes vernies de M. Correa, d'excellentes chaussures pour l'armée, de l'Association fraternelle des cordonniers de Lisbonne ; surtout des souliers gris en veau naturel, sans couleur et lacés sur le pied, qui sont d'un confortable et d'une commodité à en désirer l'adoption en France, ne sont pas indignes d'être rappelés. Parmi les articles de chapellerie, le feutre noir des ecclésiastiques de la péninsule hispanique est le plus caractéristique par la largeur de ses ailes, dont on comprend l'utilité en songeant aux ardeurs du soleil dans cette contrée.

Les fleurs artificielles étaient très nombreuses et très bien exécutées ; il y en avait en cire, en coquillages et en moelle de figuier imitant l'ivoire, mais dans cette partie, les beaux fruits en cire de Mme de Mello étaient les plus admirés.

Qu'à cette énumération on ajoute quelques épreuves lithographiques de M. Baruncho, d'assez bonnes reliures communes de MM. Ferim et Robin, à Lisbonne ; puis, une belle collection de raretés numismatiques appartenant à M. Silva, de Mello, collection où l'on peut étudier sur des médailles d'or, d'argent et de cuivre, l'histoire des rois du Portugal et l'on aura l'ensemble de l'exposition de cette contrée quant à ce qui regarde son agriculture et son industrie continentale de l'Europe.

Nous avons cependant laissé encore beaucoup de produits venus des colonies portugaises, entre autres un remarquable bloc de malachite extrait de la province de Benguela et d'Angola (Afrique portugaise occidentale) ; des orseilles, des cotons et de bons cordages faits de fibres de coco, richesse de cette contrée lointaine ; par exemple aussi, du bois d'acajou, du coton jaune, tirés de la province des îles du Cap-Vert et de Bissao ; du café récolté sur des caféiers à l'état sauvage du golfe de Guinée ; du tapioca, du tabac, du beau suif végétal de Mafurra fort curieux à voir ; du rhum, des nattes dites de Mucimba, province de Mozambique (Afrique portugaise orientale) ; des bois de *teca* et de *sico*, des sésames noirs et blancs, et de l'indigo de Goa (Inde portugaise), et enfin de la cannelle, du tabac et du café, récoltés dans la province de Macao, Solor et Timor, c'est-à-dire, dans l'Inde et dans l'Océanie. Tous ces divers articles ont été recueillis par les soins intelligents du conseil des Colonies de Lisbonne, qui s'est fait extrêmement remarquer par sa grande collection des bois des colonies.

Que si, maintenant, et pour compléter ce coup d'œil général, nous nous transportons dans le Palais des Beaux-Arts, afin de rechercher à quel degré est parvenu l'art en Portugal, nous y verrons de bonnes tendances, nous y reconnaîtrons l'influence des peintres français, dont la manière est en faveur au-delà des Pyrénées. Du reste, la partie de la péninsule hispanique qui nous occupe a ses peintres indigènes, et si tous les paysages de M. Thomas José d'Annunciaçao ne sont pas des chefs-d'œuvre, ses *Amours au village* et ses *Animaux au pâturage* ont de très belles et très louables qualités. Le naturel des personnages dans l'un, les paisibles vaches qui broutent l'herbe dans l'autre, sont rendus avec un grand sentiment de l'art, quoique, et M. d'Annunciaçao le comprend mieux que tout autre, surtout s'il a visité l'Exposition universelle, ses toiles ne soient pas exemptes de défauts.

Parmi les trop rares peintures venues du Portugal, un tableau de M. Schenck, appelé sur le catalogue *Les vendeurs de fruits d'Aventés*, s'est fait remarquer de la foule. Cette toile a d'excellentes parties qui font regretter d'y voir des tons de brique si prononcés. Un autre tableau, les *Cinq artistes*, de M. da Silva, a plus d'harmonie que le premier, mais peut-être un faire moins large.

Seul, le tableau de M. Métrass, de Lisbonne, représentant *Luis de Camoëns* et son esclave Jao dans une grotte, a de la supériorité, et c'est un hommage que nous étions désireux de rendre à ce peintre.

Nous avons à peu près fini notre tâche.

Voilà donc ce qu'a été, à nos yeux, l'exposition du royaume de Portugal ; elle n'occupe pas, sans doute, un des rangs les plus élevés parmi les peuples exposants ; mais la place qu'elle s'est faite est assez honorable pour qu'on puisse l'en féliciter. Pourquoi ne dirions-nous pas que nul ne soupçonnait tout ce qu'elle a révélé et qu'elle pût se révéler d'une manière aussi remarquable?

Combien de causes diverses semblaient effectivement se présenter comme un obstacle à tout ce qui engendre et facilite chez une nation ce qu'on nomme le progrès ! Mais plus on s'étonne de voir que dans l'agriculture, l'industrie et les arts, le peuple portugais ait répondu avec tant d'avantage à ce concours universel auquel il était appelé, plus il est légitime d'attribuer cette sorte de conquête et de victoire aux encouragements d'une royale protection et aux intelligentes impulsions du gouvernement de ce pays ; et celui-ci pouvait-il mieux servir les intérêts nationaux, en cette circonstance si solennelle, qu'en choisissant pour son représentant M. d'Avila, homme renommé dans les sciences, ancien ministre, distingué par ses services dans les postes les plus importants, et ainsi illustre à tous les titres? Loin que le haut rang où il est placé lui ait fait dédaigner les soins et les détails souvent minutieux de la mission qui lui était confiée, chacun a pu reconnaître qu'il a apporté à son accomplissement un zèle au-dessus de tout éloge, et que, grâce à ce zèle aussi infatigable qu'éclairé, l'exhibition de Portugal a eu, pour tous les curieux, le mérite d'une organisation parfaite, et pour ceux qui aiment à se livrer à des observations approfondies, les séductions de ce bienveillant accueil qui encourageait à y revenir souvent.

Maintenant, pour nous résumer dans nos études sur le Portugal, études que nous avons hâte de déclarer trop incomplètes, nous dirons qu'en somme il nous semble que ce royaume, avec quelques nouveaux efforts, ne tardera pas à prendre sa place parmi les nations les plus civilisées.

Les Portugais ont tout à souhait : leur terre est pour eux une mère prodigue ; leurs cultures sont superbes, même avec des instruments imparfaits ; leurs montagnes renferment des trésors qu'une intelligente association des capitaux va mettre au grand jour. Les réformes une fois introduites dans les provinces des Tras-os-Montes, y produisent des changements extraordinaires, ce qui témoigne de la vivacité de conception des habitants et de leur facilité à se laisser impressionner par le bon et le beau ; leurs arts s'améliorent, leurs industries, primitives sur certains points, se complètent admirablement de toutes les découvertes de notre époque. Leur aristocratie étudie et travaille ; un jeune roi est à leur tête avec une belle et glorieuse carrière à fournir et le ferme projet d'opérer les réformes nécessaires à l'achèvement de cette belle œuvre de régénération qu'il souhaite pour son pays ; il n'en faut pas tant pour nous faire prévoir les destinées du Portugal : avant vingt ans, ce royaume aura doublé ses richesses ; avant vingt ans, il sera transformé.

LISTE GÉNÉRALE

DES

RÉCOMPENSES ACCORDÉES PAR LE JURY INTERNATIONAL

AUX EXPOSANTS

DES DIVERS ÉTATS D'ITALIE

ET DU

ROYAUME DE PORTUGAL.

GRANDES MÉDAILLES HORS CLASSE.

Médaille d'honneur.

Institut impérial et royal technique de Toscane, à Florence. — Collection intéressante de marbres, de minéraux et de bois.

Gouvernement du Portugal. — Ensemble de ses produits agricoles : blés, maïs, légumes, amandes, olives, fruits secs, etc., etc.

Iʳᵉ CLASSE.

Art des Mines et Métallurgie.

Médailles de première classe.

Institut royal technique, Turin (États sardes).
Larderell (Comte de), Livourne (Toscane).
Ministère des finances, à Rome (États pontificaux).
Société des salines de Venise, Autriche.

Médailles de deuxième classe.

Badoni (J.), Castello, Lombardie (Autriche).
Bastogi, Livourne (Toscane).
Chambre royale d'agriculture de Chambéry, États sardes.
Compagnie du Bottino, Toscane.
Hall-Sloane et Coppi, Florence (Toscane).
Mines d'Agardo, près Belluno, Lombardie (Autriche).
Sacchi (Alma), Gromo (Autriche).
Alcochète (Baron d'), Lisbonne (Portugal).
Ferreira Pinto Basto, Palhal (Portugal).

Mentions honorables.

Benini et Michelagnoli, au Pignone, près de Florence (Toscane).
Durval, Massa maritima (Toscane).
Fenzi (Emm.), Florence (Toscane).
Frèrejean (B.) **et Balmain** (Ant.), d'Épierre, Savoie (États sardes).

Grange (F.), de Randens, Savoie (Etats sardes).
Leborgne père et fils, de la Ronchette, Savoie (États sardes).
Salines royales de Volterra, Toscane.
Société anonyme des mines Cani, Battigio (États sardes).
Société des salines de Pirano, Autriche.
Térisse (J.) **et Cᵉ,** d'Argentine, Savoie (États sardes).
Compagnie de la Persévérance, Porto (Portugal).
Compagnie Lusitanienne de l'exploitation des mines, Portugal.
Croft, Alcobaça (Portugal).
Forrester (J.-J.), Porto (Portugal).
Lacerda de Souza, Alcanède (Portugal).
Souza (**de**), Sétubal (Portugal)

COOPÉRATEURS.

CONTRE-MAITRES ET OUVRIERS.

Mention honorable.

Falck (H.), ingénieur, usine de Badani-Secco, Milan (Autriche).

IIᵉ CLASSE.

*Art forestier, Chasse, Pêche et Récolte de produits obtenus
sans culture.*

Médaille de première classe.

Siemoni (Ch.), Casentino (Toscane).

Médailles de deuxième classe.

Arsenal de la marine, Lisbonne (Portugal).
Barral (Dʳ Fr.-Ant.), Lisbonne (Portugal).
Conseil des colonies portugaises, Portugal

IIIᵉ CLASSE.

Agriculture.

Médailles de première classe.

Académie des géorgophiles, Florence (Toscane).
Brun frères (Chev. J. et C.), Turin (États sardes).
Commune de Legnano, Lombardie (Autriche).
Compagnie du guano sarde, Sassari (États sardes).
Facchini frères, Bologne (États pontificaux).
Lamberti (L.) oncle et neveu, Codogno (Autriche).
Lambruschini (L'abbé), à Figlino (Toscane).
Pollone (Comte de), Turin (Piémont).
Ponticelli, directeur des troupeaux de S. A. le grand-duc de Toscane
Ridolfi (Marquis), Florence (Toscane).
Dos Santos, Portugal.

Médailles de deuxième classe.

Albertini (J.) **et Cᵉ,** Turin (États sardes).
Chambre de commerce, Venise (Autriche).
Corsini (Prince Th.), Toscane.
Franzini frères, Villalunga (Lombardie).
Girardi (M.), Turin (États sardes).

Manca (Chev. S.), Sassari (États sardes).
Morelli (Comte G.), Turin (États sardes).
Orsetti (Comte E.), Lucques (Toscane).
Prini (Chev. G.), Pise (Toscane).
Société d'agriculture de Bologne, États pontificaux.
Stabilim (F.), Lombardie (Autriche).
Tresca (Docteur), Lombardie (Autriche).
Compagnie de Lisirias, Lisbonne (Portugal).
Conseil municipal de Lisbonne, Portugal.
Ficalho (Marquis de), Serpa (Portugal).
Fiuzas, Evora (Portugal).
Galao (J.-C.), Vimieiro (Portugal).
Gomez (J.-L.), Portimao (Portugal).
Machado (J.-I. de S.), Samora-Corrêa (Portugal).
Morao (Fr.-J.), Castello-Branco (Portugal).
Pinto Bastos Ferreira et C°, Portugal.
Rasquilho (Fr. da Silva Lobao), Portugal.

Mentions honorables.

Académie royale de la vallée Tibérine, Toscane.
Institut agricole de Ferrare, États pontificaux.
Pallestrini frères, Villa-Biscossi (États sardes).
Perla, à Turin (Piémont).
Ruschi frères, Pise (Toscane).
Turchini, Florence (Toscane).
Almeida Silva et C°, Lisbonne (Portugal).
Andrade (J.-C. d'), Portugal.
Barbosa (J.-M. de Costa), Portugal.
Bello (Emm.-Gueifao), Maçao (Portugal).
Bonnet (Ch.), Portugal.
Calça e Pina (A.), Souzel (Portugal).
Calheiros (F.-C. de Lemos), Portugal.
Camoes (J.-Ant. da Cruz), Portugal.
Carvalho (D.-N. de), Benavente (Portugal).
Carvalho-Pacheco, Portugal.
Coelho (M.-J.), Redondo (Portugal).
Conseil des colonies, Lisbonne (Portugal).
Da Costa Almeida, Portugal.
De Sa Nogueira, Portugal.
Dorothea (Dona Maria), Loulé (Portugal).
Falcao (L. de Sinna-Carvalho Freire), Castello-Branco (Portugal).
Feio (M.-J. de Souza), Beja (Portugal).
Fernandez (M.-J.), Evora (Portugal).
Fonseca Vaz (Al.-P. da), Sardoal (Portugal).
Fonte-Boa (Vicomte da), Santarem (Portugal).
Forrester (J.-J.), Porto (Portugal).
Freire (M. Torres Vas), Evora (Portugal).
Gamboa (Fr.), Arruda, Lisbonne (Portugal).
Geraldès (J.-J. Vas Preto), Castello-Branco (Portugal).
Graciosa (Comte da), Idanha à Nova (Portugal).
Jarra (M.-Ant.), Loulé (Portugal).
Larcher (J.), Portalègre (Portugal).
Macedo (J.-P.), Penamacer (Portugal).
Martins (J.), Lisbonne (Portugal).

Mendonça (Fr. **Correa de**), Portugal.
Moura (G.-J. **Texeira de**), Villa-Réal (Portugal)
Oliveira Pimentel (L.-C. d'), Portugal.
Oom (Th.), Lisbonne (Portugal).
Palerme (Marie-Dorothée **d'Aragao**), Loulé (Portugal).
Pereira (Ag.), Portugal.
Pinto Bastos (Ed.-F.), Coïmbre (Portugal).
Proença (F.-Tavarez **d'Almeida**), Castello-Branco (Portugal).
Queimado (J.-M.), Redondo (Portugal).
Salles (Ant.-Fr. **de**). Castro-Verde (Portugal).

IVe CLASSE.

Mécanique générale appliquée à l'industrie.

Mention honorable.

Piatti (T.), Turin (Etats sardes).

COOPÉRATEURS.

CONTRE-MAITRES ET OUVRIERS.

Médaille de deuxième classe.

Magalhaes, contre-maître de M. Damasio, à Porto (Portugal).

Ve CLASSE.

Mécanique spéciale et Matériel de chemins de fer
et autres modes de transport.

Mentions honorables.

Appollonio, à Turin (États sardes).
Atelier du chemin de fer de Léopold, Toscane.
Cantone, Arizio et Ce, Turin (États sardes).
Institution de Sainte-Marie, alla Pace, Milan (Autriche).
Santi-Talamucci et fils, Florence (Toscane).

COOPÉRATEURS.

CONTRE-MAITRES ET OUVRIERS.

Mentions honorables.

Arlorio (B.), au chemin de fer de l'État, Turin (États sardes).
Maneglia (P.), au chemin de fer de l'État, Turin (États sardes).
Pacthod (V.), au chemin de fer de l'État, Turin (États sardes).
Verola (J.), au chemin de fer de l'État, Turin (États sardes).

VIe CLASSE.

Mécanique spéciale et Matériel des ateliers industriels.

Médaille de deuxième classe.

Scariano (B.), Palerme (Deux-Siciles).

Mentions honorables.

Ateliers du chemin de fer Léopold, Florence (Toscane).
Ateliers du chemin de fer Maria-Antonia, Florence (Toscane).

COOPÉRATEURS.

CONTRE-MAITRES ET OUVRIERS.

Médailles de deuxième classe.

Barnes, au chemin de fer Maria-Antonia, Florence (Toscane).
Jeffroy, au chemin de fer Léopold, Florence (Toscane).
Parker, au chemin de fer Léopold, Florence (Toscane).
Pierucci (Mariana), fabricant d'appareils de physique pour l'université de Pise.
Turchini (Raphaël), à l'Institut technique de Toscane, à Florence (Toscane).

Mentions honorables.

Belli (Gaétan), États sardes.
Calvi, chez MM. Ansaldo et Cᵉ, à Gênes (États sardes).
Galliano, chez MM. Ansaldo et Cᵉ, à Gênes (États sardes).
Marchisio, chez MM. Colla et Cᵉ, à Turin (États sardes).
Martina, chez MM. Colla et Cᵉ, à Turin (États sardes).
Varese, chez MM. Colla et Cᵉ, à Turin (États sardes).

VIIᵉ CLASSE.

Mécanique spéciale et Matériel des manufactures de tissus.

Médailles de première classe.

Padernello (J.), Secile, Lombardie (Autriche).
Compagnie de filature et de tissage de Lordello, Porto (Portugal)

Mentions honorables.

Fabrique royale de Thomar, Santarem (Portugal).
Larcher et Neveux, Portalègre (Portugal).

VIIIᵉ CLASSE.

Arts de précision, Industries se rattachant aux sciences et à l'enseignement.

Médailles de première classe.

Benoît (Ach.), directeur de l'École d'horlogerie, Cluses (États sardes).
Institut impérial et royal technique, Florence (Toscane).

Médaille de deuxième classe.

Scariano (B.), Palerme (États pontificaux).

Mentions honorables.

Chambre de commerce de Milan, Autriche.
Dancet (L.), Cluses (États sardes).
Pierrucci (M.), Pistoie (Toscane).
Forrester (J.-J.) père, Porto (Portugal).
Silva (**Mello de**), Lisbonne (Portugal).

IXᵉ CLASSE.

Industries concernant la production économique et l'emploi de la chaleur, de la lumière et de l'électricité.

Médaille de première classe.

Dell' Acqua, Milan (Autriche),

Mentions honorables.

Rochetti (P.), Padouc (Autriche).
Teixeira de Mello, Lisbonne (Portugal).

Xe CLASSE.

*Arts chimiques, Teintures et Impressions; Industries
du papier, des peaux, du caoutchouc, etc.*

Médaille d'honneur.

Larderell (Comte de), Voltera (Toscane).

Médailles de première classe.

Lanza (Fr.) **et Cᵉ**, Turin (États sardes).
Milliani, Fabbriano (États pontificaux).
Batalha (F.-R.-P.), province d'Angola (Portugal).
Burney (Veuve) **et Burney** (J.-B), Alcantara, Lisbonne (Portugal).
Compagnie du monopole du tabac, Lisbonne (Portugal).
Hirsch, Lisbonne (Portugal).

Médailles de deuxième classe.

Lanza (J.), Turin (États sardes).
Ponticelli (G.), Toscane.
Révérends pères de Santa-Maria-Novella. Toscane.
Sclopis frères, Turin (États sardes).
D'Abreu (Miguel-Archange), Lisbonne (Portugal).
Garland Ledley et Cᵉ, Coïmbre (Portugal).
Maria Norziglia, Lisbonne (Portugal).

Mentions honorables.

Albani frères, Turin (États sardes).
Anca (Baron), Palerme (États pontificaux).
Bœlla, Turin (États sardes).
Bottoni (Dᵣ C.), Ferrare (États pontificaux).
Braghi (S.) **et Cᵉ**, États sardes.
Calcagno frères **et Martinolo**, Turin (États sardes).
Caputi, Livourne (Toscane).
Castagneto (Em.), Gênes (États sardes).
Corsini (L.), Florence (Toscane).
Genevois, Naples (États pontificaux).
Genin (F.), Chambéry (États sardes).
Gentili-Assereto et Cᵉ, Padoue (Autriche).
Girod (J.), Aiguebelle (États sardes).
Grimaud, Chambéry (États sardes).
Martinetti et Cᵉ, Florence (Toscane),
Megroz-Blache (Louis), Thonon (États sardes).
Muti-Papazzurri-Savorelli (Marquis A. **de**) **et Comte**, Rome (États pontificaux).
Piella frères, Pavie (Autriche).
Profumo (Joseph), Gênes (États sardes).
Société franco-italienne, Toscane.
Soldaini (L.), Pise (Toscane).
D'Almeida (S.-B.), Porto (Portugal).
De Silva (J.-Ferreira), Lisbonne (Portugal).

Ferreira (Pinto-Basto), Porto (Portugal).
Norberto, Lisbonne (Portugal).
Oliveira (D' Al.), Abelheira (Portugal).
Pacheco (J. de S.), Oliveira d'Azemeis (Portugal).

COOPÉRATEURS.

CONTRE-MAITRES ET OUVRIERS.

Médailles de deuxième classe.

Frollof (F.), Venise (Autriche).
Goslleth (G.), Trieste (Autriche).
Rodriguez (Jos.-Alex.), Portugal.

Mention honorable.

Joannes, Lisbonne (Portugal).

XIᵉ CLASSE.

Préparation et conservation des substances alimentaires.

Médailles de première classe.

Genta (Ph.), Caluso (États sardes).
Paoletti (F.), Pontedera (Toscane).
Perla (C.), Turin (États sardes).
Baltresqui, Lisbonne (Portugal).
Ferreira (J.-B.), Villa-Réal (Portugal).
Fonseca (Da), Lisbonne (Portugal).
Forrester (J.-J.) fils, Porto (Portugal).
Gomès (J.-Libanio), Portimao (Portugal).
Malheiro (M.-A.), Porto (Portugal).
Pereira Leitao (B.), Porto (Portugal).
Seixo (Baron du), Porto (Portugal).

Médailles de deuxième classe.

Albertin (Joseph) **et Cⁱᵉ**, Turin (États sardes).
Bianconi, Bologne (États pontificaux).
Bonino (Félix), Asti (États sardes).
Bulli (J.), Florence (Toscane).
Castelmur-Perini et Cⁱᵉ, Florence (Toscane).
Ciardi (Jean), Prato (Toscane).
Dolfi (Joseph), Florence (Toscane).
Garassino (Dʳ D.-P.), Gênes (États sardes).
Oudart et Bruché, Gênes (États sardes).
Paoletti (Joseph), Pontedera (Toscane).
Reali (S.), Venise (Autriche).
Ricasoli (Bettino, Baron), Toscane.
Spano (Chevalier Raimond de), Oristano (États sardes).
Varvello (François), Asti (États sardes).
Alvès d'Azevado, Lisbonne (Portugal).
Baltresqui (R.), Lisbonne (Portugal).
Biker (J.-J.), Portimao (Portugal).
Cabral (J.-M.), Villa-Real (Portugal).
Calça e Pina (Ant.), Souzel (Portugal).

Camoës da Cruz (J.-Ant), Evora (Portugal).
Castellar (A.-M.), Lisbonne (Portugal).
Chapellier (X.), Lisbonne (Portugal).
Charbonnel, Lisbonne (Portugal).
Collares, Lisbonne (Portugal).
Collares junior (J.-P.) et frère, Lisbonne (Portugal).
Conseil des colonies, Lisbonne (Portugal).
Correa (V.-G.) et frères, Covilha (Portugal).
Damaia, Portugal.
Ervedosa (Comtesse **da**), Villa-Réal (Portugal).
Ferreira (Pinto-Basto J.), Porto (Portugal).
Fernandès (M.-J.), Evora (Portugal).
Fonte Arcada (Vicomte **da**), Torres-Vedras (Portugal).
Guerra de Conseiçado (J.), Elvas (Portugal).
Guimaraes (Matth.), Porto (Portugal).
Larcher (F.-A.), Portalègre (Portugal).
Larcher (Joad), Portalègre (Portugal).
Lopez (P.-J.), Lisbonne (Portugal).
Maia (H.-P. **da**), Portugal.
Maria (J.-R.-P. **da**), Portugal.
Martins, Lisbonne (Portugal).
Martins (J.), Setubal (Portugal).
Palmella (Duc **de** , Cadafaës, Lisbonne (Portugal).
Trigoso (S.-F.-R **de Lilla-Mello**), Torres-Vedras (Portugal).

Mentions honorables.

Boschetti (Carlo), Pavie (Autriche).
Cora frères, Turin (États sardes).
Dettoni frères **et C**, Turin (États sardes).
Filippi, Livourne (Toscane).
Garassino (D), États sardes.
Nelli (Antonio), Pistoie (Toscane).
Palestrini frères, Villa-Biscossi (États sardes).
Rubino (Ant.), Nice (États sardes).
Tesi-Leopold (pour le prince **Borguesi** , Toscane.
Abreu (d'), Lisbonne (Portugal).
Almeida (Ant.-Carneiro d', Lisbonne (Portugal).
Alves de Silveira (L.-J.), Porto (Portugal).
Barbosa (J.-Ant. **de Silva**), Cadaval, Lisbonne (Portugal).
Bineli, Lisbonne (Portugal).
Brito (J. **de**), Lisbonne (Portugal).
Campos (J.-Farinha Relvas **de**, Golego (Portugal).
Carvalho (J.-Borgès **de**, Pinto (Portugal).
Carvalhosa d'Almeida, Ribaldeira (Portugal).
Castellar (Ant.-M.) **et C**, Lisbonne (Portugal).
Conseil des colonies, île Mozambique (Colonies portugaises).
Cotmar Sabre Badalona les Duques, Solferino (Portugal).
Couvent de Ferraira, Vizeu (Portugal).
Figueiredo (D B.-P. **de** , Villa-Real (Portugal).
Fonteboa (Vicomte **de**), Santarem (Portugal).
Forrester (J.-J.), Porto (Portugal).
Franco (V.-Z.-S.), Guarda (Portugal).
Gentil (José-Maria), Lisbonne (Portugal).
Gomez (J.-Lib.), Portimao (Portugal).

Guimaraes (J.-B.) **et C^**, Santarem (Portugal).
Henry, Lisbonne (Portugal).
Holbech (Em.-M.), Santarem (Portugal).
Lopes (J.-M.), Portalègre (Portugal).
Mariana de la Purification, Villa-Real (Portugal).
Mendez (A.), Pereira (Portugal).
Mendoça (Fr. de), Correa-Lagos (Portugal).
Pereira dos Santos, Villa-Real (Portugal).
Pinto, Loulé (Portugal).
Silveira (Da), Lisbonne (Portugal).
Sobrinho (R.-B.), Alvito (Portugal).
Sousa (J.-P. de Carvalho), Beja (Portugal).

XIIe CLASSE.

*Hygiène, Pharmacie, Médecine et Chirurgie; Hygiène
et Médecine vétérinaire.*

Médailles de deuxième classe.

Comba (F.), Turin (États sardes).
Mastri (D' A.), Pavie (Autriche).
Société médicale de Chambéry, États sardes.

Mentions honorables.

Orsi (A.), Montalcino (Toscane).
Parola (L.), Coni (États sardes).
Société des sources minérales de Vaudier, Turin (États sardes).
Strozzi (Marquis C.), Pontassieve (Toscane).
Polycarpo (Ant.), Lisbonne (Portugal).

XIIIe CLASSE.

Marine et Art militaire.

Mentions honorables.

Ferrigny (J.), Livourne (Toscane).
Paris et Bernetto, Gardone (Autriche).
Villa Cova (Baron de), Lisbonne (Portugal).

XIVe CLASSE.

Constructions civiles.

Médailles de première classe.

Cristofoli (A.), Padoue, Lombardie (Autriche).
Institut technique de Florence, Toscane.
Usine de M. de Rothschild, pour la fabrication de l'asphalte et des ci-
ments (**M. Schulze**, directeur), Venise (Autriche).
Dejeante (P.-B.) **et Bonnet** (Ch.), Lisbonne (Portugal).

Médailles de deuxième classe.

Chalon et Estienne, Florence (Toscane).
Gussoni (François), Turin (États sardes).
Isella (J.), Turin (États sardes).

Muti-Papazzurri (Marquis et Comte Ant.), Rome (Etats pontificaux).
Société marbrière de Monte-Altissimo (**M. Borrini**, gérant), Florence (Toscane).

Mentions honorables.

Anghirelli (I.), Montalcino (Toscane).
Bettanzoni (Ant.), Baqua-Cavallo, Ferrare (États pontificaux).
Carpi (M.), Prato (Toscane).
Chambre royale d'agriculture et de commerce de Chambéry, États sardes.
Comtet (M.), **Deschamps et C**, à la Bathie, Savoie (États sardes).
Corbella, Deluca et C, Turin (États sardes).
Gai (F.), Pistoie (Toscane).
Tonti (L.) **et Giovani-Dupré**, Florence (Toscane).
Guala (J.), Turin (États sardes).
Montorselli (Jean), Sienne (Toscane).
Ossoli frères (Marquis Al. et J.), Rome (États pontificaux).
Picchianti (C.), Florence (Toscane).
Santi (Cl.), Montalcino (Toscane).
Urtis (Ant.), Rome (États pontificaux).

XVe CLASSE.

Industrie des aciers bruts et ouvrés.

Médailles de deuxième classe.

Tonti (L.), Florence (Toscane).
Polycarpo (Ant.), Lisbonne (Portugal).

Mentions honorables.

Cartacci (P.) **et fils**, Scarperia (Toscane).
Fugini (L.), Brescia (Autriche).
Tortelli (B.), Gagliano (Toscane).

XVIe CLASSE.

Fabrication des ouvrages en métaux d'un travail ordinaire.

Médailles de première classe.

Ciani (G.), Fusignano (Toscane).
Sylva (M.-Ant.) **et fils**, Lisbonne (Portugal).

Mentions honorables.

Giovagnoli (J.), San-Sepolcro (Toscane).
Montelatici (And.), Livourne (Toscane).
Ignasti, Florence (Toscane).
Cardozo (Z.-Pereira), Porto (Portugal).
Cardozo et fils, Porto (Portugal).

XVIIe CLASSE.

Orfévrerie, Bijouterie ; Industrie des bronzes d'art.

Médailles de première classe.

Avolio, Naples (États pontificaux).

Corradini (G.), Rome (États pontificaux).
Galland (L.), Rome (États pontificaux).
Michellini (L.), États pontificaux.
Papi (G.), Florence (Toscane).

Médailles de deuxième classe.

Barberi, États pontificaux.
Spagna (P.-P.), Rome (États pontificaux).

Mention honorable.

Ribeira (F.-M. de Sylva), Lisbonne (Portugal).

COOPÉRATEURS.

CONTRE-MAITRES ET OUVRIERS.

Médaille de deuxième classe.

Roccheggiani père et fils, Rome (États pontificaux).

XVIIIᵉ CLASSE.

Industrie de la verrerie et de la céramique.

Médaille de première classe.

Bigaglia (P.), Venise (Autriche).

Médailles de deuxième classe

Freppa, Florence (Toscane).
Ginori (Marquis de), Florence (Toscane).
Richard et Cᵉ, Milan, Lombardie (Autriche).

Mentions honorables.

Verrerie de Marietti, Venise (Autriche).
Zecchini (J.), Venise (Autriche).
Ferreira Pinto Basto et Cᵉ, Lisbonne (Portugal).

COOPÉRATEURS.

CONTRE-MAITRES ET OUVRIERS.

Mentions honorables.

Gamba (Aug.), chez M. Bigaglia, Venise (Autriche).
Giusti, chez M. Ginori, Doccia (Toscane).

XIXᵉ CLASSE.

Industrie des cotons.

Médailles de deuxième classe.

Manetti frères, Navacchio (Toscane).
Compagnie lisbonnaise, Portugal.

Mention honorable.

Padreddi (F.), Pise (Toscane).

XXe CLASSE.

Industrie des laines.

Médailles de première classe.

Rossi (F.), Schio, Lombardie (Autriche).
Larcher et beaux-frères, Portalègre (Portugal).

Médailles de deuxième classe.

Arduin et Brun frères, Turin (États sardes).
Garbin et Giobetta, Schio, Lombardie (Autriche).
Hospice apostolique Saint-Michel-à-Ripa. Rome (États pontificaux).

Mentions honorables.

Campos Mello frères, Covilha (Portugal).
Compagnie de filature et de tissage, Lordello (Portugal).
Larcher et Neveux, Portalègre (Portugal).

COOPÉRATEURS.

CONTRE-MAITRES ET OUVRIERS.

Mentions honorables.

Larzari (Valentin), maison François Rubelli, Venise (Autriche).
Vergat (Claude), maison Caïctan Garbin, Schio (Autriche).

XXIe CLASSE.

Industrie des soies.

Grandes médailles d'honneur.

Chambre de commerce de Milan, Lombardie (Autriche).
Chambre royale d'agriculture et de commerce de Turin, États sardes.

Médailles de première classe.

Andrels et Barberis, Turin (États sardes).
Balbi Piovera (Marquis), Turin (États sardes).
Baretta, Ancône (États pontificaux).
Bertholet (V.), Saint-Étienne (États sardes).
Bettini, Roveredo (Autriche).
Blanc et Ce, Faverges, Savoie (États sardes).
Bolmida frères et Ce, Turin (États sardes).
Borelli (H.), Savigliano (États sardes).
Bravo (M.) **et fils**, Turin (États sardes).
Casissa (F.), Novi (États sardes).
Chichizola (J.) **et Ce**, Turin (États sardes).
Corti frères, Milan (Autriche).
Denina (Vincent), Turin (États sardes).
Feoli, Rome (États pontificaux).
Filature du Grand-Duc, Rigotino (Toscane).
Formento (C.), Turin (États sardes).
Imperatori (H.) **et Ce**, Intra (États sardes).
Keller (A.), Turin (États sardes).
Massi, Monterchi (Toscane).
Mancardi (A.) **et frères**, Turin (États sardes)

Mazza (Abbé), Vérone (Autriche).
Musy (A.-C.), Turin (États sardes).
Novellis (C.), Savigliano (États sardes).
Oppi, Bologne (États pontificaux).
Pelisseri (L.), Turin (États sardes).
Piazzoni frères, Adda (Autriche).
Ravagli, Marradi (Toscane).
Rignon (F.) **et C**ᵉ, Turin (États sardes).
Rochetti, Milan (Autriche).
Simeoni frères, Vérone (Autriche).
Sinigaglia (S.) **et frères**, Busca (États sardes).
Steiner et fils. Sala (Autriche).
Stofella. Roveredo (Autriche).
Tacchi, Roveredo (Autriche).
Verza frères, Milan (Autriche).
Zanetti (E.), Cameri (États sardes).

Médailles de deuxième classe.

Assom frères (F. et T.), Villastellone (États sardes).
Avigdor aîné **et fils**, Nice (États sardes).
Baldini (L.), Pérouse (États pontificaux).
Bellino frères. Rivoli (États sardes).
Briganti-Bellini frères, Orsino (États pontificaux).
Bolognini-Rimediotti (Ann.). Pistoie (Toscane).
Borgogni et Borgognini. Florence (Toscane).
Della Ripa (Laudadio), Florence (Toscane).
Ferrari (Fr.), Cadogno (Autriche).
Fossi et Bruscoli, Florence (Toscane).
Franceschini (J.), Prato (Toscane).
Keppel (G.), Roveredo (Autriche).
Lamberti (L.) **oncle et neveu**, Codogno (Autriche).
Lardinelli, Osimo (États pontificaux).
Lepori (Th.), Modigliana (Toscane).
Manganotti (Ant.), Vérone (Autriche).
Martin, Franklin et Cᵉ, Chambéry (États sardes).
Noé frères (C. et R.), Cerano (États sardes).
Petrucci (C.), Sienne (Toscane).
Pieri (Comte J.), Sienne (Toscane).
Querini (J.), Venise (Autriche).
Ragni (C.), Sale (États sardes).
Rey (M.) **et frères**, La Rochette (États sardes).
Salari (C.), Foligno (États pontificaux).
Simonetti, Osimo (États pontificaux).
Tani (P.), Figlino (Toscane).
Vagnone frères, Pignerol (États sardes).
Valazzi, Pezaro (États pontificaux).
Zavagli (P.), Palazzuolo (Toscane).
Bétencourt (J.-J. de), Lisbonne (Portugal).
Mello (J. d'**Albuquerque**), Porto (Portugal).
Pimentel (J.-M.), Lisbonne (Portugal).
Vianna (Fr.-J.) **et Maziotti** (V.), Lisbonne (Portugal).

Mentions honorables.

Bartolommei (Marquis F.), Florence (Toscane).
Denegri (J.-B.), Novi (États sardes).

14.

Fiorentino, Florence (Toscane).
Fossi et Bruscoli, Florence (Toscane).
Gabaldoni (V.), Gênes (États sardes).
Imperatori (G.), Intra (États sardes).
Lombezzi (P.-H.), San-Sepolcro (Toscane).
Maffio et Rossi frères, Sondrio (Autriche).
Magistris (P.), Udine (Autriche).
Malenotti (Gesualdo), Vecchio (Toscane).
Mazzotti (F.), Modigliana (Toscane).
Monti (L.), Borgo-San-Lorenzo (Toscane).
Montagni (J.), Riva (Autriche).
Morlacchi, Ancône (États pontificaux).
Mosca (A.-J.-B. et A.) frères, Chiavassa (États sardes)
Padoa, Cerito (États pontificaux).
Secchi (F.), Milan (Autriche).
Sègre (S.), Verceil (États sardes).
Sicardi (L.), Ceva (États sardes).
Semodoçaes (Comte de), San-Cosmodo (Portugal).
Silva (J.-J.), Lisbonne (Portugal).

XXIIe CLASSE.

Industrie des lins et chanvres.

Médailles de deuxième classe.

Facchini (P. et C.), Bologne (États pontificaux).
Trouvé et Cie, Bologne (États pontificaux).
Ferrigny (J.), Livourne (Toscane).
Compagnie de Torres-Novas, Torres-Novas (Portugal)

XXIIIe CLASSE.

Industries de la Bonneterie, des Tapis, de la Passementerie,
de la Broderie et des Dentelles.

Médailles de deuxième classe.

Bayno (J.), Turin (États sardes).
Costa (M.) **et Cie**, Gênes (États sardes).
Crocco (Chev. C. et L.) frères, Gênes (États sardes).
Del Beccario (Laurent), Pessia (Toscane).
Établissement de l'abbé Mazza, Vérone (Autriche).
Gavotti Ortelli (Mme Louise), Trévise (Autriche).
Hospice apostolique de Saint-Michel-à-Ripa, Rome (États pontificaux).
Marcellino et Guglielmotti, Turin (États sardes).
Parlanti (Mme Hersilie), Borgo à Bugiano (Toscane).
Pinto (Anne-Julie), Porto (Portugal).
Tavarès (D. Marie-de-Jésus), Péniche (Portugal).

Mentions honorable.

Bellotin, Venise (Autriche).
Galbiati (G.), Milan (Autriche).
Institut des aveugles, Milan (Autriche).
Laignier (J.), Turin (États sardes).
Patris (J.), Gênes (États sardes).

Porcile (Ant.) **et fils**, Rivarolo de Gênes (États sardes).
Rainusso (J.-B.), Gênes (États sardes).
Stefani (Av.-G.), Turin (États sardes).
Tessada (F.), Gênes (États sardes).
Defonseca, Lisbonne (Portugal).

COOPÉRATEURS.

CONTRE-MAITRES ET OUVRIERS.

Mentions honorables.

Gambarini (Mlle Madeleine), Milan (Autriche).
Menigezzio (Mlle Marie), Institut des aveugles, Milan (Autriche).
Salvadori (Madeleine), maison Bellotin, Venise (Autriche).
Saponelio (Joseph), maison Bellotin, Venise (Autriche).

XXIVe CLASSE.

Industries concernant l'ameublement et la décoration.

Médaille d'honneur.

Manufacture royale de mosaïques en pierres dures de Florence, Toscane.

Médailles de première classe.

Bianchini (G.), Florence (Toscane).
Galland (L.), Rome (États pontificaux).
Gatti (J.-A.), Rome (États pontificaux).
Rosani frères (P. et B.), Brescia (Autriche).

Médailles de deuxième classe.

Buoninsegni frères, Florence (Toscane).
Canepa (J.-B.), Chiavari (États sardes).
Ciaudo (J.), Nice (États sardes).
Isola (G.), Carrare (Autriche).
Sampieri (M.), Bologne (États pontificaux).
Visconti et Bracci, Florence (Toscane).
Almeida (R.-J. d'), Lisbonne (Portugal).
Dejeante (P.-B.) **et Bonnet** (Ch.), Lisbonne (Portugal).
Ferreira (Th.-J.), Lisbonne (Portugal).
Solano (J.-G.), Lisbonne (Portugal).

Mentions honorables.

Bertolloto (J.), Savone (États sardes).
Chalon et Estienne, Florence (Toscane).
Cristofoli (Ant.) **et Ce**, Padoue (Autriche).
Dagand (M.), La Motte-en-Beauges (États sardes).
Daud (J.-E.), Campiglione (États sardes).
Établissement des pauvres, Florence (Toscane).
Falcini (L.), Florence (Toscane).
Foradori (J.), Vérone (Autriche).
Maneglia et Baudo, Turin (États sardes).
Mazinghi (Ant.), Florence (Toscane).
Moglia (Chev. L.), Rome (États pontificaux)
Moglia (D.), Milan (Autriche).
Polli (Fr.), Florence (Toscane).

Rossi (J.), Gênes (États sardes).
Scheggi (V. et J.), Florence (Toscane).
Zora (J.), Turin (États sardes).
Dejeante (P.-B.), Lisbonne (Portugal).
Luiz (J.), Funchal (Portugal).

COOPÉRATEURS.

CONTRE-MAITRES ET OUVRIERS.

Médailles de deuxième classe.

Roccheggiani fils, chez M. Galland (mosaïque), Rome (États pontificaux).
Roccheggiani père, chez M. Galland (mosaïque), Rome (États pontificaux).

XXVe CLASSE.

Confection des articles de vêtement, Fabrication des objets de mode et de fantaisie.

Médaille d'honneur.

Ouvriers et ouvrières en tresses de chapeaux de paille (Toscane).

Médailles de première classe.

Binda (Amb.), Milan (Autriche).
Conti César, Florence (Toscane).
Vyse et fils, Prato (Toscane).
Association fraternelle des cordonniers, Lisbonne (Portugal).
Association des tailleurs. Lisbonne (Portugal).
Commission centrale portugaise, Lisbonne (Portugal).

Médailles de deuxième classe.

Chitarin (L.), Venise (Autriche).
Communauté des religieuses, Cosimato (États pontificaux).
Duployez de Sonnet, Turin (États sardes).
Gullia (T.-B.), Turin (États sardes).
Lenormand (Marguerite), Turin (États sardes).
Marziali Ranici, Pise (Toscane).
Nannucci (A.), Florence (Toscane).
Pagliacci (A.), Rome (États pontificaux).
Baron (F.), Lisbonne (Portugal).
Dos Reis (J.-J.), Lisbonne (Portugal).
Fabricants de cure-dents, Lorvao (Portugal).
Hirsch (Ig.), Lisbonne (Portugal).
Leite et Soares (Mmes), Ponte-Delgada (Portugal).
Mello (Isabelle de), Lisbonne (Portugal).
Mora (J.-B.) jeune, Lisbonne (Portugal).
Pereira (J.-Ant.), Lisbonne (Portugal).
Quintas (G. de R.), Porto (Portugal).
Shalc, Lisbonne (Portugal).
Stellpflug et fils, Lisbonne (Portugal).
Xafredo, Lisbonne (Portugal).

Mentions honorables.

Avet (Mme Marie-Honorine), Turin (États sardes).
Baldi (J.), Florence (Toscane).
Barbano (Ev.), Turin (États sardes).

Barbottoni (Assunta) **et filles,** Florence (Toscane).
Calandra (Mme Camilla), Turin (États sardes).
Fino (J.), Turin (États sardes).
Fioroni (M.), Milan (Autriche).
Garnier-Valletti (Fr.), Avigliana (États sardes).
Gonin (A.), Florence (Toscane).
Mazzinghi (Ant.), Florence (Toscane).
Nessi (F.), Côme (Autriche).
Pellucci frères, Fiesole (Toscane).
Scoti (Ant.), Livourne (Toscane).
Barral (D.-F.-A.), Madère (Portugal).
Compagnie du monopole du tabac, Xabrecas (Portugal).
Leite (H.-J.), Porto (Portugal).
Luiz (J.), Funchal. Madère (Portugal).
Madrugas (Mmes), Fayal (Portugal).
Rafael (Balbin-Émilie), Lisbonne (Portugal).

COOPÉRATEURS.

CONTRE-MAITRES ET OUVRIERS.

Médaille de deuxième classe.

Merlo (L.), chez M. Chitarin. Venise (Autriche).

Mentions honorables.

Augier (Jules), chez M. Binda. Milan (Autriche).
Massa (Sébastien), chez M. Chitarin, Venise (Autriche).
Zippon (André), chez M. Chitarin, Venise (Autriche).

XXVIe CLASSE.

*Dessin et plastique appliqués à l'industrie; Imprimeries
en caractères et en taille-douce; Photographie.*

Médailles de première classe.

Chirio et Mina. Impressions typographiques, Turin (États sardes).
Doyen frères, Lithographie, Turin (États sardes).
Lorent (A.), Photographie, Venise (Autriche).
MM. les religieux arméniens méchitaristes, Ouvrages imprimés en lan
gue arménienne, Venise (Autriche).

Médailles de deuxième classe.

Alinari frères, Photographie, Florence (Toscane).
Antonelli, Lithographie, Venise (Autriche).
Balbi (F.), Peinture anatomique, Rome (États pontificaux).
Bernoud (Alph.), Photographie, Florence (Toscane).
Cavigioli (C.), Montage du bronze, Turin (États sardes).
Cecchini. Impressions typographiques, Venise (Autriche).
Compagnano, Gravure en taille-douce. Florence (Toscane).
Dovizielli (P.), Photographie, Rome (États pontificaux).
Giolli (G.), Sculpture en marbre d'après Bartolini (Toscane).
Giordana, Grandidier et Salussoglia, Lithographie, Turin (États sardes).
Muti-Papazzuri-Savorelli, Table de marbre gravée chimiquement, États
pontificaux.
Perini (Ant.), Photographie, Venise (Autriche).

Sacchi (L.), Photographie, Milan (Autriche).
Société artistique, Publications artistiques, Florence (Toscane).
Typographie galiléenne, Florence (Toscane).
Ferim et Robin, Reliures, Portugal.
José de Castro, Travaux typographiques, Lisbonne (Portugal).

Mentions honorables.

Dazeik (E.-B.-G.), Sculpture sur pierre, Bethléem (États pontificaux).
Dies G., Petit monument en jaune antique, Rome (États pontificaux).
François-Xavier (Père, capucin, Tableau calligraphique, Gênes (États sardes.
Garnier Valletti F., Fruits moulés en cire, Avigliana (États sardes).
Riccio, Ouvrage de numismatique, Naples (États pontificaux).
Ripamonti Carpano, Reliures, Milan (Autriche).
Barruncho, Lithographie, Lisbonne (Portugal).

COOPÉRATEURS.

CONTRE-MAITRES ET OUVRIERS.

Falconi (Jacques), maison Cecchini (J.), Venise (Autriche).

XXVIIe CLASSE.

Fabrication des instruments de musique.

Médailles de première classe.

Bartolomeo (Ch. di, Naples (États pontificaux).
Lorenzi J.-B. de, Vicence (Autriche).

Médailles de deuxième classe.

Indri A., Venise (Autriche).
Pellisti, Milan (Autriche).
Venturini L., Padoue (Autriche).

Mentions honorables.

Ceruti (J.), San-Benedetto (Autriche).
Giovannetti, Lucques (Toscane).
Rocca (J.), Gênes (États sardes).

XXVIIIe CLASSE.

Peinture, Gravure, Lithographie.

Médaille de première classe.

Calamatta (Louis), Gravure (États pontificaux).

Médaille de deuxième classe.

Podesti (Chev. François, États pontificaux.

Médaille de troisième classe.

Ferri (Gaëtan, États sardes.

Mentions honorables.

Gastaldi (André, États sardes.
Induno (Dominique), Autriche.
Induno (Jérôme, Autriche.

XXIXe CLASSE.

Sculpture et Gravure en médailles.

Médailles de première classe.

Dupré (Jean), Toscane.
Fraccaroli (Innocent), Autriche.

Médaille de deuxième classe.

Maglioretti (Pascal), Autriche.

Mentions honorables.

Benzoni (Jean-Marie), États pontificaux.
Bonnardel (L.-A.-M.), États pontificaux.
Della Torre (Marquis Torquato), Autriche.
Pierrotti (Joseph), Autriche.
Vela (Vincent), Autriche.

XXXIe CLASSE.

Économie domestique.

Médailles de première classe.

Académie royale d'agriculture de Turin. Légumes, Vins, États sardes.
Portugal (de). Vins et Fruits secs, Portugal.

Médailles de deuxième classe.

Albertin (J.) **et Cie**, Riz foulonné, Turin (États sardes).
Palestrini frères, Riz mondé, Villa-Biscossi (États sardes).
Poteries noires du Portugal, Portugal.

Mentions honorables.

Arduin et Brun frères, Turin (États sardes).
Manufacture de coton d'Annecy et Pont, États sardes.
Alcochète (Baron d'), Sel de Sétubal, Portugal.
Alves (I.-J.), Pâtes alimentaires, Lisbonne (Portugal).
Binell (D.), Farines diverses, Portugal.
Dos Santos (J.-I.-J.), Sel gris, Portimao (Portugal).
Forrester (J.-J.), Sel gris à bon marché, Portugal.
Les religieuses du couvent de Ferreira, Prunes confites, Portugal.

www.ingramcontent.com/pod-product-compliance
Lightning Source LLC
LaVergne TN
LVHW011921180726
843502LV00003B/676